GJENNEM ISBAKSEN

NORDISHAVET
Engelske mil
0   200   400   600
GJØA's rute gjennem N.V. passasjen
MAUD's rute gjennem N.Ø. passasjen
STILLE HAVET
140° V.
150°
160°
170° V.
180°
170° Ø.
160°
150°
140° Ø.
130°
120°
110°
100°
130° V.
120°
110°
100° V.
50° N.
60° N.
70°
80° N.
60° N.
ALASKA
Sitka
Nunivak Ø
St. Lawrence Ø
Bering
Nome
Norton S.
K. Navarin
Anadyr
Holy Cross B.
Vankarem
Pol-Cirkel
Sukhatnoe
Kolyma
Nizhne Kolymsk
Indigirka
Sta. Tjaun B.
Koljuchin B.
Serdze Kamen
K. kapp
Nordkapp
K. Lisburne
Wrangell Ø.
K. Shelagski
Ajon
Björne
Lyakhov Ø.
NYSIBIR Ø.
Eagle (Ft Egbert)
Point Barrow
Fort McPherson
Herschel Ø.
King Point
BEAUFORT SJØEN
K. Parry
Mackenzie
Dolphin & Union Str.
Banks L.
VICTORIA Ø.
M'Clure Str.
Pr. Patrick Ø.
Borden Ø.
Ringnes L.
King William L.
Simpson Str.
M'Clintock Knl.
Pease Str.
NORDIS HAVET
LAPTEV SJØEN
Khatanga B.
K. Tjeljuskin
NIKOLAI II's Ø.
R.
B.
S.

ELLESMERE LA
LINCOLN
HAVET
Robeson Knl
Smith Sr.
Foxe
Bekkernet
Dalrymple B.
K. York
BAFFIN L.
BAFFIN B.
Hudson Str.
Davis Str.
Disko
Godhavn
GRØNLAND
LABRADOR
60°
60° n.
K. Farvel
Angmagsalik
50° v.
ISLAND
A T L A N T E R   H A V E T
50° n.
Færøyene
60° n.
Shetland
STORBRITANNIA
40° v.
30°
20°
10° v.
0°
Kristiansund
FRANS JOSEFS LAND
NORDØSTLANDET
Hinlopen Str.
Magdale
80° B.
N. Cross B.
Kings B.
Grøn Harbour
SPITSBERGEN
Wahlenberg B.
K. Mohn
VEST SPITSBERGEN
BARENTS HAVET
NOVAJA SEMLJA
KARA HAVET
Jugor Str.
Dickson B.
Kolgujev B.
Khabdrova
GRØNLANDS HAVET
Bjørnøya
Jan Mayen
70°
FINMARK
Tromsø
Björnak
Vesteraalen
Lofoten
Polarsirkelen
Bodø
Kristiansund
Trondhjem
Bergen
Oslo
Horten
Kristiansand
S V E R I G E
FINNLAND
Botnska
ØSTER SJØEN
R U S S L A N D
80°
70°
60°
60° n.
40°
30° o.
20°

HELMER HANSSEN

GJENNEM ISBAKSEN

ATTEN ÅR
MED ROALD AMUNDSEN

Oslo 1941

H. Aschehoug & Co. (W. Nygaard)

INNHOLD

Hvordan jeg fikk chancen 11

Mot nordvest 15

I Gjøahavn 26

Annen overvintring 40

Tredje overvintring 50

Hjemturen 63

Mot syd 71

Framheim 78

Sydpolen 84

Vendereis 96

Mot nordøst 101

Sledeturen til Østkapp 113

Videre — til Anadyr 127

Tilbake til Maud 151

Avmønstring 172

Nye ferder 182

Roald Amundsen 188

HVORDAN JEG FIKK CHANCEN

Mitt barndomshjem, Bjørnskinn ved Risøyhamn, lå like ved sjøen. All ungdom som vokser op på et slikt sted, venter at havet skal gi dem yrke og utkomme, og fra jeg var blitt 12 år, fulgte jeg med på fiske i vintertiden, det store torskefisket i Vesterålen. Det var et slitsomt liv, men her var penger å tjene for den som hadde tankene med seg og vilde arbeide.

Ungdommen stunder ut. På våre kanter var det imidlertid ingen skib som gikk i langfart. Den store chancen for oss var å komme til orlogs. I de dager var det ingen militærplikt for oss nordlendinger, selv om vi stod i rullene. Vi møtte på sesjon og trakk lodd, og den som var heldig og trakk nummer 1, fikk komme til marinen, mens alle andre måtte bli hjemme.

— Hvilket nummer har De? sa krigskommissæren.

— Nummer elleve, svarte jeg, mens hjertet sank i mig.

— Næste mann! ropte kommissæren, og dermed brast mitt håp om å få komme ut. Det blev å stanse hjemme.

For øvrig var dette efter fars ønske. Det var smått om hjelp på gården, og bestandig var der bruk for folk i fisket, og så blev jeg gående der i Vesterålen helt til jeg var 24 år gammel. Jeg var riktignok på fiske hvert år, både til Lofoten og Finnmark, men å komme ut i verden blev det ingenting av.

I 1894 skulde jeg som vanlig på sommerfiske til Finnmark, men jeg hadde ikke vært riktig frisk efter vinterfisket på Lofoten, så det blev ingen reise nordover for mig det året. I stedet reiste jeg til Tromsø for å søke jobb til Ishavet.

Hjemme hadde vi en skolelærer som var i slekt med en kjent ishavsskipper, Ingvald Svendsen på Tranøy. Han skrev til Svendsen om mig, og da jeg kom til Tromsø, var det ordnet med plass for mig ombord i jakten «Hvidfisken», som Svendsen var reder for.

Svendsen hadde vært hos den kjente hvalfanger Morten Ingebrigtsen, hvor han hadde lært fangst på bottlenose og hvitfisk, og det var den fangsten vi skulde drive. Bottlenosefangsten begynner tidlig på våren og foregår i rum sjø. Hvitfiskfangsten foregår på Spitsbergen om sommeren med landnot.

Den 14. april reiste vi ut, og vi var heldige. Fangsten foregår mellem norskekysten og Jan Mayen til opimot Spitsbergen, men ikke på selve Spitsbergen-kysten. Bottlenosen er en hvalart som utmerker sig ved sin nysgjerrighet, den kommer helt bort til skibet for å se og undersøke. Den er selskapshval, ferdes alltid flere i følge; den er gjennemsnittlig 5 meter lang. — Ombord var der 3 kanoner, 2 forut og 1 akterut. På et par måneder fanget vi 24 hval, og ved avregningen efterpå fikk jeg for min part over 300 kroner — det var god fortjeneste i den tid.

Så var det ut igjen efter hvitfisken. Denne fangsten foregår inne i de grunne fjordarmene på Spitsbergen. Den krever et svært notbruk. Hvitfisken har den egenskapen at den ferdes i flokk og går meget nær land på grunt vann. Så stenger en den inne i en liten bukt med en not som kan være en kilometer lang, og stikker den med lense. Denne fisken er gjennemsnittlig 3 meter lang.

Hvitfisken har et ualmindelig sterkt skinn som er meget efterspurt til forskjellig slags bruk, især til hvite skinnhansker. Det er en for kostbar vare til maskinremmer og denslags, men splittet og spaltet for hanskefabrikasjonen er den en meget anvendt skinnsort.

Dette året traff jeg for øvrig på en herremann som jeg ofte har fått føling med senere i livet: jeg skjøt min første bjørn.

Hvitfiskfangsten gikk også heldig. Det blev full fangst, og jeg kom hjem igjen i september med en avlønning på omkring 400 kroner på min part.

Det hadde vist sig at Ishavet bragte et langt større utbytte enn sommerfisket på Finnmark, og i de følgende år blev det ishavsfangsten som gav det daglige brød, om sommeren iallfall.

Næste år blev det de samme turene, med full fangst både av bottlenose og hvitfisk.

I 1896 forsøkte jeg imidlertid selfangsten på Ishavet. Jeg var forhyrt med jakt «Thora den Blide» av Tromsø, skipper Ole Olsen, som til daglig gikk under navnet «Olli». Vi gikk ut i slutten av april og søkte nordisen under Novaja Semlja. Atter var vi heldige; vi fikk full fangst på henimot 400 storkobber på en tur som varte omtrent 4 måneder. Litt bjørn blev det også. Det blev en avlønning på 400 kroner for mig som båtsmann ombord.

Da vi kom hjem, lå «Fram» på Tromsø havn efter sin eventyrlige reise over Polhavet nord for Spitsbergen. Det var liv og røre i Tromsø. Nansen og Johansen var også kommet dit, og Nansen deltok i en fest på byens utfluktssted, Alfheim. Et vell av inntrykk og nye tanker! Kanskje en selv kunde komme på *slik* en tur! Ishavet blev ikke bare en arbeidsplass hvor en tjente til livets ophold; der åpnet sig nye muligheter.

Høsten 1896 reiste jeg til Kristiansund for å gå styrmannsskolen, og i mars året efter tok jeg eksamen. Så reiste jeg opover til Tromsø igjen for å få hyre til Ishavet.

I Tromsø traff jeg skipper Johan Kjeldsen, som nettop var engasjert av Johannes Gjæver til å føre et fartøi som Gjæver hadde kjøpt. Det skulde omrigges fra skonnert til skonnertskib, og var bestemt til fartøi på en kombinert lysttur og ishavsekspedisjon til Novaja Semlja, befraktet av en rik englender, mr. Henry J. Pearsons, som var interessert i fugl, egg og ellers i livet i disse øde ishavsegnene. Fartøiet, som skulde hete «Laura», lå da under rigging i Sandefjord.

Jeg blev hyrt som enestyrmann og fulgte med Kjeldsen nedover for å overta skuta. Dette var en hendelse som blev bestemmende for hele mitt senere liv, for i Sandefjord traff jeg for første gang Roald *Amundsen*. Lite ante jeg den gang at jeg skulde bli knyttet til ham og ferdene hans i hele 18 år.

Det traff sig nemlig slik at Roald Amundsen var førstestyrmann ombord på en norsk bottlenosefanger som hette «Patria», kjøpt av belgieren De Gerlache og omdøpt til «Belgica». Skuta lå i Sandefjord for å ruste ut til en opdagelsesreise til Antarktis.

Ombord i «Belgica» gikk arbeidet med liv og fart uten like. De Gerlache vilde ikke ha fremmede ombord forat arbeidet ikke skulde bli heftet, og av den grunn var der ved landgangen satt op en stor plakat med tydelige bokstaver: *Adgang forbudt.* Det var derfor ikke så liketil for mig å få min nysgjerrighet tilfredsstillet. Jeg gikk og spekulerte mig både gul og grønn på hvilken metode jeg skulde anvende for å få lov til å komme ombord. Jeg måtte ubetinget se dette fartøiet som skulde på eventyrferd til Antarktis, det var jo næsten til verdens ende.

En dag som jeg ruslet forbi fartøiet, fant jeg ut at øieblikket var gunstig; nå eller aldri, tenkte jeg, og spurte om jeg fikk gå ombord for å se mig om. — De får henvende Dem til styrmannen, var svaret, — han er fremme på fordekket. Dette gikk da lettvint nok, tenkte jeg på veien dit bort. Jeg traff en stor, staselig ung mann.

— Er det styrmannen? spurte jeg.

— Ja, sa han, de sier så.

Jeg nevnte mitt ønske, at jeg gjerne vilde se på skuta, og han sa: vær så god! — og fulgte med og viste mig omkring overalt. Fra første stund fikk jeg til overs for denne store, vakre mannen med det hjertens gode ansiktet. Jeg takket for mig, og så skiltes jeg fra Roald Amundsen den gangen. Han for sørover og jeg nordover.

Turen til Novaja Semlja var interessant og vellykket. Den gang var ikke Novaja Semlja lukket land som nå. Vi traff samojedene i Jugor-stredet, og mr. Pearsons' lyst til å fotografere alt han kunde komme over, blev tilfredsstillet fullt ut. Han var meget tilfreds med turen da vi kom hjem til Tromsø i slutten av august.

Vel hjemme igjen giftet jeg mig og satte bo i Tromsø. Jeg kom nå i Vesterålskes tjeneste og seilte på kysten med kaptein Hegge om vinteren, og om våren bar det atter på Ishavet.

Det året, sommeren 1898, førte jeg fartøi for første gang. Det var jakten «Ellida» av Tromsø, som jeg hadde på selfangst omkring Spitsbergen. Det gikk bra den sommeren også, og da vinteren kom, gikk jeg ombord i Vesterålskes båter igjen, hvor jeg blev til høsten 1901. Det året tok jeg hyre med d/s «Leander» av Bergen for tur til Amerika, og der ombord blev jeg til høsten 1902, for på England, Sortehavet og Hamburg. Båten gikk i oplag, og jeg reiste hjem.

Den høsten fikk jeg høre at Roald Amundsen skulde ut på tur til den magnetiske nordpol. Han hadde vært i Tromsø om sommeren og kjøpt «Gjøa», og hadde gjort en fangsttur til Ishavet med den, men var nå reist sørover til Kristiania med fartøiet.

Amundsens venn apoteker F. Zappfe fortalte mig at det var ledig en plass ombord, og den søkte jeg. Zappfe skrev til Amundsen om mig, og jeg fikk plassen allerede før nyttår, med ordre om å tiltre i slutten av mars måned. Jeg gikk ombord i en av Vesterålskes båter igjen og for med kaptein Hegge på kysten om vinteren.

I midten av mars måned gikk jeg fra borde i Tromsø for å være hjemme en fjorten dagers tid innen jeg reiste sørover til «Gjøa». Hjemme var der kommet en liten sønn. Det blev å si farvel til gutten og kona og dra ut på en reise som var beregnet å skulle vare i 2 à 3 år, men som kom til å vare i innpå 4 år.

MOT NORDVEST —

I Kristiania kom Amundsen personlig på stasjonen og tok imot mig. Hele ansiktet hans var solskinn, og det blev en hjertelig velkomsthilsen. Jeg kom ikke til en streng kaptein, ikke til en boss, men det var som om jeg blev møtt av en hyggelig far. Han fulgte mig til Sjømannshjemmet og ordnet med værelse, og så bar det ombord i «Gjøa» for å hilse på kameratene.

Der traff jeg min venn Anton Lund fra Tromsø, samt maskinist Ristvedt og kokken Lindstrøm. «Gjøa» var hjemme i Tromsø ansett for det den viste sig å være: et udmerket fartøi. Amundsen vilde gjerne hatt et noe større skib, og var sterkt interessert i en skonnert der oppe som hette «William Barents». Men denne skuta var nokså dyptgående, og det gjaldt spesielt for ham å få et gruntgående fartøi. Det blev derfor til at han kjøpte «Gjøa» av skipper Hans C. Johannesen. Motor fikk han installert i Tromsø.

I Kristiania kom så løitnant Godfred Hansen fra København og sluttet sig til oss. Hit kom Wiik også, men han var hovedsakelig sysselsatt med å korrigere instrumentene sine på forskjellige videnskapelige institutter omkring i byen. Ombord drev vi på med å laste og stuve vekk all den provianten og alle de fornødenhetene som skulde til for å leve i ødemarken i årevis. Der var mer enn nok å gjøre for alle ombord.

Amundsen hadde instruert oss om at vi skulde være høflige og forekommende mot besøkende som kom og bad om å få se sig rundt ombord. Selv om vi måtte forlate det arbeidet vi holdt på med, skulde vi vise fremmede omkring, og forklare alt vi blev spurt om. Og det gjorde vi. Hver dag kom der noen, og enkelte dager var besøket nokså stort.

Det er aldeles utrolig hvor lite forstand folk stundom viser når de ferdes i uvante omgivelser. En dag kom der tre pene mennesker ombord, og jeg viste dem omkring.

— Hvad har dere i den tønna der? spurte den ene.

— Det er ferskvannet vårt, sa jeg. Det var et vannfat på ca. 4 tønner.

— Ja, men dere har vel mere ferskvann enn det der, sa han.

— Nei, det er hele beholdningen, svarte jeg.

— Du store min, avisene forteller jo at dere skal være borte i flere år, sa mannen, hvordan kan dere så greie dere med den ene tønna!

Mannen var student. Jeg for min del kan bare to latinske ord, som jeg har fra beretningen om en martyr. Han stod på bålet da han fikk øie på en bondekone som kom og la et par små vedpinner på varmen. «O, sancta simplicitas!» sukket han. Jeg syntes de ordene passet bra på denne karen, som ikke kunde tenke sig at man kunde fylle på tønna efter hvert som den tømtes.

Senere fikk vi høre at Amundsen hadde hatt mange vanskeligheter i Kristiania med å sikre ekspedisjonen rent økonomisk, men slike plager lot han sig aldri merke med overfor oss. Mot oss var det det samme lyse humøret hver eneste dag. Alt vi gjorde, var efter hans utsagn såre godt, og opholdet i Kristiania sammen med ham var en hyggelig og god tid. Jeg var påmønstret med en lønn av 75 kroner måneden, en storartet hyre for mig som hadde hatt 40 à 45 kroner ombord i båtene på kysten.

Da midten av juni måned kom, mente Amundsen at isforholdene ved Grønland formodentlig var såpass bra at vi kunde begynne turen.

Midnatt mellem 16. og 17. juni blev det så avgang. Vi fikk ombord Sverdrups gamle hundespann, fire hanner og to tisper. Den kaia vi lå ved, var svært skrøpelig, og Amundsen mente at hvis det kom mange mennesker ut på den, vilde den kanskje ikke klare tyngden, men ramle sammen. Han bestemte derfor at porten til kaia skulde holdes stengt avskjedsdagen, så bare de aller nærmest pårørende fikk komme ombord og si farvel. Dette påbudet blev strengt overholdt. For øvrig hadde mange av vennene våre sagt farvel dagene før avgangen — blandt dem Fridtjof Nansen. De vakreste ordene og den hjerteligste avskjedshilsenen syntes jeg kom fra admiral Sparre. — Husk nå på, sa han til Amundsen, at når dere kommer hjem, må dere la oss få vite det så betids at vi kan sende båt ut for å ta imot dere!

Det var en meget stillferdig avreise, den svarte så ganske til Amundsens hele vesen. Han vilde helst ha det slik, og han hadde vel ordnet det på samme måten om vi hadde ligget ved en sikker kai.

Slepebåten «Oskar» tauet oss ut til Horten, hvor vi tok inn det sprengstoffet vi skulde ha med på turen. I Horten fikk vi også den siste posten ombord. Jeg fikk den siste telegrafiske hilsen fra kona og sønnen, og utpå dagen den 17. gikk så taubåten med oss ut til Ferder, hvor også Amundsens tre brødre gikk fra borde. Vi var nå overlatt til oss selv.

Turen over Atlanteren artet sig som sjøreiser vanligvis gjør, med avvekslende godt og dårlig vær. Vi var alle i strålende humør hele tiden, undtagen hundene, som ikke likte sig når det var styggvær. Fartøiet viste sig å være en utmerket sjøskute, selv så tungt lastet som vi var. God vind hadde vi næsten hele tiden. Motoren brukte vi bare når det var stille.

Ved Kapp Farvel møtte vi isen, men vi holdt så langt syd at den ikke sjenerte oss synderlig. Noe over fem uker efter vi var dradd hjemmefra, kom vi til Godhavn, hvor vi skulde ta inn en del petroleum som var sendt op fra Danmark. Vi blev liggende der en åtte dagers tid. Ingen av oss hadde vært på Vest-Grønland før, så besøket der hadde adskillig av nyhetens interesse.

I Godhavn var det festlig. Alle folk var gjestfrie og hyggelige. Om søndagen var vi i kirken. Efter gudstjenesten gikk vi bort til et bøkkerverksted, hvor vi viste de grønlandske småpiker at vi kunde danse. En eskimo spilte trekkspill, og til tonene av danske valser danset vi med eskimopikene og hadde det storartet morsomt. Hele stedets befolkning beundret våre dansekunster.

Vi var til middag både hos presten og læreren og deres vennlige fruer, og hadde også gjenvisitt ombord. Eskimoene var til stadighet ombord hos oss. Det var gode dager og en fest å komme blandt slike elskverdige mennesker.

Et par engelske hvalfangere hadde lagt op en del proviant for oss på Dalrymple-øia i Baffinbukta, og der blev så det næste anløpsstedet vårt. Hvalfangerne hadde forlatt stedet da vi kom dit, men vi fant provianten lagt i uren som avtalt.

Til Dalrymple-øia kom også Mylius Erichsen og hans ledsagere, Knud Rasmussen og grev Molkte, medlemmer av en dansk ekspedisjon som lå i disse egnene. Det var førsteklasses karer. Der var over 100 kasser proviant som skulde ombord, og transporten bort til skuta påtok de sig å besørge sammen med eskimoledsagerne sine. Vi hadde ikke annet å gjøre enn å stå på dekket og ta imot. Erichsen og Rasmussen arbeidet som løver (Molkte var syk) og dirigerte eskimoene sine, så det hele gikk som en røik. Vi blev ferdige med arbeidet samme aften, men uten danskenes hjelp hadde vi sikkert måttet holde på den næste dagen også.

Alle tre danskene spiste ombord, og vi disket op med det beste ekspedisjonen kunde by på, og efterpå var vi alle ti samlet i kahytten til et glass rykende punsj. Eskimoene blev traktert, de også, i byssa, og det hele artet sig som en hjertelig familiefest — forhåpentlig like hyggelig for våre gjester som den var for oss. Og da vi skiltes, var disse menneskene, som vi hadde møtt for første gang noen timer tidligere, blitt våre venner for livstid. Erichsen gav oss ved avskjeden fire hunder, to voksne og to hvalper, og de to små vokste op til å bli noen udmerkede trekkdyr. Den ene kalte vi for Mylius og den andre for «Gjøa». —

Våre gjester var de siste hvite mennesker vi så på et par år. Turen videre nordover var uten synderlige hendelser. Noe is var der, og vi måtte gjøre store omveier for å komme frem, men slikt hører jo med til seilas i de nordligste farvann. Sel var der nok av til ferskmat, og vi var glupske på selbiff alle sammen. Lindstrøm var da også kokken som kunde lage den til.

På land kom vi ikke før på Beechey-øia, hvor vi beså Franklin-monumentet, en pekepinn om at den turen vi var begynt på, ikke bare var en lek. Stedet minte mest om en kirkegård, og det gav oss grunn til å anstille en del alvorlige betraktninger.

På begravelsesplassen på øia fant vi en geværlås med «Anton Andresen» påstemplet. Andresen var en gammel, kjent bøssemaker i Tromsø, som nå er død. Jeg er aldri blitt klar over hvordan denne låsen kunde ha kommet dit. Ristvedt kapret den straks. Han kunde og hadde greie på litt av hvert. Han var like god instrumentmaker som han var fin- og grovsmed. En udmerket jeger var han også. Det han siktet på, det datt.

— Hva skal du med den låsen? sa Lund.

— Det skal bli gevær, svarte Ristvedt.

— Ja, men du har jo ikke noe løp.

— Å, vi har nok av rør ombord, mente Ristvedt.

— Men enn kolbe da, sa Lund.

— Å, du får lage kolben, så skal jeg gjøre resten, svarte Ristvedt. Og det blev så menn et bra gevær av det. Jeg måtte prøve det første gangen. Andresens lås visste jeg var å stole på, men derimot var jeg ikke så sikker på røret. Det blev til at jeg la det bak en stein og trakk av med en snor. Jo da, greiene holdt. Senere fikk en eskimo geværet, og han la ned mangen rein med det.

Reisen videre var behagelig, ganske smult vann i sundene og høit humør ombord siden det gikk så glatt med å komme frem. Amundsen selv gikk vakt om vakt med oss. Dagen var inndelt i sekstimers vakter, fra 8 til 2 og fra 2 til 8. Ombord fikk vi tre mål om dagen foruten kaffe og nattmat. Maten var førsteklasses, og der var ikke nettop noen rasjonering. Dagene gikk hurtig med «Kapteinen», som Amundsen kaltes, som midtpunkt. Disiplinen var instinktiv. Ingen engang tenkte på å optre familiært overfor Amundsen. Selv sa han imidlertid ofte, at der ombord måtte alle være kapteiner og alle mannskap. Enhver måtte handle selvstendig. Rang eksisterte ikke i det daglige liv, men det var likevel ingen som tok feil av hvem som var sjefen ombord.

Helmer Hanssen 29 år gammel.

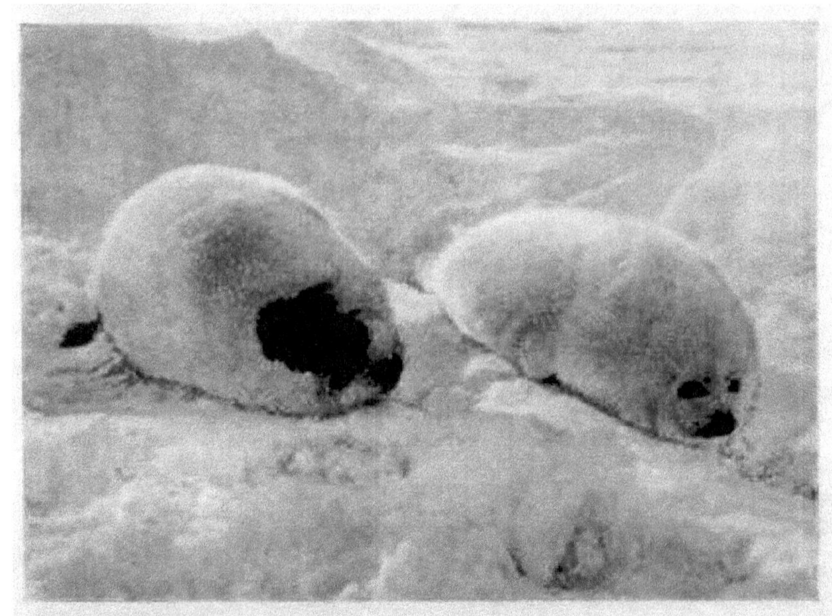

«Kvitinger» på isen.

Hvalross i isen.

Når hunder går løse på dekk, blir der jo alltid en del å feie vekk efter dem, men det hendte aldri at Amundsen sa til noen av oss: — Kom og ta vekk efter denne bikkja. Han gikk bestandig selv og gjorde den slags arbeide, akkurat som vi andre. Var en tauende falt av en nagle, gav han ikke en eller annen av oss ordre om å kveile den op. Han gjorde det selv. Det var en udmerket skole å gå i for hver og en av oss, for om en mann ikke hadde sjømannskapet i sig, var bare den ting at kapteinen selv bestandig gikk og ryddet op, en påminnelse om at alle burde gjøre på samme måte.

Næstkommanderende, den danske løitnant Godfred Hansen, var et gemyttlig menneske. Han lo til alt, og især til gjenvordigheter. Han gjorde på denne turen sine første erfaringer i de arktiske egne, men det varte ikke lenge før han var fullgod ishavsgast. Han var dansk sjøoffiser, og ved alle anledninger hadde han en morsom historie å fortelle fra sine tokter til sjøs. En natt han stod til rors, Wiik og jeg var på hans vakt, fortalte han fra en reise i Sydatlanteren: langt i le hadde de fått øie på et brennende skib. Chefen blev purret, kom op og gav ordre om å falle av og holde ned mot skibet som hadde brand ombord. — Og vi falt av og holdt ned imot månen uten å nærme oss den synderlig, sa han på sitt pussige dansk, som gjorde historien enda morsommere for oss tilhørere.

Det var oprinnelig tanken at vi skulde overvintre på østsiden av Boothia Felix for å være så nær den magnetiske nordpol som mulig, men da det var ganske isfritt nord for Nord Somerset-øia, mente Amundsen at det var best å gå nordenom, fordi det var usikkert om vi kunde seile gjennem Bellot-stredet mellem Nord Somerset og Boothia.

Vi begynte nå å nærme oss de stedene i Nordvestpassasjen som ikke var kartlagt. Det vil si: de var nok på en måte kartlagt, men kartene var svært upålitelige. Der var steder hvor det var angitt vann, men som viste sig å være lavt land; kartleggerne hadde formodentlig gått over is og tatt det islagte lave land for vann. Vi måtte nå navigere med stor forsiktighet, og loddet måtte stadig holdes gående. Én mann stod stadig ved roret, én ved loddet og én i maskinen. Rormannen skiftet hver time med ham som stod ved loddet, og på den måten gikk det dag for dag utover i september.

Det første uhellet vi hadde, var da det opstod brand ombord, og da var det ikke så meget om å gjøre at ikke ekspedisjonen hadde vært slutt for godt. Men fordi alt var i orden, brandslukningsapparatene på sin plass og ferdige til bruk, undgikk vi ved alle manns forenede anstrengelser denne aller verste fienden i de strøkene. Slukningen gikk forresten forholdsvis lett fordi vi var så nedlastet at dekket var flush med vannet; det var bare å dyppe bøttene og pøse på, og når to energiske karer står slik og langer op vann, blir det ikke så lite vann på ilden i løpet av et kvarters tid.

Amundsen selv hang i hardere enn noen av oss. Han var bestandig tilfreds med mannskapet sitt, kapteinen, men den kvelden var han visst næsten stolt av oss.

Da det hele var forbi, begynte vi å resonnere over sakene, for mens det stod på, hadde vi hatt annet å gjøre. Branden blev oss en spore til enda større påpasselighet, og den gjorde at vi anstrengte oss for å være forberedt på alle eventualiteter.

Bare en dags tid efterpå dukket en ny fare op, som satte ekspedisjonen på prøve. Vi var da kommet inn i farvann som ikke i det hele tatt var blitt oploddet, skjønt kyststrekningen var avsatt på kartet.

Vi lettet anker om morgenen i stille og fint vær, og ante fred og ingen fare. Amundsen selv stod til rors, og Lund ved loddet. Vi hadde nettop loddet 8 à 10 favner vann under kjølen, og Ristvedt kom op for å gjøre vinsjen klar til å strekke seil. Vinden passet. Da alt var klart, slapp Lund loddet og gikk bort for å holde i det ene fallet. De hadde bare fått seilet halvt strukket, da skuta tørnet på grunn. Selv merket jeg det ikke, men vi blev alle purret ut og gikk i gang med å forsøke å varpe skuta akterover ved hjelp av varpankeret.

Dette holdt vi på med til vi innså at det var nytteløst, og gikk så i gang med å kaste overbord en del last. Først ofret vi 25 kasser hundepemmikan som stod på dekk; hver av dem var på 190 kilo. Vi håpet at hun med denne tyngden vekk fra dekket skulde lette; men hun stod bom fast. Vi arbeidet hele dagen, bare med et lite ophold for spising, til klokken 9 om kvelden. Været var fremdeles blikk stille, men vannet hadde forandret sig så det var en fot lavere, og vi besluttet å vente til næste høivann.

Amundsen kom og gav beskjed om at vi skulde gå til køis, så skulde han selv ta vakten. Løitnant Hansen mente imidlertid at det var hans tørn å være vaktsjef, og at han vilde holde vakt som vanlig. Det skulde ikke være nødvendig at sjefen plaget sig med dette.

— Jo, sa Amundsen, — jeg vet hvem som har arbeidet og som behøver hvile. Nå skal dere gå til køis. Og dermed blev det. Vi tørnet alle inn, mens han selv tok vakten alene, og kl. 3 blev vi purret. Det blåste op til storm, og vi forsøkte å sette seil for å få skuta til å ligge over, men det viste sig at hun stod helt fast og rikket sig ikke.

Da sa Amundsen til Lund: — Hvad synes De vi skal gjøre nå? Lund var en snartenkt mann og svarte: — Det er ingenting annet å gjøre enn å kaste overbord av provianten til skuta flyter. Til det svarte Amundsen at heller ikke han så noen annen utvei, men han hadde ikke villet være den første til å foreslå å kaste maten overbord.

Hvert øieblikk var kostbart, og vi gikk straks i gang med å åpne rummet og lempe overbord. Vi måtte ta det vi først fikk tak i — og dessverre lå øverst i rummet alle de delikatessene vi hadde fått fra Trondhjems Preserving Co., de gikk da nå til bunns.

Nå blåste det riktig storstorm, og vi kjente at skuta gjorde et rykk fremover, men stanset igjen. Dette gjentok sig to-tre ganger, og til slutt merket vi at hun fløt og seilte av gårde. Det var første gang på turen at jeg hørte guttene ropte hurra. Til å begynne med var det litt ugreie med roret, men så gjorde skuta et byks, og dermed rettet roret sig og gikk i orden av sig selv. Vi peilet rummet og fant til vår glede at skuta var like tett, og dermed var den episoden forbi. Hadde vi forlist der, er det vel et spørsmål om vi kunde ha kommet frem langs hele Hudson-bukta til Winnipeg.

Selv de aller sterkeste lovord vilde ikke gi det rette inntrykk av Amundsens optreden under disse prøvelsene. Dette var hans første selvstendige ekspedisjon, og han viste seg fra første stund å være den fødte leder.

Om kvelden ankret vi op ved land for å ordne op i rummet, og for å undgå å seile i mørke i det farlige farvannet. Tre mann var på land for å rekognosere. De kom tilbake med beskjed om at de hadde sett teltringer efter eskimoer, men ikke noe levende liv. Da vi hadde spist, satt vi alle i kahytten, og Amundsen sa da at efter en slik anstrengende dag skulde det gjøre godt å få et glass rykende toddi. Nå skulde en trodd at et slikt forslag vilde blitt vedtatt enstemmig; men det var ikke tilfelle. Toddien fikk stå til en bedre anledning, mente vi. Anton Lund sa at vel var toddi godt, men det var tider da det var bedre å la den stå.

Efter god, gammel sjømannsskikk blev det bestemt at en mann skulde gå ankervakt, og de andre til køis. Ankervakten kom på dekket kl. 9, og vinden falt da — som da vi ankret — av land. Ved ti-tiden forandret imidlertid vinden retning til pålandsvind, og den øket efter hvert til storm. Skuta begynte å trekke begge ankrene for ett tak. Vi stakk ut den kjettingen vi hadde, og satte talje på begge kjettingene til masten. Alle mann tørnet ut og blev gående oppe på dekket hele natten.

Da det begynte å lysne av dag i firetiden om morgenen, sa Amundsen at vi skulde pakke seildukskajakkene våre fulle av proviant og ha dem klar for påkommende tilfelle. Om vi skulde brekke ankrene, vilde da kajakkene flyte til lands med provianten. Videre gav han ordre til at hver mann skulde pakke sekken sin, og først og fremst ta med køiteppet som var foret med dun. I tilfelle vi falt i sjøen, vilde vi da kunne flyte på teppet og berge oss i land. Dessuten skulde hver mann ta med et ekstra skift undertøi. Videre skulde én mann ta med øks, en annen sag, en tredje spiker, og så videre — idet han resonnerte som så at materialer til å bygge hus av, vilde reke på land fra vraket, hvis så galt skulde hende at vi forliste. Dette gikk vi da i gang med å ordne, men rett som det var, måtte vi på dekk for å få overblikk, for hver og en av oss ventet hvert øieblikk at vi skulde drive i land. Da vi hadde alt klart, spurte vi Lindstrøm om han hadde pakket sekken sin.

— Nei, sa han, jeg har så mye at jeg bryr mig ikke om å pakke noe. — På dørken hadde han da kastet frem 43 par strømper som han hadde med hjemmefra. Mens han holdt på og grov nede i køien sin, sa han: — Her er noe som ikke må gå til bunns! Det var en flaske champagne og en flaske vin som direktøren for Østerskjelleren i Kristiania, Ditlev Hansen, hadde forært ham forat vi skulde drikke direktørens skål den første julekvelden. Så drakk vi da de to flaskene dernede.

Da vi kom på dekk, spurte løitnant Hansen om vi hadde pakket ferdig. Ja, vi hadde gjort oss klar og dessuten drukket op julebrennevinet, så nå kunde hun gå i land hvert øieblikk det skulde være for oss. Og løitnanten tilstod at så modige karer hadde han aldri før truffet på.

I 5 fulle døgn blev vi liggende på dette viset i samme stormen. Vi lå bare og ventet på at noe skulde brekke og vi reke i land. Utpå morgenen det femte døgnet løiet det, og det lyktes os å berge ankrene. Det var ikke fritt for at vi var glade da vi kom oss derfra.

Da vi begynte å seile igjen, blev det bestemt at vi alltid skulde ha en mann i tønna og en ved loddet. Vi skulde også ankre op hver kveld for ikke å seile i mørke.

På denne måten gikk et par dager til vi fikk øie på en tilsynelatende god havn på King Williams Land. Vi sendte straks inn en båt for å lodde, og den kom tilbake med beskjed om at havnen var udmerket. Dette var en torsdags aften. Vi måtte foreløbig ankre op utenfor havnen, for innseilingen var for snever til at vi kunde krysse, og det blåste for sterkt til at vi kunde gå inn bare med motoren. Nettop som vi skulde spise kvelds lørdagen, løiet vinden av, og vi begynte straks å gå op på havnen, hvor vi ankret på seks favner vann. Det var fint og stille vær, og da vi var ferdige for kvelden, syntes vi det rette tidspunktet for den rykende varme toddien var kommet, og da fikk vi den også.

Ved denne anledningen sa Amundsen: — Herfra flytter vi oss ikke før vi er ferdige med den magnetiske polen. Så får Nordvestpassasjen komme som nummer to.

Da vi ankret der inne på Gjøahavn, var det én følelse som var rådende hos alle: vi hadde grunn til å være tilfreds med å være kommet så langt. Vi syntes halve reisen var lykkes. Dagen efter var det søndag, og den helligholdt vi som hviledag, og det var en hvile som smakte godt.

Mandagsmorgenen begynte vi å losse i land. Det var bestemt at alt vi hadde i skuta, skulde på land — for det tilfelle at det skulde bryte ut brand ombord. Havnen var som skapt til dette lossearbeidet, for vi kunde legge skuta kloss i sandmelen og losse direkte på land med linebane. Stedet passet oss fortreffelig, og likere havn fantes ikke på hele kysten. Det tok oss tre dager å få alt på land. Proviantlageret blev godt dekket over med seilduk, og derefter kartlagt så vi på et øieblikk kunde finne frem til det vi skulde ha tak i.

Efter at lossingen var ferdig, kom turen til å bygge hus. Lund og jeg blev så sendt på båttur for å se om vi kunde skaffe noe reinkjøtt. Det begynte nemlig å sne litt først i oktober. Vi rodde 13 kvartmil over en bukt, og da vi kom i land, støtte vi til vår glede på en reinflokk. Vi hadde telt med og blev liggende der en ukes tid. Da vi hadde skutt 17 rein, rodde vi hjem igjen, og velkomne var vi da vi kom med ferskt reinkjøtt til Gjøahavn.

Vi så ikke folk på denne turen, men vi hørte siden at eskimoene hadde sett oss, eller rettere sagt at de hadde iakttatt et lysblaff og sett at en rein falt, uten at de kunde forstå hvorfor den falt. Så var de blitt redde og hadde gjemt sig.

I GJØAHAVN

Slik gikk dagene. Det falt mere og mere sne. Alle mann var i full beskjeftigelse med vinterforberedelsene. Der var ingen høst, men direkte overgang fra sommer til vinter. Da skuta var overbygget for vinteren og husbyggingen på land ferdig, begynte jakten for alvor. Det viste sig at der var rein like i nærheten, så det var en lett sak å få tak i ferskt kjøtt. Flokk på flokk strøk forbi nå da sommeren var slutt. De lå og ventet på at Mc Clintock-kanalen skulde legge sig, så de kunde komme over til fastlandet. Lund og jeg skjøt en masse rein til vintermat for hundene og oss selv.

Amundsen hadde bestemt at alle mann skulde gå på ski en times tid hver dag oppe i bakkene for å få mosjon og adspredelse. Det gjorde vi, og en dag efter frokost i 9-tiden spurte Amundsen om vi var klar. Vi svarte at vi bare skulde slippe ut hundene først. Da vi kom ut, så jeg oppe i bakkene noen levende vesener, som jeg antok var rein. Men merkelig nok var der også en del hunder som for omkring kloss innpå reinen. Jeg blev stående og se på dette, og Amundsen, som kom bortover, sa til mig: — Nå, har De ikke lyst på reinjakt idag, Hanssen? — Jo, sa jeg, — men det er noe rart med den reinen deroppe. Jeg syns den går på to ben. Amundsen gikk da og hentet kikkert, og straks han fikk den til øiet, sa han: — Her har vi eskimoene!

Det blev så bestemt at vi skulde gå imot dem, vi tre — Amundsen, Lund og jeg. Amundsen sa at vi skulde ta karabinene med, og så gikk vi, Amundsen foran og vi efter. Ingen av oss var dristige, for vi hadde det inntrykket fra Franklins ekspedisjon at eskimoene på disse kanter ikke var å stole på. De kunde ofte være alt annet enn vennligsinnede. Amundsen selv snudde sig ofte og så efter om vi fulgte med. Efter hvert som vi gikk opover, kom disse menneskene nedover, men det gikk ikke fort med dem, og det så ut som om de hadde like stor respekt for oss som vi for dem. Men avstanden mellem oss og dem blev da mindre og mindre.

På Grønland hadde vi lært hvordan vi skulde si god dag som velkomsthilsen, og så snart de var nær nok til å kunne høre oss, ropte vi av alle krefter: Teima, Teima! Vi hørte imidlertid ingenting fra dem. En liten stund gikk vi og en liten stund stod vi, men til slutt hørte vi et rop som lød som Maniktumi, Maniktumi fra dem, og det skrek de av full hals. Vi svarte det samme tilbake og skyndte oss mot dem. Da vi var kommet helt bort til dem, så de kunde nå oss med hendene, begynte de å stryke oss over brystet. Det lot også til at de vilde «gni nese», men det torde vi ikke innlate oss på. Flokken bestod av fem eskimoer, alle mannfolk. Vi stod en stund og forsøkte å prate med dem, men da vi ikke forstod hverandre, kunde det ikke bli noen synderlig dypsindig tankeutveksling. Eskimoene gestikulerte og pekte mot skuta, og Amundsen vinket da til dem at de skulde følge oss ombord.

Ombord hadde ikke løitnanten og Lindstrøm sett at vi kom med folk, og da Amundsen sa til Lindstrøm at vi hadde fått gjester, svarte Lindstrøm: — Ja, ja, har dere fått det der helvetes-pakket på nakken, så gratulerer jeg dere. Han kjente til dem fra den turen da han var med Sverdrup på «Fram».

Var eskimoene interessante for oss, var vi det ikke mindre for dem. De hadde aldri vært ombord i et skib før, og derfor var alt de så, fremmed og uforståelig for dem. Amundsen mente at vi vel måtte traktere dem med noe, og spurte Lindstrøm hvad det skulde være. — Gi dem brød og kaffe, svarte skøieren Lindstrøm. Den første som fikk et brødstykke, satt bare og så på det. Så brakk han en bite av og kastet den bort, og gav så brødstykket til næstemann. Han så også bare på det og leverte det til næstemann, og slik gikk brødstykket rundt til det kom til den siste, som kastet vekk det som var levnet. Amundsen forundret sig over at de ikke vilde ha brød, men da en av eskimoene satt og skulte bort på et stykke reinkjøtt som lå i nærheten, tenkte han at de kanskje heller vilde ha kjøtt. Vi hadde allerede skutt et par hundre dyr, som lå sundlemmet på dekket, og Amundsen gikk op og hentet ned en stor reinsteik og gav dem. Den forsvant med en eneste gang. De spiste kjøttet og gnog omhyggelig av bena. Amundsen forstod til fulle at den ene steika ikke forslo og hentet en til. Den forsvant like raskt, og eskimoene knuste bena for å få tak i margen også. Ja, ja, mente Amundsen, kan dere greie mere, så er vi folk som har mere også, og dermed gav han dem enda en steik. Men denne gangen blev bena igjen, så nå var de mette.

Da de hadde fått så meget vann de vilde ha, til å skylle ned kjøttet med, tok Amundsen dem med sig på besøk hos Ristvedt og Wiik i villa Magneten, hvor han på engelsk sa at vi hadde fått gjester. I hytta var der ikke dagslys, så de to kunde ikke se hvem som kom, men de reiste sig straks, bukket og skrapet og forsøkte å snakke engelsk, til stor glede for Amundsen, men til liten nytte for gjestene.

Det viste sig at eskimoene forstod ordet for hytte — «igloo» —, og da Amundsen gjorde sovetegn, la hodet ned på armen for å tilkjennegi søvn, forstod de det straks og pekte i den retning hyttene deres lå. De gjorde så tegn til at de vilde gå hjem, og vi blev enige om å følge dem et stykke på veien for å få se hvor de bodde. På veien traff vi to rein, som Lund og jeg gjorde jakt på. Den metoden vi brukte til å lure oss inn på reinen og få skutt den, vakte beundring hos eskimoene. Resultatet blev at vi gikk hjem til skuta igjen belesset med de to reinsdyrene, og eskimoene fulgte med oss. Vi besluttet at de kunde få sove ombord om natten, og da vi hadde en masse reinskinn, lempet vi en del ned i rummet til dem, hvor de skulde ligge.

Dagen efter bestemte Amundsen sig til å bli med dem til boplassen deres. Han tok med sig sovepose, primus og litt brød og sjokolade, og drog så av gårde sammen med disse karene, uten gevær. Han blev borte hele dagen og natten, og kom først tilbake næste dag, fulgt av tre andre eskimoer. Soveposen og provianten hadde han latt bli igjen der borte. I middagstiden spurte Amundsen om jeg kunde ha lyst til å ta hundene og kjøre bort til boplassen for å hente disse sakene. Jeg hadde mest lyst til å si nei, for jeg var ærlig talt redd disse menneskene, men for skams skyld måtte jeg vise mig som en kar og sa at jeg skulde gjøre det. Jeg fikk hundene spent for, og en gammel eskimo som hette Terraio, blev med som kjentmann. Han løp foran og jeg efter, og det gikk fort. Klokken fire var vi fremme, og så snart vi nådde op mot hyttene, kom hele flokken ut for å se på dette som kom til gårds. Straks var det en som spente hundene fra for å sette dem inn i en snehytte, og han vilde også ta geværet mitt for å legge det op på taket av en annen hytte, men jeg gjorde tegn til at jeg vilde beholde geværet hos mig. Imidlertid gjorde en eskimo en så bestemt mine til dette at jeg forstod han protesterte, og så tok han geværet uten videre.

Vi hadde funnet ut at de kalte skuta for «omea», og jeg spurte så Terraio om han vilde følge med tilbake til skuta. Men det vilde han ikke. Han tilkjennegav ved å peke på det stedet hvor sola stod op, at han vilde dra med imorgen. Og dermed måtte jeg bli der over natten.

Jeg blev anvist en hytte hvor jeg skulde sove. Samme hytta hadde Amundsen hatt. Da vi kom inn, la de soveposen på brisken. Jeg skulde ha mig litt mat til kvelds, men det brødet som Amundsen hadde hatt med sig, var lagt sammen med primusen og var blitt gjennemtrukket av olje, så det smakte ikke. Om en stund gjorde eskimoene sovetegn, og jeg krøp da inn i posen. Foruten mig bodde to familier i hytta — to menn og deres koner, som hadde hver sitt barn, og jeg skulde da ligge mellem disse familiene. Noen fristelse frembød imidlertid ikke dette arrangementet, for kvinnene var så gamle og skitne at de var vemmelige. Heller ikke kunde jeg uten vanskelighet avgjøre hvem var mann og hvem var kvinne.

Eskimoene sovnet straks og snorket som hvalrosser, men jeg fikk lite søvn. Jeg hadde en eske fyrstikker med mig og blev liggende og se på klokken hele natten. Tiden falt så lang at jeg til slutt trodde klokken var stanset. Men til slutt blev den da fire, og så tørnet jeg ut. Ikke før hadde jeg fått fyr på primusen, før hele hytta var så full av folk at jeg nærsagt ikke kunde røre mig, og så hadde jeg ingen annen råd enn å slukke primusen. Jeg forsøkte å spise litt sjokolade, men der var kommet petroleum på den også, så den smakte alt annet enn godt. Jeg tilbød eskimoene noen brødstykker, men de vilde ikke ha. Til gjengjeld serverte de frosset reinkjøtt. Det var første gang jeg spiste rått kjøtt, og det smakte godt og bekom mig meget vel.

Da det blev lys dag, skulde vi kjøre hjem, og da jeg hadde spent for, kom noen kvinner og satte sig på sleden. Jeg protesterte bestemt, men en gift kone vilde absolutt ikke gå av. Jeg kunde jo ikke godt bruke makt på henne heller. Vel, tenkte jeg, du kan få sitte på nedover bakke så lenge det går lett, men så får du vær så god ha dig av. Vi kom ned på sletten, hvor det gikk tungt, og nå skulde jeg til med å få henne vekk, men neida, hun rikket sig ikke av flekken.

— Nakka oanga oktjukto mon, sa hun, og jeg fikk siden høre at det betydde: Jeg skal være med til oktjukto — Gjøa-havn —, hvor hennes mann for øieblikket var. Da jeg hadde brutt sleden løs, snudde jeg mig helt rundt, satte den ene foten i ryggen på henne — hun kjørte med ryggen vendt fremover — og vippet henne av. Sleden letnet og hundene for av gårde, mens hun stod og skrek og huiet efter mig. Terraio var sprunget i forveien, så han så ikke dette optrinnet. Da jeg nådde ham igjen, så han forundret på mig og sa noe, men da jeg ikke forstod det, fikk han ikke greie på hvor det var blitt av kona.

En vil kanskje si at dette var ikke videre galant gjort av mig mot en dame, men hvad skulde jeg gjøre? Hundene kunde ikke trekke oss begge to, så en av oss måtte gå av. Da vi ut på eftermiddagen nådde frem til skuta, kom en eskimo og snakket med Terraio, men hvordan han forklarte det mystiske forsvinningsnummeret, vet jeg ikke.

Morgenen efter kom en hel flokk eskimoer, og den første jeg traff, var den samme kona jeg hadde sparket av sleden. Hun lo av full hals, og var så glad at om jeg hadde skysset henne helt frem med fly, kunde hun ikke ha vært mere tilfreds. Hun hentet mannen sin og pratet en masse, viste med bena og pekte på ryggen hvordan jeg hadde puffet henne av, og alle sammen brølte av latter. Senere traff jeg henne ofte, og bestandig var hun blid og smilende. Jeg måtte rent ufrivillig ha truffet akkurat den rette behandlingsmåten av eskimodamer.

Eskimoenes sans for det morsomme er overordentlig vel utviklet, ja, en kunde være fristet til å si at den er overutviklet. Da det kom en masse på besøk til oss utover vinteren, laget Ristvedt og Wiik et skihopp oppe i bakken for å imponere dem med vår ferdighet i den edle hoppekunst. Når vi klarte å stå i hoppet, kom de ikke med noen slags rosende bemerkninger, men hver gang vi falt stygt, blev latteren deres fullstendig hysterisk. Fornøielsen ved å gi opvisning for slike utakknemlige tilskuere blev derfor utelukkende på gjestenes side.

Amundsen hadde bedt oss være vennlige mot alle disse menneskene som kom og gikk ut og inn hos oss utover vinteren. Hvis vi noengang skulde behøve venner, måtte vi kunne stole på dem. Det kunde jo godt tenkes forskjellige ulykker, f.eks. brand eller forlis, da venner kunde være bra å ha i bakhånden. De fikk lov til å være ombord fra kl. 7 til 9 om kvelden. Som oftest fikk de et stykke kjøtt, som var det eneste traktementet de satte pris på. Kaffe blev de syke av. Sukker og sjokolade var for søte saker efter deres smak. Brød likte de heller ikke, men mot slutten av vårt ophold spiste de litt av det. De blev lett syke, hvis de ved et tilfelle spiste maten vår. Maven tålte absolutt ikke slik kost. Når det hendte at vi hadde eskimoer hos oss i lengre tid, og de spiste hos oss, måtte de efter et par dager få i sig noe kjøtt som var så råttent at ikke engang hundene vilde ete det. Da blev de merkelig nok friske igjen.

Ombord tok Lindstrøm, Lund og jeg mot dem i lugaren forut, hvor vi bodde, og Amundsen og løitnanten akterut i kahytten sin. Vi forut hadde størst plass, men vi var alt annet enn begeistret over å ha dem der. De var lusete og luktet fælt. Ikke kunde vi jage dem ut heller, for vi vilde ikke at de skulde gå til Amundsen og si at vi var uvennlige mot dem. Så fant vi på en krigslist for å bli kvitt dem. Når de vel hadde benket sig, fyrte vi på petroleumsovnen, og da blev det snart for hett for dem, så de gikk ut — med kurs for Amundsens kahytt.

Efterat vi så hadde slukket ovnen og fått døren op for å lufte ut, fortsatte vi med vårt whist-spill, som vi var meget glade i, da den eneste tiden vi hadde for oss selv og fikk være sammen, var mellem kl. 7 og 9 om kveldene. Amundsen undret sig ofte over at eskimoene ikke trivdes bedre hos oss i lugaren forut. — Ristvedt og Wiik hadde også ofte besøk av dem, men de to låste bare døren og begav sig på vei til skuta.

Sig imellem var eskimoene gjennemgående gode venner. De sloss ikke — såvidt vi kunde se, om enn et par av konene har merker i ansiktet efter slag. De var alltid i godt humør. Da de kom til oss, kjente de ikke til tobakk, men sivilisasjonens fordervelige innflytelse blev snart åpenbar. Vi pleiet å raske sammen noe av tobakken vår og lage papirtutt-sigaretter som vi gav dem, og det varte ikke lenge før de var forfalne. Heller ikke varte det lenge før de troppet omkring med hjemmelagede snadder. Til rør hadde de funnet et eller annet rettkløvet trestykke på dekket. Ved å dele stykket i to, skjære en fure i hver av delene og så legge dem sammen igjen, fikk de sig piperør på en lettvint måte.

Vi blev efterhånden fortrolige med hverandres sprog. Det vil si at når vi snakket eskimoisk, syntes eskimoene at vi snakket norsk, og når eskimoene forsøkte sig på norsk, hørtes det for oss som de snakket eskimoisk. Men vi forstod hverandre udmerket og førte lange samtaler.

Enkelte ord var det aldeles umulig for dem å si, som for eksempel «gaffel». Heller ikke falt «skje» lett å uttale, mens de derimot straks var fortrolige med «kniv», om de enn uttalte det på engelsk som «naif». Det er utelukket at de kunde ha hørt dette ordet fra engelsk hold før. Eskimoene forstod ikke å spørre oss om noe, fordi de ikke var hurtigtenkende nok til å gjøre det begripelig for oss hvad det var de vilde vite, men vi kunde spørre dem om alt mulig og få forståelige svar.

En ting var vi levende interessert i å lære av eskimoene, og det var å bygge snehytter, især hvordan de valgte byggematerialet. Dette var noe som kunde bli av overordentlig stor betydning for oss, og vi lærte da også å bygge snehytter like godt som de selv, om enn ikke så raskt. Mange ramlet ned for oss før vi fikk dem ferdige, men til slutt lyktes det da å få dem til.

Eskimoene hadde ingen kokekar av metall. Deres var av kleberstein. Til lampe brukte de en steinhelle som det var gravet en fordypning i. I denne la de tran og tørr mose, og hellet litt på steinhellen så tranen rant ned i fordypningen efter hvert. Hvis mosen begynte å flamme sterkt op, brukte de en liten benpinne som de dyppet i tranen, til å slukke mosen med, og efterpå slikket de pinnen. Det eneste husgeråd som de holdt rent, var denne benpinnen. Det var ansett for ep stor delikatesse å slikke av den.

Noen dolklignende kniver hadde de, antagelig utbanket av spiker, for det var aldri stål i bladet. En mann hadde en svær kniv, også formet som en dolk, en fot lang og to tommer bred, og den var av kobber. Annet kobber så jeg ikke.

Til bue brukte de horn av moskus-oksen, og noen hadde reinhorn også. Pilespissene var gjort av det hårdeste benet på reinen, leggbenet. De var en fot lange og hadde en fem-seks mothakk på hver side, så de blev sittende fast i dyret. Når de så fikk reinen, hadde de pilen også. Buene var elastiske som stålfjærer. De to hornene var festet sammen med bennagler. Eskimoene jaget ikke bare med bue og pil, men delte sig også i partier som drev reinen til sjøs, og så stakk de den ned med benspydd fra kajakkene sine.

Da vi hadde fått tilstrekkelig med vinterproviant, gikk vi ikke mere på jakt. Vi lot noen reinskrotter ligge igjen i marken forat hundene kunde fore sig selv. Til vårt bruk tok vi bare tungene. Der var arbeide nok for oss alle likevel. Ristvedt og Wiik hadde instrumentene sine å passe. Amundsen tok stadig observasjoner med sine transportable apparater. Løitnanten «skjøt stjerner» og drev på med astronomiske beregninger. Lund og jeg hadde alt «gårdsarbeidet», skuflet sne, og hentet vann fra et nærliggende tjern, da det vilde ta for meget petroleum å smelte sne til husbruk. Til brensel ombord hadde vi bare olje. Lund var dessuten «brandsjef» og vedlikeholdt et hull i isen ved skutesiden for lettvint å kunne skaffe vann om det skulde bli brand. Lindstrøm hadde bestandig nok å gjøre i byssa. Og så gikk da vinteren greit nok med regelmessig arbeide, søvn og måltider.

Lindstrøm var en begeistret amatørvidenskapsmann. Han samlet prøver av alt levende for professor Collett i Kristiania. Lund og jeg syntes det var misbruk av guds gaver når han brukte sprit til å opbevare lus i — vi syntes han heller kunde ha spandert toddi på oss med den. Da eskimoene fikk forståelse av at Lindstrøm kjøpte og betalte lus, blev der hurtig overflod på markedet av denne varesorten.

En søndag efter en deilig rypemiddag skulde vi ta oss en lur og hadde nettop lagt oss, da det banket på døren. Vi skjønte det var eskimoer og vilde ikke lukke op. Bankingen fortsatte, og da vi ikke svarte, åpnet de døren likevel, og inn kom to kvinner med knyttede never. Den første rakte hånden frem mot mig og sa: Ellipsi koma pelliti?, hvilket utlagt betyr: Vil du ha lus? Så ropte Lund til Lindstrøm: Her er lus, nå må du ha dig op. — Jeg vil ikke ha flere lus, ropte Lindstrøm. — Ja, du får komme og ta imot, ellers kaster de lusene op i køia. Lindstrøm måtte da op og forklare damene at det var ikke engang såpass som baisse i lus, — der var ikke lenger noen efterspørsel i det hele tatt. Så satte damene sig på benken, åpnet nevene og spiste lusene en for en med synlige tegn på nytelse.

Eskimoenes sans for renslighet er utenfor alle beskrivelse. De bruker tungen som universal-renseklut, og slikker bl.a. barna sine både her og der, akkurat som en katt. Når de så at vi vasket oss i vann, hylte de av latter. De fattet ikke hensikten. Selv led de av vannskrekk.

De lærte å kjenne navnene på oss. Amundsen var Amukjenna. Løitnant Hansen var Hanikjenna. Ristvedt blev Pilo, Anton Lund Antonni, Wiik Miki, Lindstrøm blev Henrikki og jeg Helmeri. De forstod godt at Amundsen var sjefen. Vi sa han var angekokk, et ord som betyr trollmann, doktor etc.

Jeg så aldri at ungdommen kurtiserte hverandre, ingen avsides måneskinnsturer, hvor to er nok og tre for mange. Ikke kjærtegn mann og kone imellem heller, mens menn nok kunde «gni nese» med andre menn. Kjønnslig sjenert var de ikke. De vilde ikke ha kunnet forstå meningen med den bibelske fortellingen om Susanna og de to nysgjerrige eldste. Naturlige handlinger var det ingen grunn til å skamme sig ved. Deres religiøse forestillinger syntes begrenset til en forestilling om at dårlige mennesker gikk til et sted nede i jorden hvor der var mørkt og uhyggelig, mens de gode gikk til sol og varme.

*Interiør fra en eskimohytte. Høvdingen Ateklura med
familie, King Williams Land.*

Eskimoer på besøk ombord i «Gjøa».
Efter Amundsen, «Nordvestpassasjen».

Så lakket det mot jul og solhverv. Tankene går bestandig hjemover i julen, og kanskje især den første julen en er borte på denne måten. Det største strevet falt her som hjemme på husmoren, det vil si Lindstrøm, som skulde steke og brase og bake. Vi selv var som barn og gikk og tagg om kaker, og vi fikk som oftest også smake den første baksten av hver deig, men en måtte vokte sig for å be om mere. Efterat vi hadde fått en smakebit, måtte vi stjele oss til resten. Vi var så heldige i julen at eskimoene var dradd bort, men allerede annen-dagen kom gamle Terraio og forstyrret oss igjen.

Julekvelden var vi alle samlet i kahytten om et hjemmelaget juletre og en stor haug med medsendte julegaver. Der var en storartet op dekning. Rypesteik og delikatesser av hermetikk, og toddi. Amundsen holdt en beveget tale om våre kjære i hjemmet, og Wiik takket Amundsen i en tale til slutt for den gode ånd som hadde rådet innen ekspedisjonen helt fra begynnelsen, og for den udmerkede måten han hadde ordnet all ting på. Wiik og Lund hadde fioliner med og spilte for oss. Der var julegaver i massevis: snadder, askebeger, skrivesaker og andre småting. Vi gledet oss over disse tingene fullstendig som om vi skulde ha vært småunger. Det var en hyggelig jul, og i juledagene levde vi høit, bare spiste og hvilte oss. Terraio forstod av dekorasjonene i kahytten at noe var på ferde, med hverken familien hans eller han hadde noen smak for julegotter. Rått kjøtt og steinhard talg med vann var julegotter gode nok.

Da julen var forbi, begynte det daglige arbeidet, og hver mann hadde sitt å passe. Det er underlig så fort tiden går når en har regelmessig arheide. Sola kom i januar, og en og annen eskimo begynte å reke forbi. Vi begynte på forberedelsene til de forestående sledeturene til den magnetiske pol, og i februar drog vi sledene op på høidene, så vi hadde bare flatlandet foran oss. I dette første fremstøtet trakk Amundsen, løitnant Hansen og Lund en slede, mens jeg kjørte en annen med seks hunder.

Først i mars drog vi av gårde for alvor. Da hadde Amundsen og jeg hver vår slede med seks hunder for, og bare vi to drog av sted. Efter et par dagers kjøring kom vi til nordkysten av King Williams Land, og der møtte vi en stor eskimostamme, omkring 30 voksne mannfolk. De kjente ingenting til oss, og vi hadde ikke hørt om dem. Allikevel kom de straks bort til oss, strøk oss over brystet og ropte «maniktumi». De var ute på selfangst, og på deres anmodning blev vi med dem til hovedleiren. De satte sine egne hunder foran sledene våre, så det gikk i en fei å komme frem.

Leiren bestod av 16 snehytter. Da vi var omtrent 100 meter borte, blev det kommandert holdt, og så kom alle kvinnene ut av hyttene sine mot oss i gåsegang. De gikk rundt oss og tilbake til hyttene igjen i samme formasjon, mens to riktig gamle kjerringer blev stående tilbake. De var så fæle å se til at blodet kunde stivne i årene på en. De holdt en lang tale som vi ikke forstod det mukk av, og glade var vi da de forsvant inn i hyttene. En opvakt og kjekk ung mann tilbød at vi kunde få bo i hans «igloo», men Amundsen foretrakk å bo i eget hus, og de gikk da straks i gang med å bygge en hytte til oss, noe som gikk i en fei.

Mens Amundsen gikk inn i hytta for å koke vår nektar: Cloettas sjokolade, skulde jeg gjøre i stand sledene for å beskytte dem mot hundene. Mens jeg stod der og ordnet med lasset, blev jeg slått på ryggen. Jeg snudde mig, og der stod to av de største eskimoene i stram giv akt, med hver sitt gamle munnladningsgevær, en rifle og en hagle — begge fullstendig ubrukbare. Jeg var ikke sikker på om dette var en vennlig eller fiendtlig demonstrasjon, og jeg pekte på min karabin som lå på lasset, og forklarte hvor meget bedre den var. Men da det lot til at de ikke forstod mig, ropte jeg inn til Amundsen og bad om tillatelse til å skyte et par skudd for å imponere dem litt. Amundsen mente at det bare var bra at vi satte oss i respekt. Så la jeg seks skudd i karabinen og skjøt dem i hurtig rekkefølge mot noen skruisblokker femti meter borte. Isspruten blev, som rimelig kan være, ganske kraftig. Forhåpentlig blev de to passende imponert. I hvert fall vilde de gjerne se på karabinen, men det fikk de ikke. De måtte pent vandre inn i hyttene sine igjen.

Imidlertid kokte sjokoladen, og Amundsen og jeg satt nettop og nød denne herlige drikken, da en av de gamle konene kom og gav sig til å prate en hel masse. Da hun ikke fikk noe svar, gikk hun, men kom snart tilbake med sønnen sin, som trakk på et veldig bjørneskinn. Dette la de ut over hyttegulvet forat vi ikke skulde sitte med bena på isen, og da blev jo hytta vår som en riktig herskapsvilla.

Så måtte vi begynne på gjenvisittene. Først gikk vi begge sammen, fordi vi ikke var riktig sikre på situasjonen, men snart skiltes vi og gikk hver for oss. Før visittene var avsluttet, hadde vi fått en ny drakt hver hos dem. Vi hadde jo egne skinnklær, men eskimoenes var bedre og finere laget, så draktene var virkelig velkomne. Til gjengjeld gav vi dem synåler, som de tok imot med opriktig glede. Den tråden de lager av sener, er så fin at vi ikke hadde så fin en tråd i hele vår beholdning. Vi var ikke godt forsynt med byttesaker ellers. Vi hadde ikke tenkt på å ta med munnspill, kniver og skinnende saker. Til slutt fant vi på å lage op kokekar av de tømte blikkdåsene våre, og løitnanten hadde noen få perler med sig, ikke flere enn at det såvidt kunde bli til en ring på en finger. Men selv så beskjedne gaver syntes de var storartede. Deres egne perleringer bestod av seltenner og muslinger.

Vi gikk og la oss ved ti-tiden om kvelden, skjønt eskimoene nok gjerne hadde holdt oss med selskap hele natten om vi hadde gidet å sitte oppe. Om morgenen skulde vi da kjøre videre, men det blev et lite ophold først fordi Amundsen vilde ha en ny hund. På Grønland hadde vi lært at hund heter «mikki», og så satt da Amundsen inne hos høvdingen og akkorderte om en mikki. Høvdingen hørtes uvillig, og nektet lenge å gi oss noen mikki. Kona satt oppe på briksen med en 5—6 års sønn på fanget, og hun og mannen konfererte stadig sammen. Amundsen hadde sett en mengde hunder rundt omkring hyttene og var villig til å betale godt, så han holdt på sitt. Han vilde ha en mikki. Efter lang parlamentering tok høvdingen den lille gutten fra moren og leverte ham til Amundsen med en mine som sa: — Jaja, du får vel få ham da! — Nei, nei, nei, sa Amundsen, ikke ham, men den, og pekte på en hund. Og da skal jeg love for at det blev anderledes. Når det bare var «kemmi» han mente, skulde han få så mange han bare vilde ha. — Vårt kjennskap til eskimoisk var ikke videre rart.

Vi hadde fått en mann med oss til å vise vei mellem skruisene, og så bar det av gårde. Vi kjørte hele dagen og traff på en ny stamme. Føreren vår forklarte oss at de var like tyvaktige som stammen hans var hederlig. Vi blev boende hos disse menneskene natten over. Føreren bygget en hytte til oss, men lå selv hos de fremmede. Disse folkene var alt annet enn hyggelige. Da vi skulde reise om morgenen, hadde de stjålet en liten øks, og mens jeg holdt på med sledene, stjal de kniven min også. Da jeg fortalte Amundsen at kniven var vekk, så han til dem at kniven måtte vi ha igjen, og han sa det så alvorlig at det gjorde inntrykk på dem. De hadde bare gravet den ned i sneen, og en fyr stod og så ut i været mens han med foten sparket den frem. Så så han på oss med en mine som tydelig sa: Her ligger jo kniven deres, hvad er det dere gjør så mye bråk for? Så sa Amundsen bestemt, at hvis de ikke bragte øksen tilbake, så tok han karabinen og skjøt dem alle sammen. Et par stykker gikk da til en «igloo» og hentet den og leverte den til oss uten et ord.

Amundsen mente at vi her hadde truffet på en bande av aller verste sort. Hvis en la et depot her, vilde det rett og slett være å forære dem alt det vi hadde med oss. Vi snudde derfor med lasset og tok inn hos vennene våre, hvor vi lå i hytta vår om natten. Næste dag vilde vi kjøre hjem til Gjøahavn.

Eskimoene fortalte oss imidlertid at de selv skulde flytte noe nærmere Gjøahavn. Den dagen skulde de bare kjøre en del av sakene sine til den nye leirplassen, og så flytte hovedleiren dagen efter. Mens noen var sysselsatt med flyttearbeidet, skulde resten på selfangst, og Amundsen vilde være med på isen. Utpå dagen blev det sur snestorm. Jeg var alene i leiren med kvinnene, og nyttet høvet til å tuske til mig en hel del klær, særlig fottøi og vanter, med Amundsens synåler. Amundsen kom hjem litt forfrossen efter turen på hav-isen. Næste dag skulde de da flytte, men det gikk ikke fort for seg. Vi var ergerlige over at det gikk så smått, men måtte rette oss efter dem. Utpå eftermiddagen begynte de å søke efter leirplass, og det gikk snart å bygge hytter, også en til oss.

Da hyttene var ferdige, gjorde en av konene op varme med gnidepinnene sine. Det tok henne et kvarters tid, og da hun hadde fått fyr, satte hun sig sammen med familien oppå briksen, hvor hun fra innsiden av anorakken sin fant frem en fyrstikkeske som Amundsen hadde gitt henne dagen i forveien. Først strøk hun fyrstikken mot riveflaten så sakte at det ikke tok fyr; så strøk hun litt hardere, og til slutt såpass hardt at fyrstikken futtet av. Alle blev forskrekket, men moret sig kostelig over dette. Hun hadde altså ikke forståelsen av at hun kunde ha spart sig arheidet med å gjøre op ild med gnidepinnene.

Vi lå der om natten, og næste dag skilte vi lag med eskimoene. De drog ut på havisen efter sel, og vi kjørte mot Gjøahavn over land. Det var blitt avtalt at når de var ferdige, skulde de komme og besøke oss. Hjemme var løitnanten og Ristvedt dradd ut på tur til en liten øi, og da de to drog hjemover, traff de våre siste eskimovenner. De trodde de hadde truffet på en helt ny stamme, og var forbauset da vi tok imot dem som gamle kjenninger.

Det blev en stor leir, omkring 30 mennesker. Alle var ombord og fikk kjøtt og talg. Høvdingen fikk en gammel remingtonrifle med noen skudd, og han var udi egne øine ikke lite til kar da han spankulerte rundt med denne riflen — jeg har sjelden sett et så fornøiet menneske. Han lærte snart å bruke den også. Veiviseren vår fikk en stor forskjærkniv, en brødkniv. Kjerringene forærte vi en synål hver. Når én av dem fikk noe, måtte alle ha, men gaven kunde være nærsagt hvad som helst — tomme melkebokser var fine presanger.

Da slutten av mars måned kom, blev det for meget «gårdsarbeide» å utføre for Lund alene, og det blev da besluttet at jeg skulde være hjemme, og at Ristedt skulde ledsage Amundsen på hovedreisen til den magnetiske pol. De var borte en måneds tid og kom hjem i slutten av april. Amundsen hadde da utført det arbeidet han hadde foresatt sig: bestemmelsen av den magnetiske pols beliggenhet. Da han var kommet hjem, begynte han først i mai å ta en rekke observasjoner rundt Gjøahavn i en avstand av høist 15 kvartmil fra leiren, med flere stasjoner fjernet ca. 10—12 kvartmil fra hverandre. Han lå en ukes tid på hver plass og tok observasjoner. Jeg kjørte i forveien fra plass til plass og bygget snehytter, slik at når Amundsen kom, hadde han hus å gå inn i med en gang og kunde øieblikkelig begynne sine observasjoner. Da sommeren kom, brukte han telt.

Eskimoene ferdedes ut og inn hos oss helt til det blev fullsommer. Da drog de op i landet på laksefiske. — Det kom en masse fugl til stedet, ryper og ærfugl blandt annet, men de hekket ikke der, så det blev ikke noen egg på oss. Det kom også noen langbente småfugl dit, som sang så pent at det var en lyst å høre på. Det var i sannhet en kjærkommen tid da sommeren endelig kom sist i juli, med blomster opefter alle bakkene. Det var varmt og godt. En del mygg var det, men ikke så meget at det sjenerte i særlig grad. Jeg husker at så sent som den 16. juli, Amundsens fødselsdag, var det ennå is på havnen da jeg gikk i land på gratulasjonsvisitt. Jeg måtte gå til lands på isflak. Så vinteren er lang i de strøkene.

ANNEN OVERVINTRING

Den korte sommertid forsvant så altfor fort. Vi fisket litt laks så vi holdt oss med ferskfisk, men ellers foretok vi oss ikke annet enn det vanlige. Friske var vi alle sammen og hadde fin-fine dager. Vi var ofte på lystjakt og på turer innover land for å høre fuglesang og glede oss over naturen. Av eskimoer var det ikke så mange hos oss om sommeren.

La mig fortelle en jakthistorie fra denne tiden.

Det var pinseaften 1904, en herlig sommerdag med stekende solskinn og blikkstille. Pinseaften var naturligvis en av de mange fridagene vi hadde på turen.

Jeg bestemte mig for å gå på jakt. Det var ikke så å forstå at der var meget å jage efter; rein var der jo, men den holdt til så langt inne til lands at det vilde være håpløst å tenke på reinsteik til kvelds. Men «ulykken» kunde jo saktens være ute så en støtte på noe vilt som ikke lot sig gripe med hendene, og derfor tok jeg med karabinen og ruslet av gårde.

Før jeg drog, hadde Lindstrøm høitidelig pålagt mig aldri å vise mig ombord igjen hvis jeg ikke hadde med mig en eller annen gjenstand som han kunde putte inn i samlingene sine. Det bør nevnes at vår kjære Lindstrøm levde bare for samlingenes skyld, det var samling til frokost samling til middag — samling til aftens — ja, det hendte til og med at han fikk anbragt en liten lovtale om samlingene sine ved nattmaten også, kl. 2 om natten.

Joda, jeg skulde nok ha med mig noe tilbake, lovte jeg. Der fins på King Williams Land masser av gamle reinhorn, og om ikke annet, så fant jeg vel en forvitret reinlort jeg kunde ta med for å sikre mig fortsatt ophold ombord i Gjøa.

Jeg måtte jo si pent adjø til Lindstrøm før jeg gikk, og idet jeg passerte byssa, residensen hans, sa jeg: — Nå går jeg!

Har du ikke dradd dig av sted ennå? fikk jeg til svar, og dermed grep han ildrakeren, som var det eneste våpenet han hadde for handen, mens jeg forsvant fortere enn svint. Jeg hørte bare velsignelsene han slengte efter mig.

Jeg gikk og gikk uten å øine noe vilt. Til slutt var jeg kommet frem til et høidedrag vi kalte «Svanehøiden», hvor det øverst lå en stor stein. Da jeg var kommet omtrent femti meter fra toppen, fikk jeg se en ugle som kikket frem bak steinen. Jeg forsøkte flere angrepsstillinger, men hvordan jeg så manøvrerte, kunde jeg ikke få mere enn hodet bart — resten av kroppen holdt den godt dekket bak steinen. Så sendte jeg en kule i retning av uglehodet, og jamen stupte den. Pokker til kar til å skyte, tenkte jeg, hurra for samlingen! Jeg gikk sa bort for a ta byttet, som lå der stiv med de krumme klørne rett til værs. Like ved fant jeg redet til fuglen, og i det lå der to unger. Jeg tok uglemor og så på den. Fint skutt, ikke en blodplettet fjær å se på den. Det sørgelige var bare at ingen var til stede som kunde skryte av min store dyktighet som jeger. I det samme fløi det en annen ugle rett over hodet på mig. Godt, tenkte jeg, der har vi han far sjøl. Den satte sig et stykke lenger borte på høidedraget. Jeg la den døde fuglen ned og gikk av sted for å skyte maken. Men den rakkeren skulde riktig plage mig. Så snart som jeg var kommet på skuddhold, lettet den og fløi et stykke lenger vekk, og slik blev jeg gående og trampe efter den. Endelig forandret uglefar kurs og fløi i retning av redet med ungene og den døde moren. Nå steg humøret betydelig, den måtte da vel stanse ved redet en stund. Og hvad så — jo, da skulde den få sin beskikkede del, tankene fløi høit — komme ombord med hele familien, mor og far og to unger.

Endelig nådde jeg frem til stedet, men opdaget til min skrekk at ikke bare uglefar var borte, men også moren og begge ungene — redet var tomt. Der stod jeg, godt lurt for alt, og tenkte på hvordan dette kunde henge sammen. Jeg opdaget snart at kulen hadde streifet steinen og ikke ugla. Den gamle heksen var antagelig bare blitt svimeslått, og da hun så kom til sig selv igjen, hadde hun tatt med sig ungene og dradd av gårde som en annen farkkjerring.

Jeg kom uvilkårlig til å minnes historien om Petter Dass, da fanden skulde skysse ham til København. I lønn skulde fanden få alle dem som sov i kirken under prekenen. Men Petter Dass sørget for at ingen fikk sove. Slik gikk det mig også — jeg fikk heller ingenting.

Lindstrøm gav jeg et stykke reinhorn, men jakthistorien holdt jeg for mig selv. Bare Lund torde jeg betro mig til, så den kom ikke almenheten for øre, og godt var det.

Noen høst blev det ikke. I slutten av august begynte kulden å bli merkbar, i september snedde det, og da oktober kom, var det alt full vinter. Amundsen flyttet nå tilbake til skuta. Der blev nok å gjøre med forberedelser til en ny overvintring, og så snart isen hadde lagt sig på Simpson-stredet, kom reinflokkene; da gjaldt det bare å få skutt så meget som mulig. Vi felte et par hundre rein og kjørte hjem til Gjøahavn. Det lyder så lettvint når jeg skriver det, men det var en hard tørn for Lund og mig, for det måtte gjøres hurtig før reinen forsvant. Skinnene hadde vi ikke bruk for, men eskimoene var svært glade for å få dem. Efter hvert som sneen blev fastere, kom der flere eskimoer og slo sig ned i omegnen av skuta — enkelte fremmede på snarvisitt og våre gamle venner for langt besøk. De fikk komme ombord hver aften fra kl. 7 til 9 som før, og velkomstgleden holdt sig, så de til slutt fikk komme inn til oss når de ønsket. De optrådte djervere denne gangen enn vinteren før, kanskje fordi de nå var kjent og husvarme.

De hadde ikke lenger noe å bytte bort, da vi allerede hadde klærne vi trengte. Men da de på sin side gjerne vilde fortsette byttehandelen, især for å få fatt i kniver, lot Amundsen Ristvedt hugge op noen store issager og lage kniver av dem. Som byttevare foreslo nå eskimoene at vi skulde kjøpe konene deres. Mens disse tilbudene blev fremført, satt salgsgjenstandene selv og lo og smilte, og de syntes ikke å ha noen innvending å gjøre mot den foreslåtte ordning. Imidlertid var der ingen efterspørsel på mongolkoner, så på den basis blev det ingen handel av, selv ikke til de fire ugifte medlemmene av ekspedisjonen. Kvinnene var svært uappetittlige, der var bare én ren flekk på dem — fingrene inntil midtleddet, for de stikkes stadig i munnen. Når et menneske gjennem hele sitt liv aldri vasker sig, blir det egentlig mere selsomt enn vakkert.

Vilhjalmur Stefansson forteller i «The Friendly Arctic» at eskimokvinnene vasker sig gjerne ti ganger om dagen. Men den erfaringen gjorde ikke vi. Om vinteren vasket de sig i det hele tatt ikke. Når de hadde hatt et griset arbeidsstykke, f.eks. å flå sel, var hele renselsesprosessen efterpå å stikke fingrene i munnen og slikke dem rene. Fra midtknokene til fingertuppene var fingrene som om de var kommet fra en skjønnhetssalong, men fra midtknokene til kufteermet var hånden så skitten at en kunde skjære i lorten med kniv.

Vi så heller aldri noen eskimo bade. Vi forsøkte gjentagne ganger å få dem med oss når vi var ute og badet, men det var ikke tale om at de vilde. I «Den store Slædereise» viser Knud Rasmussen et billede av et badende barn på King Williams Land, men noe slikt så ikke vi noen gang. Tvert imot syntes det å vekke den aller største forbauselse at vi tok av oss klærne og gikk ut i sjøen; det vakte vill jubel hos våre tilskuere. Jubelen skyldtes ikke at vi badet uten badebukser, men vi fikk det inntrykk at de aldri hadde sett folk bade før.

Ved en anledning blev jeg aldeles vettskremt av en eskimo. Der kom en dag en mann og kone kjørende til oss, og de gav sig på vanlig måte til å bygge en snehytte. Jeg hadde moro av å se hvordan de laget varme og blev derfor sittende i hytta hos dem. Da kona hadde gjort op varme, kom hun med et fyrfat på omtrent en fots bredde, fullt av mose. Som vi satt der, begynte mannen å skubbe sig. Derefter trakk han armene op av anorakken, la dem over kors, og begynte å gå frem og tilbake i stor ophisselse. Jeg blev fælen til mote ved å være i dette trange rummet sammen med en mann som jeg fikk inntrykk av var sinnssyk, for plutselig hevet han fyrfatet og begynte å slikke på glørne. Kona satt sammenkrøpet uten å smile og så på mannen som en annen pulverheks. Da han så til slutt slikket op alt som var i fatet, hadde jeg fått nok. Jeg krøp i lynende fart gjennem dørhullet ut i den lange snegangen, og satte så farten op til Gjøa, mens jeg hadde en livaktig følelse av at fyren var i hælene på mig. Mannen skulde agere trollmann og sette sig i respekt hos oss, og han opnådde også sin hensikt, for han skremte livet av en enfoldig tromsøværing.

Det var nå utelukkende observasjonene som sysselsatte alle mann. Ekspedisjonens hovedhensikt dette året var jo å fastslå beliggenheten av den magnetiske pol, og Amundsen var bestemt på at dette arbeidet skulde utføres med den største nøiaktighet. Ikke en eneste dag måtte gå uten at vi foretok observasjoner, og Amundsen instruerte også løitnanten i bruken av instrumentene for det tilfellet at noe skulde tilstøte ham. Begge to måtte stå ute i allslags vær, det var dager da vi registrerte optil 50 kuldegrader, så noen sinekyrejobb just var det ikke de hadde. Ristvedt og Wiik var besjelet av den samme energi og var like omhyggelige når det gjaldt observasjonene.

Eskimoene hadde fremdeles hyttene sine omkring Gjøahavn, og til mat hadde de den fisken de hadde tørket efter sommerenes fiske. Selfangsten begynte ikke før i februar, og det blev smått med proviant for mange av dem. De var blitt vant til å få reinkjøtt hos oss, og når de manglet mat, var det som en selvfølge at de gikk til oss for å få. De fikk alltid, men var blitt meget fordringsfulle nå. Noen byttehandel var det ikke snakk om lenger, kanskje mest på grunn av at tre av dem hadde fått gamle rifler for forskjellige tjenester de hadde gjort oss, og når disse tre spankulerte bevæbnet omkring — ammunisjon hadde de riktignok ikke —, blev all byttehandel mindreverdig for dem som ikke fikk rifler. I julen året før var eskimoene dradd bort, men dette året holdt de sig omkring Gjøahavn også i den tiden.

Helgen kom, og Lindstrøms runde, trivelige skikkelse var i stadig aktivitet med forberedelsene til å gjøre det festlig for kameratene, og juleaften samlet vi oss alle sammen som sist i kahytten om det lille juletreet vårt. Var det festlig ifjor, blev det enda festligere iår. Eskimoene forstod ikke at noe var på ferde, men de fikk nå julegotter, de også, i form av hard talg og frossent kjøtt. Haugen med julegaver denne gangen var like stor som sist. Pakkene var merket slik at de ikke måtte åpnes før juleaften 1903, 1904 og 1905, og enkelte pessimister hadde også sendt med julegaver for 1906.

Da februar kom, reiste eskimoene for å fange sel. De hadde ingen forstand på å komme og takke for sig eller si farvel. De takket heller aldri når de fikk noe. De fanget først en del snaddsel som la omkring Gjøahavn, men den var snart opfanget, og så søkte de ut på havisen. Selv drev vi ikke selfangst, da vi ikke hadde bruk for disse dyrene. Eskimoene deler arbeidet ved selfangsten. Mannen fanger selen, og lar hunden slepe den hjem, hvor den så blir liggende utenfor hytta. Så setter mannen sig på briksen, og kona trekker av ham fottøiet. Derefter drar hun selen inn i hytta, legger den godt til rette foran sig og begynner å flå. Men ved den første selen av årets fangst foregår der en liten ceremoni, som jeg hadde anledning til å overvære. Kona rev først noen hår ut av reinskinnsanorakken sin, rullet dem sammen til en kule og holdt den så nær lampen at den tok fyr. Derefter stakk hun den bort i neseborene på selen, først i det ene og så i det andre. Dette gjentok hun et par-tre ganger. Så tok hun delikatessene på selen, øinene, og gav til barna. Efterhvert som hun flådde, skar hun av kjøtt-og spekkstykker som hun kastet til mann og barn, så når selen var flådd, var den omtrent ett op også. For sin del fikk hun nøie sig med å slikke de fettete fingrene sine. Blodet samlet hun i sine to hule hender og slubret det i sig. Det blev aldri stort igjen til hundene. De syntes ikke å få annet til mat enn ekskrementene efter menneskene, og de stakkars dyrene var da heller ikke annet enn skinn og bein.

Jeg fikk inntrykk av at ceremonien med de brennende reinhårene skulde gi lykke i fangst, og å undlate handlingen vilde føre til dårlig utbytte. En annen overtro i forbindelse med den første selen var at kvinner som hadde spist av den, ikke måtte sy skinnklær før en viss tid var gått. Amundsen hadde tusket til sig en del bjørneskinn, som han vilde ha opsydd til bukser for oss, men ingen kunde sy dem; for kvinnene hadde allerede spist av den førstfangede selen. Til slutt fant vi da en som kunde påta sig å sy, men hun kunde ikke ta sakene med sig i teltet sitt og måtte derfor sitte ombord i kahytten. Der satt hun så og sydde dagen lang, aldri var hun trett, men alltid blid. Selv når hun blev jaget ut på isen, lo hun bare og var like tilfreds.

Foruten Nauia — så het hun — satt også Wiik nede i kahytten og renskrev observasjonene sine. Han skrev så fint som om det skulde vært gravert. Rapportene hans bestod mest av tall, og med dette skrivearbeidet var han meget omhyggelig. Det skulde jo også sendes til Norge og være det synlige bevis på ekspedisjonens heldige resultat. Nauia blev sittende og se på ham, og beundret kanskje også hans flid. En dag gikk Wiik op på dekk en tur, og da han kom ned igjen, stod Nauia bøiet over hans ferdigskrevne rapport og skrev på den, hun også. Hun hadde tatt pennen og dyppet den i blekk slik som hun hadde sett Wiik gjøre, og så krotet hun lange streker over hele rapporten. Da Wiik kom ned, så hun glad op på ham og ventet øiensynlig anerkjennelse for hjelpen sin. Men Wiik blev ikke glad, nei. Han var for klok en kar til å bruke kjeft på en uvidende, og gikk op på dekk igjen for å lufte av sig ergrelsen. Efterpå ruslet han ned og begynte forfra for annen gang.

Ellers var eskimoene overordentlig lydige når det var noe en bad dem om ikke å gjøre; de rørte aldri noe hvis en hadde forbudt dem det. Men denne lydigheten kunde til sine tider bli for meget av det gode, så sluttresultatet blev rent forferdelig. Eskimoene er fæle til å spytte, og vi måtte forby dem å spytte ombord. Det forbudet overholdt de nøie. Men en dag kom en fremmed eskimo som ikke kjente forbudet. Han stod der nede i lugaren og harket og spyttet, og Amundsen sa da til ham at han ikke fikk lov til det, for det var både stygt og farlig. Til vår store forferdelse bøiet han sig ned, samlet det hele sammen og slukte det i sig.

De eskimoiske kvinnene er svært hardføre. En dag kom det en flokk kjørende, og blandt dem var en kvinne som ikke deltok i byggingen av snehuset, men satt ved siden av, og gikk inn og satte sig da det var ferdig. Vi spurte om hun var syk. Ja, hun var syk. Hvad det var som feilet henne? Jo, hun hadde født et barn den dagen på isen. De hadde stanset mens hun fødte, men da det var et pikebarn, slo de det ihjel, og kvinnen spente sig i selen sammen med hundene og trakk videre. — Hvor er barnet? spurte vi. — Ute på isen. Gutter er velkomne, for de kan med tiden forsørge sig selv og foreldrene, men piker må forsørges. Det at kvinnene trekker sleden sammen med hundene, er imidlertid ikke så fælt som det høres. Det foregår under lek og latter, og det ser ut som de synes at den slags er som det skal være.

Da eskimoene var flyttet ut på havisen i februar, var det ikke en levende sjel av dem tilbake hos oss. En dag vi kom på dekk efter et par dagers snestorm, blev vi imidlertid meget forbauset over å se Dalonakto, Amundsens forhenværende ordonans, stå og vente på oss. Vi fryktet sant å si at hele banden skulde komme tilbake. Men han forklarte oss at han var alene og kom for å bli hos oss. Han var kommet om natten og hadde lagt sig i en snefonn ved skutesiden. Amundsen mente det var en kjekk kar, og vi lot ham få mat. Det blev da til at han skulde få være hos oss, og han var til god hjelp ved sneskuffing og annet arbeide. Som grunn for at han var reist fra de andre og kommet til oss, gav han at han ikke hadde noen kone og derfor ingen som kunde sy klær til Han var en dårlig fangstmann, og slette forsørgere står ikke høiere i kurs blandt eskimoene enn hjemme hos oss. Han var alltid fillet og vanskjøttet. Amundsen hadde ikke noe imot at en eskimo kunde få bli med oss hjem til Norge, og så skulde vi forsøke Dalonakto. Men å føre denne fremmede fra de omgivelsene han kom fra, direkte inn i våre pauluner, vilde ikke stemme med kokeboka vår. Som han stod der — skitten, fettet, med lurvete klær og med hår som rakk langt ned over ryggen på ham, så han alt annet enn innbydende ut. En og annen gang gjorde han sig en jakttur op i hodet og nappet et eller annet slags vilt — hvad slags tør jeg ikke med bestemthet si, men jeg tror det var lus. Hver jakttur bragte udmerket utbytte, for han var sikker på hånden og «skjøt» aldri bom, og viltet bragte han på en meget ekspeditt måte fra de ytre til de indre regioner. Til tross for at fjeset så ut som en overskyet måne, var øinene klare som stjerner. Han smilte og pratet og var så fornøiet som om han skulde ha vunnet det store loddet, og det hadde han jo også til en viss grad gjort, hvis han fikk bli med oss, fikk avstå fra å være ino og bli kablona, som vi så smukt kaltes.

Forat dette skulde kunne skje, måtte det en renselsesfest til, Det sier sig selv. Det viste sig at det ikke var nødvendig å sette dette arbeidet ut på anbud, for det var en som tilbød sig å gjøre det helt gratis. Tid og sted blev bestemt, og foryngelsesprosessen begynte. Wiik skrubbet ham ren over hele kroppen, klippet håret hans og besørget avlusingen. Var han ellers sin stammes sorte får, blev han nå ren for en gangs skyld. Vi betraktet ham som en av oss, og han var oss til stor nytte, da han villig utførte alt han blev bedt om å gjøre. Mange av disse folkene er meget intelligente, og fysisk sterke er de også, selv om de ikke forstår å bruke styrken sin sa den monner noe. Jeg har liten lyst til å undervurdere mig selv like overfor en eskimo, og jeg tror at om jeg var nødt til det, skulde jeg kunne leve som en eskimo lever. Jeg vil absolutt ikke ønske å leve en eskimos liv, og jeg sier ikke at jeg skulde kunne opholde livet like lett som en eskimo under de samme forhold, men der er intet ved en eskimos levesett som en hvit man ikke kan gjøre ham efter. Vi lærte å bygge snehus like gode som dem de selv lager, skjønt vi ikke kunde klare å lage dem like hurtig som de innfødte. Det å fiske på isen er heller ikke verre enn at vi også kan det, selv om en kulde på optil 50 grader C. krever at en klær sig derefter. Synker temperaturen under 45 grader, er det forresten aldri vind. — Når en eskimo går, er klærne hans løse, men såsnart han stanser, lukker han dem med snorer. Det som kan volde en hvit mann vanskelighet å lære, er å drepe sel under isen. Det å kunne lukte mig til at der er sel i et pustehull, er det eneste som jeg kan tenke mig vilde volde mig synderlig vanskelighet. Men eskimoenes jakt ellers er det ingen uoverkommelig vanskelighet for en hvit mann.

Selvsagt gjør tusenårig vane sitt til at enkelte arbeider likesom går av sig selv, og herdning fra barnsben av har sin store betydning. En eskimo kan grave sig et hull i sneen som han sover i, og enda våkne utsovet, mens jeg selvsagt måtte bygge et ordentlig snehus for en natts sund søvn. Hvorvidt jeg vilde kunne våkne op like smilende og glad som en eskimo synes å være under de mest primitive forhold, det blir en annen sak.

En og annen eskimo kom på snarvisitt også utover vinteren, men ellers lå hele stammen på selfangst til i mai måned. Da begynte det å bli så meget vann på isen og vanskelig å fange at hele stammen kom tilbake til Gjøahavn. Her gjorde de ingenting annet enn å ligge og spise av vinterfangsten sin. De hadde fått forståelsen av at vi skulde reise derfra nå om sommeren, og Amundsen hadde lovet at alt som blev igjen efter oss, kunde de få beholde, og at det skulde bli delt mellem dem. Dette var vel en medvirkende årsak til at de holdt sig der hele sommeren og drev laksefangst i traktene omkring Gjøahavn.

Da isen gikk op i juni, begynte vi å gå vakt ombord, og da der alltid var fullt av eskimoer på skuta, blev det min plikt å få dem derfra ved visitt-tidens slutt i 9-tiden om kvelden. Min vakt var nemlig fra kl. 9 til 2. Men en kveld var det en eskimo som ikke vilde gå i land. Jeg sa til ham at nå måtte han gå, men han sa «naka», som betyr: — Nei, jeg vil ikke. Jeg ventet da litt, og sa så til ham på nytt at nå fikk han ha sig på land. Men fremdeles sa han «naka». Så blev jeg arg. — Det var da fanden, sa jeg og gikk efter en spake fra ankerspillet, og da jeg kom med den, skjønte han at det var alvor og kastet sig over rekka og ned i sneen. Dagen efter gikk jeg en tur opover til det stedet hvor de bodde, og den samme karen kom bortover til mig og spurte om jeg hadde vært sint igår aftes. — Ja, sa jeg, det var jeg. — Det var da fanden, sa han, og denne setningen gikk fra munn til munn hos de omstående, mens alle lo hjertelig over dette nyerhvervede uttrykksfulle sprogstykket.

Så var det en blank solskinnsdag straks efter at Lindstrøm stod og tok ned noen reveskinn han hadde hengt op i riggen til tørk. Han hadde buntet dem i hanker på 10—12 stykker, som han holdt på å henge over tommeltotten sin. Mens han strevet med dette, mistet han en hank, og den falt ned i hodet på en eskimokone som gikk på dekk, og som ikke hadde lagt merke til at Lindstrøm stod oppe i riggen. I forskrekkelsen falt kona pladask i dekket. Hun fikk da rystet skinndungen av sig, og idet hun så op for å se hvor skinnregnet kom fra, sa hun: — Det var da fanden. Dette hørte også Amundsen, som stod i nærheten. — Nei, nei, nei, sa han, hvad er det hun sier. — Spør han der, sa Lindstrøm, der har De skolemesteren. Amundsen blev meget alvorlig: — Nei, slikt må dere ikke lære disse folkene, sa han, ikke må dere lære dem å stjele, ikke å lyve og ikke å banne. Jeg forklarte da at det ikke nettop hadde vært ment som noen lærdom, men at ordene var sagt i øieblikkets forbitrelse.

Det var bestemt at vi skulde reise i august måned, og i tiden forut gikk vi så i gang med forberedelsene. Isen forsvant i løpet av juli. Det var en deilig sommer, varm og god. Vi hadde bragt på land alt det vi ikke skulde ha med oss, alle trebiter vi kunde avse, og en veldig haug med blikkbokser, blandt meget annet. Alle eskimoene samlet sig, og vi delte da først ut trestykkene til mannfolkene. Så sa Amundsen at de kunde forsyne sig av blikkboksene så meget de bare lystet, og jeg skal love for at de ikke lot sig be to ganger. De formelig kastet sig over haugen og gramset til sig så meget de kunde favne, menn og kvinner om hverandre. Og den dagen var det stor fest i Okkjokto, for nå var det plutselig kommet rikdom til stedet. Litt ammunisjon hadde vi også ment å efterlate oss, men den fikk de først da vi gikk derfra. Kuler hadde vi ikke, men vi hadde en masse hagl, som vi støpte kuler av og ladet op til dem.

Vi var kommet til det resultat at det ikke vilde være heldig for Dalonakto selv at han blev med oss til Norge, og nå gjaldt det å beta ham lysten på en pen måte. En dag satt Lindstrøm i lugaren og preparerte rypeskinn, og eskimogutten satt og så på dette arbeidet uten å forstå hvad det skulde tjene til. Han spurte mig hvad det var Henrikki gjorde, og jeg forklarte ham at når vi tok kjøttet vekk og beredte skinnene, kunde vi siden stoppe ut fuglen og vise folk hjemme i vårt land hvordan rypene så ut her oppe. Og så la jeg til: — Det er det samme vi mener å gjøre med dig også. Gutten rykket tilbake og blev stående stiv. — Oanga ellipsi nuna pisak, sa han.

— Jeg vil ikke reise til deres land! — Ja, men det må du ikke si til mig, men til Amundsen selv, sa jeg.

Så løp han bort til kahytten, skjøv hetta fra og banket på:

— Amukjenna, Amukjenna! — Amundsen satt og arbeidet og svarte ikke. Gutten fortsatte å banke på. Så hørte jeg Amundsen si: — Ja, hvad er det nå du vil da, gutten min? — Oanga ellipsi nuna pisak! — Nei, men hvad er det du sier? — Oanga ellipsi nuna pisak, ropte han enda en gang, og dermed løp han sin vei.

Stakkars Dalonakto, han hadde følt sig som kabluna, hvit mann, og var ikke lenger eskimo, men vi forut i lugaren følte at det bare vilde føre til elendighet for ham selv om han skulde bo blandt hvite. En gang hadde vi latt ham få noen dråper alkohol i en liter vann, men det virket slik på ham at vi skjønte det der vilde bli en deilig kar hjemme på Karl Johan. Han gikk ikke fattig fra oss, rifle hadde han blandt annet fått. Men han viste sig ytterst sjelden ombord siden den dagen. Amundsen forundret sig ofte over hvorfor gutten hadde ombestemt sig, men han fikk aldri greie på grunnen, før mange år senere da vi var på Sydpolen, og da fikk han greie på det ved et rent tilfelle.

Da det blev kjent blandt eskimoene at Dalonakto ikke skulde være med oss hjem til Norge, kom der en annen, foreldreløs gutt på en 16—18 år og bad om å få bli med i hans sted. Vi hadde syntes synd på denne gutten, som var en slags pleiesønn hos en mann hvis egen sønn var blitt drept ved et vådeskudd. Vådeskuddet var blitt avfyrt av hans annen pleiesønn, som da faren drepte med en gang. Han var på den måten blitt sønneløs, og hadde da tatt denne gutten til sig. Gutten het Manniradja. Han blev tatt ombord, gjennemgikk avlusingsprosessen, blev vasket, skrubbet og klippet og fikk norske klær på. Vi tok ham ombord noen få dager før vi skulde begi oss avsted, og han blev straks alles kjæledegge. Vi kjøpte ham av pleiefaren for en stor kniv og noen synåler. Vi hadde ikke flere synåler igjen, men derimot en masse knappenåler, og dem klippet vi da hodene av og drillet øie i, dermed var de like gode i byttehandel som «ekte» synåler.

TREDJE OVERVINTRING

Den 13. august kom avskjedens time. Alle eskimoene samlet sig på stranden og sprang langs den efter hvert som vi seilte. De som hadde kajakker ute, hoppet i dem og fulgte oss utover havnen. Så lenge vi kunde høre og se dem, ropte de sin avskjedshilsen, som for oss hørtes som God dag — god dag. Det var allikevel ingen gråtende småpiker som stod igjen efter oss. Det var storartet likesom å begynne på hjemreisen, men på samme tid føltes det litt rart å skilles fra dem, for vi var næsten blitt som en familie der i «okkjokto».

Så begynte vi da på Simpson-stredet i klart farvann, og motoren gikk så godt som en symaskin. Løitnant Hansen og jeg hadde loddet op stredet på en båttur, så vi visste at der var fremkommelig, skjønt vi ikke ellers var kjent på kysten. Der hadde jo aldri passert noen skute gjennem dette stredet før, så det gjaldt å seile forsiktig. Hele august gikk med til farten. Sist i måneden traff vi på noe is vestenfor Banks Land, men ikke nok til at det opholdt oss synderlig. Imidlertid var det også grunt vann der, og det heftet en hel del. Vi tok færrest mulig chancer, for nå hadde vi målet klart i sikte: å gjennemføre Nordvestpassasjen og komme velberget frem.

Alt gikk vel og bra, og den 27. august 1905 fikk utkiken i tønna øie på et skib i nordvestlig retning. Da blev det opstandelse ombord. Vi heiste vårt norske flagg og forandret kurs til henimot skibet, og dette falt også av og kom i møte med oss idet det viste stjernebanneret.

Da vi var kommet passende nær, gikk fire mann i båten — Amundsen, løitnanten, Wiik og jeg — og rodde dit bort. Det viste sig å være en hvalfanger, skonnert «Charles Hanson» av San Francisco, kaptein McKinney. Da vi kom op på dekk, fortalte styrmannen oss at det var krig mellem Sverige og Norge. Vi trodde ikke noe på det og begynte å le, men da mente styrmannen at vi var blitt skjøre av polarnattens redsler. En av mannskapet kom da op med en avis, hvor det med fete typer stod: War between Norway and Sweden. Der ombord trodde alle mann at det var krig hjemme hos oss, men vi kunde ikke riktig fatte det.

Der kom nå beskjed fra kapteinen at vi måtte komme ned i kahytten, hvor vi blev invitert til lunsj. Der utspant sig en livlig samtale mellem de to kapteinene. Vi fikk fersk biff og friske poteter, og den smakte oss alle udmerket. Vi blev ombord et par timers tid, og da kaptein McKinney nettop kom vestenfra, kunde han gi oss de beste råd om hvordan vi skulde seile vestover, hvor isen lå tett. Han sa at vi måtte styre mot fastlandet, selv om vi kom så langt inn som på 4 favner vann. Det var vår eneste chance til å komme gjennem isen. Bunnen bestod av løst slam fra

Mackenziefloden, så det gjorde ingenting om vi kom på grunt vann. Dette rådet viste sig også å være udmerket.

Kapteinen fortalte at han i 1904 av den amerikanske regjering var blitt anmodet om å holde utkik efter oss og skaffe oss det vi behøvde. Han tilbød da også gjentagne ganger at om det var noe vi trengte, kunde vi få det av ham. Men Amundsen vilde ikke ta imot noe. Da kapteinen så gjerne vilde gi oss et eller annet, sa Amundsen at litt ferske poteter nok vilde være kjærkomment. Vi fikk en halv sekk, og da Mc Kinney fremdeles spurte oss om det ikke var noe vi kunde ha lyst på, sa sjefen at litt te kunde komme vel med nå. Vi var et par pund te og en halv sekk poteter rikere da vi skiltes fra dem enn da vi kom, og vi var glade over å ha truffet slike hyggelige mennesker.

Mens vi rodde tilbake til Gjøa, snakket vi om hvor merkelig det var at de hadde ferskt oksekjøtt der ombord, for den biffen de hadde servert, hadde smakt så udmerket. Vi mente at de måtte ha slaktet en okse dagen i forveien, og da vi kom aktenom skuta, så vi ganske riktig en skrott henge akterut. Men det var ingen okse, det var en bjørneskrott; og så stor er innbilningens makt at de som ikke hadde hatt lovord sterke nok for den udmerkede oksebiffen, måtte gi den fra sig igjen da de hørte de hadde spist bjørn — til stor fryd for dem av oss som kunde beholde den.

Efter hvert som vi kom vestover langs Amerikas nordkyst, lå isen tettere og tettere inn til land, men vi kreket oss da igjennem like til vi var kloss op til landet. Forut hadde vi da isen helt landfast, så det var umulig å komme igjennem. Vi måtte ta fast i grunnisen og ligge der natten over. Morgenen efter da vi skulde prøve å forcere oss frem, var det snetykke, men vi hadde likevel en mann på utkik i tønna for å speide efter såpass fordelt is at vi kunde tenke oss å komme frem. Da hørte vi fra dekk at det kom en båt roende. Der var tre mann ombord, og det viste sig at lederen vår en nordmann fra Fredrikstad ved navn Sten. Han hadde fart på hvalfangst her oppe i 30 år, og hadde dette året vært styrmann med en skute som forliste ved King Point. Han var gift med en eskimokvinne, og hadde altså sitt hjem her oppe. Han var fullblods amerikaner, men husket da enda en del norsk. Vi var meget spent på å høre om det var sant at det var krig mellem Norge og Sverige, men han kunde forsikre oss at det var feil. Han hadde hatt brev fra Norge i mars, og der stod det at kong Oscar var gått av og kronprinsen hadde besteget tronen i Norge.

Ved middagstider kom vi til King Point, men heller ikke lenger, for isen lå tett op til lands og der var ingen chance for å slippe forbi. To skib, hvalfangerne «Alexandra» og «Bowhead», kom efter oss og med sin større fart klarte de bedre å forcere isen. Kaptein Tilton på «Alexandra» ropte til oss og spurte om det var noe vi trengte. Hvis så var, var det bare å varsku

ham, så skulde vi få alt det vi behøvde. Da «Bowhead» efterpå kom
seilende forbi, stod mannskapet på bakken og ropte hurra for oss. Det var
mange svensker der ombord. Både «Bowhead» og «Alexandra» blev
liggende fast for vinteren 35 mil lenger vest, ved Herschel-øia. I alt blev ni
hvalfangere liggende fast der og måtte overvintre med lite proviant. Vi
blev liggende fast ved King Point og kom oss ikke derfra før næste
sommer. Som vanlig var vi heldige, idet vi altså slapp å overvintre ved
Herschel-øia.

Dette var i de aller første dagene av september. Vi begynte straks a
bygge hus på land, for der var så meget drivtømmer at vi godt kunde ha
bygget en hel liten by. Når vi bygget hus på land, skjedde dette av flere
grunner. Vi vilde for det første ha så lite ild ombord som bare mulig, og
for det annet var det ingen havn ved King Point, så vi kunde aldri føle oss
sikre når vi var ombord. Dessuten var det bedre å foreta observasjoner i
land. Mellem skuta og land var det en masse is, så vi lå ikke til ankers
engang, men var helt fastklemt i isen. Når isen til sommeren tok til å
løsne, vilde det bli et spørsmål om vi klarte å berge skuta.

Denne uventede tredje overvintringen tok vi med ro. Vi var villige til å
ta imot skjebnens tilskikkelser med sinnet i likevekt, og humøret var
fremdeles på toppen. Iallfall husker jeg at vi drev halløi med hverandre
som sedvanlig, som f.eks. den gangen vi holdt på å minere ut den frosne
jorden for observasjonshuset. Lindstrøm var dødelig redd dynamitt. Dette
hadde vi allerede bragt i erfaring første sommeren på turen. Nå hadde vi
blandt alt annet også en del dynamitt ombord til bruk i påkommende
tilfelle, og det var min jobb å ha den i forvaring. Jeg fikk innredet et skap i
rummet forut ved lugarskottet. Her lå da dynamitten godt bortgjemt, pent
og stille, uten tegn til å skulle gjøre en katt fortred. Vår kjære Lindstrøm,
som daglig og mange ganger om dagen måtte i rummet for å hente litt
matvarer av en kasse her og der, kunde jo treffe til å komme litt nær
dynamitten, og da var det ikke godt å være Lindstrøm.

Det skulde imidlertid vise sig at der fantes andre skjulte eksplosivstoffer
ombord i «Gjøa», som kunde skake op sinnene. Det var nettop i de dager
opfunnet et nytt gjærstoff som het bakepulver. Av dette stoffet var store
mengder blitt bragt ombord, hermetisk pakket i literbokser. Vi skulde
konstatere om det vilde holde sig på en så lang tur som den vi skulde ut
på, og under de klimatiske forhold i polaregnene. Dessuten blev pulveret
brukt til brødbakingen ombord. Disse boksene lå strødd utover i rummet,
overalt hvor det i det hele tatt fantes en ledig plass. Ingen tok sig en tanke
om at dette var rene sprengstoffet. En dag vi satt ved middagsbordet,
hørte vi et kraftig smell fra lasterummet. — Hvad var det? Ja, hvad var det
alle var vi like kloke. Det kunde vel ikke være noe farlig, for vi hadde tak
over hodet ennå. Vi holdt nettop på å glemme begivenheten — da lød det

et skudd — så nok ett, og enda ett. Nå var hundreogett ute. Lindstrøm var straks klar over at det var den forbannede dynamitten som eksploderte. Anton Lund, som alltid var situasjonens herre, sa at det ikke var dynamitt dette. — Det må være et eller annet du har i din varetekt, som får til dette levenet, sa han til Lindstrøm. Lindstrøm gikk så ned i rummet for å undersøke spøkeriet, og han var neppe kommet innenfor døren, så braket der atter løs et skudd like nedfor bena på ham. Vi hørte et nødrop, ikke S.O.S., men noe langt mere kraftig, svarende til den situasjonen som han befant sig i. Vi ilte straks til undsetning. For et syn! Hele rummet var fylt av en hvitaktig røk, og helten selv stod der så hvit som en marmorstatue. — Det er jo bakepulverboksene dine som eksploderer, var det en som sa. Og da kom Lindstrøm til sig selv igjen: —Å, f—, er det ikke annet, mente han, så skal jeg snart stoppe det. Og dermed langet han ut i kabyssen efter den store kjøttgaffelen sin. Med den hugget han hull i lokket på alle boksene, trakk et lettelsens sukk og sa: — Ja, der gikk bakepulveret i vasken, om turen skal vare i tre år til, har vi likevel nok av dette pulveret! Lindstrøms bakverk var forresten like godt efterpå som det hadde vært før katastrofen.

En dag holdt vi altså på med mineringen ved King Point, da Lindstrøm makelig kom ruslende opover for å se på oss. Da vi så ham komme, husket vi på den respekt han hadde for dynamitt, og da han var kommet nær nok, la vi på sprang nedover mot ham mens vi ropte: — Mina går! Med et skrekkslagent uttrykk i ansiktet tok Lindstrøm bena på nakken og sprang nedover bakken. Selv om Nurmi hadde vært i form den gangen, hadde nok vår egen Lindstrøm gjort ham rangen som førstemann stridig.

Det var en hel liten by der ved King Point. Sten hadde bygget sig hus på stedet, og flere eskimoer likeså. Disse siste var fortrolige med hvite mennesker da de ofte hadde vært mannskaper på hvalfangere. Mannskapet på Stens skib hadde gått vestover til Herschel-øia. Selv hadde han litt mat til kona og barnet sitt, og ellers mente han at han skulde klare å leve av jakt. Eskimoene på dette stedet var svært kjekke mennesker.

I førsten av aktober var det full vinter. Amundsen, løitnanten og Manniradja bodde ombord, men spiste hos oss andre fem på land. Amundsen bestemte sig til å reise til Eagle City for å komme i forbindelse med Norge og for å vente på post hjemmefra. Det blev ordnet så at han skulde slå følge med kaptein Magg, som også skulde sørover. De reiste fra Herschel-øia. Amundsen hadde sine egne hunder og dessuten et eskimopar til hjelp. Så snart han var reist, drog Ristvedt og jeg på jakt opover til Mackenzieflodens delta med de andre hundene våre. Sten sendte med oss en eskimo, Naio, som kjentmann, og denne fyren drog med sig kona si. Hun var ikke god for stort annet enn å røke og skrå tobakk, ellers var hun et stort, uvørent troll.

Efter tre dagers kjøring var vi kommet op i landet et stykke. Der var nok av skog, men ikke annet enn liten bjerkeskog. Av vilt fantes ikke annet enn ryper og harer. Vi hadde ikke med proviant til hundene, da vi hadde ment at vi skulde fore dem av jaktutbyttet. Det tok derfor nokså lang tid før vi hadde såpass vilt at vi kunde kjøre hjem et lass. Vi hadde elendig vær, sneen var dyp, og i denne trange småskogen hadde vi ingen riktig nytte av skiene. Eskimoen var ikke mere kjent han enn vi, og var oss bare til plage. Det var tanken at kona hans skulde koke for oss, men hun var så griset at Ristvedt foretrakk å lage maten vår selv. Alle fire bodde vi i samme telt. — Vi hadde endelig fått 80 harer, og tok så på hjemveien. Men av lasset skulde hundene ha fire stykker hver dag og det tok oss fire dager å kjøre, så kan jo enhver regne ut hvor mange harer vi hadde da vi kom tilbake til Ring Point. Dessuten er å merke at Sten skulde ha halvparten av jaktutbyttet for kjentmannen, — så forstår en hvad det kunde bli på oss. Ristvedt og jeg kjørte lasset hjem, mens eskimoene blev tilbake i skogen. Denne jaktturen tok en hel måned.

Fra King Point vendte vi tilbake til skogen, og nå skulde vi skifte jaktterreng. Kjentmannen førte oss til et sted hvor eskimoene tidligere hadde fanget, så istedenfor harer fant vi bare harelort. Vi holdt allikevel på så lenge til vi fikk et lass, og denne gangen var det Naio som skulde kjøre til skuta, mens vi skulde ligge igjen. Imidlertid var — som før nevnt — skiene våre til så liten nytte i dette terrenget at Ristvedt tilbød Naio at vi skulde kjøre til «Gjøa», hvis han vilde lage amerikanske snesko til oss mens vi var borte. Vi kjørte så hjem og kom tilbake igjen, og da viste det sig at Naio ikke engang hadde begynt på sneskoene ennå. Så mente Ristvedt at dette vilde vi ikke ha mere av. Vi skulde greie oss selv, og så tok vi både ham og kjerringen med oss til skuta på vår næste tur, og varskudde Sten om at vi ikke vilde ha kjentmannen hans mere.

Da vi så efter nyttår skulde kjøre tilbake til jaktplassen, møtte vi en eskimo ved navn Anakto, en riktig førsteklasses kar som vi hadde stiftet bekjentskap med om høsten. Han hadde et fin-fint hundespann, og da de lange dagene kom, drev han en regulær forretning med å tiltuske sig revskinn fra stammefellene sine og avhende dem i fortet Mc Pherson. I bytte fikk han te og sukker, og solgte så dette til vennene sine ved kysten for nye skinn. Ham slo vi følge med og kom langt inn i landet, helt til granskogen. Før vi traff ham, hadde han skutt tre elger som han hadde gjemt i skogen, og vi fikk en masse kjøtt av ham, så vi kunde kjøre hjem med over hundre kilo elgkjøtt foruten de harene vi fikk. Og efterpå fulgte vi med denne mannen hele vinteren, da han hadde betaling for å skaffe kjøtt til de innefrosne hvalfangere ved Herschel-øia.

Da vi kom hjem med elgkjøttet, bad Sten om at Naio måtte få følge med oss, så at Sten også kunde få noe mat, og det kunde vi ikke godt si nei til. Men vi tok ham bare med på den betingelsen at det var vi selv og ikke Naio som skulde bestemme hvor vi skulde jage. Vi drev så jakt i granskogen, hvor der også var eskimoer på jakt, slik at vi i alt var en seks-syv mann som lå der. Hver mann kunde skyte optil en atten-tyve harer om dagen, og vi kom ofte hjem til «Gjøa» med over hundre harer på lasset. Der var mange som fikk spise hos oss i denne tiden.

Anakto var en usedvanlig mann til en eskimo å være. I skogen bodde han hos svogeren sin, og der spiste vi også. Der var det så gullende rent og pent at det var som å komme til et godt hotell. Der var det ikke tale om å bruke en kopp to ganger uten at den blev vasket. Og maten var fin, biff, «ham and eggs», kaffe og te, som hos hvite mennesker.

Første gangen jeg skulde kjøre med Anakto, husker jeg godt. Jeg spurte om jeg fikk lov til å kjøre med ham, og han svarte straks ja, men spurte når jeg vilde kjøre. — Nei, svarte jeg, det får du bestemme. Jeg kan kjøre når som helst, nå straks, eller i morgen tidlig klokken fire, seks eller åtte — som du vil. Han konfererte med vennene sine og insisterte så atter på at jeg skulde bestemme tiden når vi skulde kjøre av gårde. Nei, jeg vilde ikke, og til slutt sa han at vi kunde starte ved syvtiden om morgenen. Jeg syntes det vilde bli en kort dag å kjøre, når vi skulde starte så sent, men jeg var ferdig til fastsatt tid, og så bar det avsted. Da vi kom ned på elven ved åtte-tiden, kom han og spurte om jeg vilde slå leir. — Nei, sa jeg, vi kommer aldri frem hvis vi allerede nå skal begynne å slå leir. Så kjørte vi til klokken tolv, og da kom han igjen og spurte om vi skulde slå leir. Jeg mente at vi måtte drive på, skulde vi komme frem, og det blev til at vi kjørte til klokken fire om eftermiddagen. Da kom han og sa at nå begynte hundene å bli trette, så det var best vi slo leir.

Ja, hvis så var, mente jeg, — kunde vi holde rast. De begynte å reise telt og jeg hugget ved. Jeg hugget ved både for dagen og for natten, så jeg blev godt svett. Så kom han med anorakken for at jeg skulde ta den på mig, for det var sprengkaldt den dagen. Men jeg hadde klær nok selv og vilde ikke ha anorakken hans. Han så stort på mig og den veden jeg hadde hugget, og så sa han: — Du og jeg skal alltid kjøre sammen, for jeg ser at du kan kjøre her sammen med oss.

Angående hundespørsmålet har jeg hørt mange uttalelser i mitt liv, både av fagfolk på området og av uerfarne. Når jeg sier at eskimohunden er førsteklasses, mener jeg dermed at den er udmerket som kjørehund og i det hele tatt som trekkdyr. Noen sier at St. Bernhards-hunden skal være så ypperlig som kjørehund, fordi den er så stor og sterk. Ja, muligens. Jeg har også en gang hatt den fornøielsen å ha en St. Bernhards-hund i koblet. Det var forresten en blanding av eskimohund og St. Bernhards-hund. Dette eksemplaret blev forært Amundsen da han i 1906 var på reise til

Eagle City. Da Amundsen kom hjem fra denne turen, det var den 12. mars, drev vi enda på med jakten, med å bringe ferskt kjøtt til stasjonen. Det var min jobb å kjøre frem og tilbake mellem jaktplassen og «Gjøa», og turen tok mig omtrent åtte dager fra jeg kjørte hjemmefra og til jeg var hjemme igjen. Jeg skulde så prøve denne svære St. Bernhards-hunden — Nikodemus het den — på en åtte dagers tur med den og fem eskimohunder for en lett slede. Farten blev stor, og Nikk — som han het til daglig — klarte ikke å følge med, men blev liggende under sleden. Jeg slapp ham løs og overlot ham til sig selv, mens jeg kjørte videre med de andre fem. Da distansen for dagen var utkjørt, og jeg hadde hatt mig en god hvilestund, kom Nikk pesende som et lokomotiv og kastet sig dødstrett ned ved sleden. Vi glante på hverandre en stund.

Stakkars Nikk, du bar ikke ditt navn forgjeves, — spørsmålet lå klart og tydelig i blikket. Følgen var at Nikk gikk løs så lenge sleden var lett, men når den var lastet, måtte han trekke sammen med de andre, og trakk muligens for to når det kunde gå med sneglefart, men så åt han også for fire. Dette kan til nød gå an når turen ikke varer lenger enn åtte dager eller fjorten, og man har fullt op av hundemat. Men varer turen i månedsvis, da gjelder det at hunden er god til å dra og enda kan leve på smal rasjon. Det kan en eskimohund greie, men knapt nok en av hvilken som helst annen rase. Montro om Amundsen hadde gjort Sydpols-turen sin så galant om han ikke hadde hatt eskimohunder til trekkdyr. Jeg tror det ikke. Riktignok er de ikke så store, men så trenger de da heller ikke meget mat. Takket være den tykke pelsen er eskimohunden også meget fordringsløs hvad husly angår. Selv i 40—50 graders kulde graver den sig bare ned i sneen, og dermed er sengen dens redd. Jeg skal ikke omtale alle de gode egenskapene en eskimohund er i besiddelse av, men en til må jeg få nevne: sporsansen. Den er hos enkelte fenomenal. Her er et eksempel.

Det var i 1905 i slutten av mars måned på en av jaktturene. Jeg drog hjemmefra ved sekstiden om morgenen. Været var strålende, og det gikk raskt over bukta fra King Point til Key Point. Distansen var 13 kilometer omtrent. Plutselig opdaget jeg at reserveskinnhanskene mine var borte, jeg hadde mistet dem på veien. Kjøre tilbake efter dem orket jeg ikke, og dersom jeg kjørte tilbake, kunde det være tvilsomt om jeg fant dem også. Turen vilde antagelig vare i åtte dager almindelig regnet, og trengte jeg vanter utenom det paret jeg hadde, så traff jeg nok alltid en eskimo som jeg kunde lure til mig et par av. Dermed drog jeg bare videre østover. Jeg kom godt og vel frem til jaktplassen, og hadde snart fått samlet sammen stort nok lass. Denne gangen kjørte jeg langs stranden hjemover, for været var lite siktbart, og jeg vilde ikke risikere å kjøre mig fast ute i skruisen. Veien langs kysten var riktignok omtrent 35 kilometer lenger enn tvers over bukta fra Key Point, men da det i tilgift til mørket også så ut til å bli snestorm, fant jeg ut at den lengste veien nok kunde bli den korteste allikevel. Som lederhund hadde jeg kjæledeggen «Gjøa», og henne hadde jeg alltid hittil kunnet stole på.

Da jeg så kom ned på isen, vilde jeg følge strandlinjen, men «Gjøa» var ikke enig i det. Hun vilde trekke tvers over bukta som vanlig var når været var godt og siktbart. Hun lystret alltid et tilrop, så jeg undgikk å bruke pisken, men denne gangen nektet hun plent å parere ordre. Jeg bragte stadig koblet inn på kursen langs stranden, men så snart som jeg hadde fått det i gang igjen, satte «Gjøa» avsted i den retning som hun hadde bestemt, og de andre fulgte henne trolig. Jeg skal innskrenke mig til å si at jeg prylte henne, men ingenting hjalp. Så opgav jeg det hele og lot «Gjøa» få kommandoen. Avsted bar det i god fart utover isen, mens jeg resonnerte som så at blev det for slemt, kunde jeg reise teltet og krype i soveposen. Hundene travet så godt de kunde mot sneføiken, og jeg satt bare og spekulerte på hvor lenge det vilde vare før de stanset.

Jeg la merke til at «Gjøa» ikke hele tiden gikk rett frem, men gjorde små svingninger til sidene, så syntes hun å falle til ro igjen og holdt mere direkte kurs. Farten var upåklagelig. Så hendte det jeg lenge hadde sittet og ventet på — hundene stoppet op. — Nå vil de ikke mere i dag, tenkte jeg, og skulde nettop gå i gang med forberedelser til natten, da jeg fikk se at «Gjøa» hadde det svært travelt med å grave i sneen. Jeg trodde at det kanskje var et selhull hun hadde funnet, og gikk fremover for å se efter hvad det var hun lette efter. Til min store forbauselse fikk jeg se at det var vantene mine, som jeg hadde mistet på utturen.

Da hadde hun altså søkt det gamle sporet, som var fullstendig overføket og utslettet, hadde fulgt det trolig og hadde funnet vottene. Nå angret jeg bittert at jeg hadde prylt henne fordi hun ikke vilde den veien som jeg mente var best. Jeg fant snart ut at det var min plikt å gjøre en undskyldning, og det gjorde jeg på den måten at jeg på stedet spanderte en halv hare på hver i koblet, og så vidt jeg forstod, smakte det godt.

Hvor langt jeg var fra hjemstedet, var jeg ikke klok på, for jeg kunde ikke se femti meter fremfor mig. Da den siste harelabben var forsvunnet, kjørte jeg videre i det håp at «Gjøa» nok holdt sporet. Omtrent to timer senere var jeg hjemme på King Point. Jeg hadde nok strevet mig hjem den dagen også om jeg hadde fulgt strandlinjen, men veien var da blitt omtrent 12 kilometer lenger.

Efter denne turen gav jeg aldri «Gjøa» et piskeslag.

På reisen med «Maud» hadde vi også et par hunder av en annen rase med, det var schäferhunder. De var helt ubrukelige til kjøredyr. De gikk riktignok i selene og fulgte med, men bare for matens skyld, ikke for å

trekke. Hanhunden tjenestegjorde mest som en klovn. Når en snakket til
den, satt den bare og skiftet de lange ørene sine i forskjellige stillinger —
det ene opover og det andre bakover, og omvendt. En kan heller ikke
forlange av en hund som er født og opvokset i en storby nede i Europa, at
den skal kunne gjøre tjeneste som trekkdyr i polaregnene. Ekte
eskimohunder er og blir utvilsomt nr. 1 som trekkdyr i arktiske og
antarktiske egne.

Ristvedt og jeg jaget sammen, og vi kjørte lassene hjem til «Gjøa» hver
sin tur. Det hendte ofte at når jeg kom tilbake til skogen igjen, hadde
Ristvedt skutt så meget at vi hadde fullt lass. Han var den ivrigste jeger jeg
har truffet i mitt liv, og han skjøt aldri bom.

Vi tok også Manniradja med oss, da han var en flink jeger med
haglbørse. Da vi hadde fått lass en gang, talte vi op at nå hadde vi 48
patroner igjen, og med dem skulde vi skaffe hundemat. Så delte vi
patronene mellem oss, jeg fikk 20, Ristvedt tok 20 og gav Manni 8, idet
han gav ham instruks om at 8 patroner måtte bety 8 harer. Og Manni fikk
åtte harer med sine. Da vi hadde skutt bort alle patronene våre, sa
Ristvedt at vi skulde jage harer inn imot teltet, så skulde han skyte noen
med rifle. Vi drev det på den måten at vi formet en slags klapperlinje og
jaget de små harene foran oss til skoggrensen. Men der blev de også
sittende, de våget sig ikke ut på fri mark. Da nå Manni og jeg ikke hadde
flere patroner igjen, og en hare satte sig bare noen få meter fra ham, blev
han veldig ophisset over ikke å kunne få denne siste. — Å, vi skal nok få
den likevel, sa jeg og kastet en tørr gren jeg hadde i hånden, mot den. Og
under over alle undere — den stupte! Triumferende tok Manni den op og
stakk den i sekken sin. Da han kom hjem til Ristvedt og skulde vise ham
at han hadde fått ni harer med åtte patroner, rystet han innholdet ut av
sekken sin like foran Ristvedt — med den følge at den siste haren tok til
bens. Vi visste ikke ordet av før vi i befippelsen lå om hverandre og
famlet efter den. Ristvedt fikk kloa i den, så det blev da stek av den også.

Siden blev denne historien Mannis beste vits, og hver gang han traff
andre eskimoer, gjengav han den mens han vred sig av latter. Den syntes å
være like morsom hver gang, ja, den syntes til og med å bli hedre for hver
gang som han fortalte den. Og alle eskimoene syntes å gutere historien. Vi
kunde heller ikke annet enn å more oss over Mannis mimikk og
dramatiske gjengivelse. Manni både forstod og kunde tale med disse andre
eskimoene, skjønt det nok var en del forskjell på sprogene deres.

Vinteren gikk fort, men av de tre vintrene var denne den sureste og
kaldeste.

Vi var nettop kommet hjem med lass den 11. mars, og den 12. kom
sjefen selv fra Herschel-øia med en masse brev og aviser. Vi fikk da greie

«Gjøa».

«Gjøa»s mannskap.

Forrest: Helmer Hanssen, Lindstrøm og løitnant Godfred Hansen.
Bak Lindstrøm Amundsen, til høire bak Godfred Hansen, Risting.

«Gjøa»s ankomst til Nome i Alaska høsten 1906.

på at «krigen» mellem Norge og Sverige var det den var, og vi tok oss en hviledag for å lese om alt det som var hendt i vårt fravær. Amundsen hadde vært borte i fem måneder og hadde hatt en slitsom tur med dårlig vær, men han var nå ikke den karen som gav op for styggvær.

Vi fortsatte med jakten utover hele våren. Sammen med Anakto hadde jeg en dag skutt tre rein. Det hadde vært en strid tøm, og jeg var blitt veldig tørst, men ingen steds fant vi noe å drikke. Anakto sa da at han skulde skaffe mig vann. Jeg undret mig på hvordan dette skulde foregå. Han tok mig imidlertid med til det nærmeste dyret og åpnet det. Kulen var gått gjennem vommen på det, og da kunde han ikke bruke det. Det samme var tilfellet med det næste. Men den tredje reinen var blitt drept ved et skudd i nakken, og nå skulde Anakto lære mig kunsten. Han åpnet dyret, tok vommen ut og laget et hull i sneen som han la skinnet med de varme innvollene i. Oppå la han litt kornet sne, og dekket så det hele godt til med sne. Da det hadde ligget der en stund, tok han det øverste snelaget bort. Det hadde da samlet sig en mengde vann, godt rent vann, som vi drakk oss utørste av. Da jeg beundret hans kløkt, sa han at han hadde enda en måte å skaffe vann på, og den skulde jeg få se senere.

En dag da vi hadde skutt en del rein, følte vi oss begge tørste. Denne gangen laget Anakto en skålformet fordypning i den faste elve-isen, og ned i den en renne. Øverst ved rennen stablet han op tre snebloker. Bak dem la han noen tørre grener som han satte fyr på. Efter hvert som sneen tinte, rant vannet gjennem rennen ned i skålen. Sne duger ikke til å spise, hvis en skal bli utørst. Er en tørst og spiser sne, blir det bare verre og ikke bedre.

På hjemtur med lass på en av turene våre traff vi på en eskimo som fortalte at en hvit mann var død ved King Point. Vi trodde ikke dette, da ingen hadde være syk da vi reiste. Men han fortalte det så sikkert og beskrev det hele så malende, at det var den hvite mannen som stod hele dagen for sig selv oppe i et hus og kiket gjennem et rør — så vi fikk bange anelser. Vi spurte ham ut, og efter det han fortalte, forstod vi at det måtte være Wiik han mente. Vi hvilte da bare to timer, og skyndte oss så hjemover alt det vi kunde. Dessverre, det var nok sant. Efter et par ukers sykdom var Wiik den 31. mars 1906 avgått ved døden. De hadde pleiet ham det beste de kunde — og Amundsen var ikke så lite lægekyndig —; men alt var forgjeves. Vi vet egentlig ikke hvad det var som feilte ham. Fra først av var det forkjølelse, som så utviklet sig til lungebetendelse eller hjernebetendelse. Den 9. mai blev han begravet i det huset som var blitt bygget som observatorium for ham. Hvem skulde ha tenkt at han dengang arbeidet på sin egen grav, frisk og sterk som han var.

Intet som jeg kan si om Wiik, er godt nok. Alltid lyst humør, så strålende at han ofte holdt humøret oppe hos oss alle sammen. Hjelpsom mot alle kameratene, et stort og godt menneske.

De amerikanske hvalfangerne på Herschel-øia var matløse, og Amundsen sendte bud til dem at de kunde få den proviant vi kunde undvære. De fikk en ti-tolv kasser hvetemel på 120 kilo hver, som de var like glade over å få som vi var over å kunne gi. De kom ofte på besøk til oss og var kjekke folk å ha med å gjøre.

HJEMTUREN

Da det lakket med juli måned, begynte isen å slakke, og havet utenfor tok til å vise sig. Den 10. juli reiste vi fra King Point uten noen ceremonier, når undtas at flagget blev senket da vi passerte Wiiks grav. Til Herschel-øia kom vi den 13., og blev liggende der da vi ikke kunde komme videre på grunn av is. Hver dag gikk vi op til toppen av øia for å se om isen skulde vise tegn til å forandre sig, men stadig blev vi skuffet, stadig stengte den like tett. Der er en fastboende eskimo-befolkning på Herschel-øia med prest og skole under de kanadiske myndigheter. Der var en del sykdom — syfilis — som har fulgt med de mange besøk av hvalfangere. Flere forsøk gjorde vi på å komme derfra, men vi måtte stadig returnere.

Den 21. juli var det Amundsens og Lunds tur til å gå op til toppen og speide vestover efter isforholdene. Vi som var ombord, satt i lugaren og arbeidet, og løitnanten opholdt sig på dekk. Manni var reist ut i kajakken sin for å skyte alker. Løitnant Hansen så ham stå opreist et øieblikk, men da han igjen så dit bort, var Manni forsvunnet. Ingen annen heller hadde sett hvor det blev av ham. Der blev øieblikkelig gjort anskrik til oss i lugaren, og sammen med Ole Foss — en hvalfanger som hadde tatt Wiiks plass ombord — sprang jeg straks i båten og rodde bortover. Vi fant imidlertid bare den hvelvede kajakken og de to årene, men intet tegn til gutt, gevær eller alker. Vi rodde lenge omkring og håpet å få øie på noe som kunde gi oss et fingerpek om hvor vi skulde lete. Men der var ingenting å se. Vi rodde så ombord og heiste flagget på halv stang, både for guttens skyld og for å kalle hjem Amundsen, og han kom da skyndsomt ombord. I flere dager gikk vi og søkte langs stranden, men forgjeves. Manni var en livlig og snild gutt, bestandig villig og kjekk, og han trivdes godt hos oss. Vi hadde alle ventet å få den største hygge av ham.

Den 10. august kom vi oss da ut for godt, men der var meget is mellem oss og land, og vi kunde ikke komme oss inn i landråken. Henimot Point Barrow var isen tettere. Her slo vi propellen mot en storis, og bøide akslingen så motoren blev ubrukelig. Vi brakk også gaffelen, så vi kunde ikke seile, men den fikk vi da spjelket igjen, og da vi den 20. august nådde Point Barrow, var vi så heldige å komme inn i landråken, hvor vi blev liggende noen dager. Et par andre skib lå også her. Det ene var en videnskapelig ekspedisjon under ledelse av Einar Mikkelsen med «Duchess of Bedford». Det andre var den amerikanske revenue cutter «Thetis». Vi var på hesøk ombord i begge to, og mottok også gjenvisitter. Mikkelsen var dansk, en pågående, bredskuldret kar som ikke fant noe umulig. Han hadde håpet å være den første forbi Point Barrow det året, men så kom altså vi ham i forkjøpet.

Fra hvalfangerne ved Herschel-øia hadde vi fått to mann for å komplettere vårt mannskap. Den ene var en nordmann ved navn Ole Foss, og den andre en amerikaner som het Beauvais. Den siste skulde være kokk, da Lindstrøm nå skulde tjenestegjøre i maskinen istedenfor Wiik. Lindstrøm viste sig å være like dyktig ved den store motoren i maskinrummet som han hadde vært ved sine fire putrende små motorer i byssa. Kokken ombord har det verste arbeidet, og som oftest er han derfor gretten og sint, men Lindstrøm var aldri morragretten. Han kunde sitt fag, ikke som svenn, men som mester. En gang var han blitt klein, og doktor Amundsen ordinerte varme tallerkener lagt på maven, men ingen mat. Til slutt holdt han det ikke ut, men sa til mig at han simpelthen måtte få noe å spise, likegyldig hvad videnskapen måtte bemerke. Jeg lurte mig da til å fyre op på primussen og stekte en riktig real reinbiff til ham, og efter det kviknet han til. Amundsen var meget fornøiet med sin kur, som hadde så heldig resultat, men det var nå biffen som gjorde utslaget, det visste både Lindstrøm og jeg.

Dessuten fikk vi en tredje mann ombord, en læge som hadde overvintret i to år sammen med hvalfangerne, og som ikke vilde risikere å ligge innefrosset en vinter til. Det var en dr. Wight fra San Francisco. Alle disse tre nye karene var staute mennesker, de to første udmerkede sjømenn, og dr. Wight tok rortørn han også som en riktig sjøulk.

På Point Barrow fikk vi tak i en rekvedstokk som vi kunde bruke til gaffel, og dermed blev vi seilføre igjen. Og da det nå var klart farvann, anså vi oss for å være så godt som hjemme. Det var hovedsakelig Lund som var mester for å rigge op gaffelen. Lund hadde bestandig råd for allting. Han var en førsteklasses ishavsmann, hadde reist både som harpuner og skipper, og han var uten sammenligning den mest erfarne sjømann blandt oss. Dertil en mann med samme jevne humør enten det var lyst eller mørkt, enten det stormet eller var stille. Det var ingen sak å seile sammen med kamerater som dem Amundsen hadde valgt for «Gjøa».

Fra Point Barrow var vi heldige med vinden og kom til Nome i slutten av august. Vi seilte helt til vi kunde se byen, men da løiet vinden av så vi ikke kom lenger. Vi var da et par kvartmil fra Nome. Til vår overraskelse kom en motorbåt putrende ut, svingte op langs siden på «Gjøa», og så hørte vi fedrelandssangen tone imot oss. De kjente gamle tonene grep oss alle dypt. Der var både nordmenn og amerikanere ombord, og efter at vi hadde «shaked hands» med gjestene, slepte motorbåten oss innover mot havnen. Der inne blendet en kraftig lyskaster fra land oss næsten. Nå hadde vi nådd sivilisasjonen igjen.

I Nome er der ikke havn. Man må alltid være forberedt på å stikke til havs for å berge skuta, hvis vinden skulde begynne å blåse mot land. Vi hadde ikke før ankret op utenfor byen, før det kom en masse robåter og motorbåter stimende utover. De bragte med sig allslags lekre saker til oss, så vi til slutt hadde en hel haug med proviant på dekket. Den siste som kom, var en mr. Lampe, som utbrøt da han kom ombord og fikk se dungen: — Ja, her ser det da ut til at dere har fått både bitendes og slitendes, men en ting har dere ikke fått, og det skal dere få hos mig, det er en ekte Lysholmer nr. 1. — —Amundsen og løitnanten gikk på land om kvelden, og det gjorde de andre også, når undtas dr. Wright, Ristvedt og jeg. Vi hadde det storartet ombord og koset oss med alle de gode sakene som vi hadde fått til forærings, «ham and eggs», fersk frukt og den slags. Ristvedt og jeg smakte også litt på den udmerkede Lysholmeren; doktoren rørte ikke alkohol.

Vi blev liggende en fem-seks dager der i Nome, og nyttet høvet til å få en ny gaffel laget på land av ordentlig materiale. Tømmermannen gjorde godt arbeide, og han viste sig også å være et forretningsgeni. Han spurte Amundsen om han kunde få den gamle gaffelen, og den fikk han da like godt, for vi vilde jo senere ha lempet den på sjøen så allikevel. Men mannen skar den op i tynne skiver, han, og dem solgte han til folk for en dollar stykket. Det skulde være suvenirer fra det første skibet som hadde vært gjennem Nordvestpassasjen.

En kveld var vi alle sammen på land på fest, mens redningsselskapets folk passet «Gjøa» for oss. Det var byens autoriteter som hadde innbudt til fest, og på den var det mange nordmenn foruten oss, således Jafet Lindberg. Jeg traff på festen lappen Balto, som var Nansens ledsager på ferden over Grønland. Jeg traff også Karl Albertsen fra Tromsø. Før vi gikk til festen, måtte vi op i en herre-ekvipering og få oss en dress hver, så var det å gå i bad og pusse oss op, og så labbet vi til supéen som holdtes i et stort hotell. Over hundre mennesker var møtt frem. Der var vakre damer, og dans og liv blev det til langt ut på morgenen. Der blev holdt så mange taler at Amundsen sa at han ikke kunde svare på alle hver for sig, men måtte få lov til å slå alle sammen i en svartale.

Folk i Nome var jo rike den gangen; Nome var en gullgraverby. Jeg vilde gjerne ha sett gullgravingen og gullgraverne i arbeide, og jeg tenkte, husker jeg, at blev det ikke denne gangen anledning til å se dette arbeidet, så blev det vel heller aldri. Det blev ikke da allikevel. Men som et gammelt ordtøke sier: «Man skal aldri si aldri». Mange år senere fikk jeg anledning til å stifte nærmere bekjentskap med dette tunge, men friske arbeidet som da stod for mig i romantikkens skjær.

Amundsen var så forsiktig med instrumentene sine som om det skulde
ha vært hans egne øine. Han måtte få de magnetiske
observasjonsapparatene kontrollert forat han — om det skulde vise sig at
de hadde noen feil — kunde ta det med under utregningen av resultatene.
Kontrollen kunde utføres i Washington, D. C., og dessuten i Alaska, i
Sitka, hvor der er et magnetisk observatorium. Å slingre med «Gjøa» den
lange veien til San Francisco og derefter ta den drøie jernbaneturen til
Washington hadde han ikke lyst på, for en slik reise vilde utsette
instrumentene for en altfor stor risiko. Han besluttet derfor å reise fra
Nome til Seattle med passasjerbåt, og fra Seattle tilbake til Alaska for å nå
Sitka, da der ingen direkte forbindelse var mellem Nome og denne byen.

Amundsen og vi reiste omtrent samtidig fra Nome. Kommandoen
ombord i «Gjøa» var overdradd til løitnant Hansen, og uten noen
avskjedsceremonier lurte vi oss ut fra Nome og drog til San Francisco.
Motoren var, som før nevnt, ikke i brukbar stand, så vi hadde bare seilene
å lite på. De var gode nok, men ut gjennem Beringsstredet hadde vi for
det meste stille eller bare løi bris, og det sinket vårt fremstøt mot de
hjemlige trakter betydelig.

Endelig kom vi da gjennem Unimak Pass og begynte på Stillehavet. Jo
takk — det var et deilig stille hav. Allerede første natten måtte vi dreie til
vinden for en storm fra nord, og et helt døgn blev vi liggende og ri den av
for stormseil. Den eneste trøsten vi hadde, var at vi drev den riktige veien
— det var jo sørover vi skulde for å komme hjem — men det gikk bare så
altfor langsomt. Det smakte oss ikke å ligge og drive slik for vind og vær. I
det hele tatt var det ofte storm nå på høsten — hele fire ganger lå vi
pådreiet; og da vi endelig efter tre uker i sjøen nærmet oss Frisco, var vi
alle klar over at Stillehavet hadde fått sitt navn med urette, det måtte i det
minste ha vist sig fra en ganske annen pyntelig side den gangen det blev
døpt.

«Gjøa» var imidlertid tett som en potte. Vi visste ikke hvad det vilde si å
pumpe annet enn til tidsfordriv, og da hadde likevel skuta vært ute i over
tre og et halvt år uten å være overhalt.

En middag var vi kommet så nær San Francisco at vi traff på noen
fiskebåter, deriblandt en steambåt, men vinden var så løi at vi ikke kunde
komme i havn før mørkets frembrudd. Ingen enset oss og ingen vilde
slepe oss inn, så vi seilte forbi. Straks efter kom likevel steambåten efter
oss. Den praiet oss og spurte om vi vilde ha slep. Vi fikk sleperen
ombord, og på veien innover blev vi praiet av en kutter fra land som
hadde los. Slepebåten stanset ikke, men da de fra kutteren ropte at de
hadde viktig beskjed med fra Amundsen og bad oss kutte sleperen, gjorde

vi det og måtte se på at steameren strøk avgårde med slepetauget vårt. Losen kom så ombord og overgav oss post fra Amundsen.

En times tid efterpå kom en taugbåt fra land, og der ombord var både Amundsen og hans bror Gustav, som var kommet over for å ta imot ham. Og da blev det stor gjensynsglede både for sjefen og hans norske besøkende — og ikke mindre for oss. Taugbåten slepte oss inn til Sausalito. Dette var en torsdags kveld, og da vi kom før vi var ventet, måtte vi bli liggende der til søndag morgen, da der var møtt op to amerikanske panserskib, hvorav det ene var et admiralskib, for å gjøre honnør for «Gjøa». Søndag morgen kom en hel flokk med ro- og motorbåter ut til «Gjøa», og med to taugbåter for baugen kom vi til San Francisco, hvor den høitidelige æresmottagelse fant sted. Så blev vi tatt inn til en kai og fortøiet. På kaien stod der en drosje ferdig til hver av oss, og skjønt vi ikke akkurat var kledd til fest, måtte vi straks avsted til lunsj i den norske klubben Fram. Formann var Tveitmo, og blandt de mange tilstedeværende husker jeg Harry Randall, som siden blev Amundsens impressario på foredragsreisene.

Om kvelden blev den egentlige festen holdt. Den var forberedt av byens autoriteter, kommunestyret og borgerne ellers. Taler og hurraer, dans og liv til langt på natt. Amundsen svarte på engelsk. Ikke før hadde vi sovet ut efter denne festen, før klubben Fram holdt sin store fest for oss på norsk. Der fikk vi heldigvis litt forandring i kosten, for der blev det servert norsk spekesild, varme poteter og flatbrød. Det blev sen natt også denne gangen før vi skiltes fra alle disse hjertelige menneskene i den norske kolonien. Og fest blev det slag i slag både i norske foreninger og andre, så vi snart ikke visste forskjell på dag og natt. De konsulære representanter gjorde alt de kunde for oss, og var vi ikke på fest, så fartet vi byen rundt. En dag beså vi bl.a. ruinene fra det store jordskjelv som året før hadde lagt en stor del av byen øde. Redslene fra den tiden gjorde et slikt inntrykk på oss at vi mistet lysten til å feste mere.

Amundsen hadde bestilt værelser for oss på et stort hotell, forat vi skulde få hvile ut, og mente å leie fremmed hjelp til å losse «Gjøa». Imidlertid syntes både Lund og jeg at vi ikke vilde ha fremmede folk ombord, og tilbød å losse den selv. Amundsen var taknemlig for dette, skjønt han nok syntes vi kunde trengt en liten fristund efter den lange tiden vi hadde vært ute. Men resultatet blev at alle gikk i gang med å losse efterat «Gjøa» var lagt op i Oakland. Det var meningen at skuta skulde selges i San Francisco. Vi losset alt vi hadde tilbake fra turen, direkte inn i en jernbanevogn, og da vi var ferdige, var vognen helt fullstappet. Gustav Amundsen arbeidet også sammen med oss. Omtrent hver eneste gang ferjen kom fra byen ut til Oakland, hadde den med noe godt til oss. Folk sendte oss alle mulige slags delikatesser. Ja, den byen gjorde honnør med eftertrykk.

Jeg vil nevne en liten episode som viser hvordan folk var der. Gustav Amundsen vilde at vi under lossingen skulde spise i land, og da vi kom op på en restaurant for å få frokost, var vi jo alle i arbeidsklær og blev anvist et værelse som just ikke var så hyggelig. Amundsen forlangte å få spise i rummet ved siden av, som var restaurantens salong. Til dette svarte verten bestemt nei, noe en jo ikke kan fortenke ham i, for vi så antagelig ut som en riktig sjauergjeng i ordets egentlige betydning. Enden blev da at vi gikk uten å ha spist — for å finne oss et mere hyggelig spisested. Amundsen spurte en gammel mann på gaten hvor vi skulde finne et slikt, og mannen sa at hvis vi kunde avse en times tid til maten, kunde vi følge med ferjen på rundturen San Francisco—Sausalito— Oakland, og der ombord vilde vi da kunne få frokost.

Gamlingen hadde straks satt sig i forbindelse med ferjen og arrangerte det hele i en fart. Da så ferjen kom, blev vi med en gang vist inn i spisesalen, hvor der var disket op med alle mulige retter, både varme og kolde. Mens vi spiste, kom der et kort til Amundsen fra kapteinen, hvori han innbød oss til sig efter frokost. Og da vi skulde betale for oss, viste det sig at det slett ingenting kostet. Ja, San Fransisco var gjestfri og storartet. Det sies å følge med Kalifornia. Til gjengjeld måtte vi ikke knusle, vi heller, og gamlingen fikk sig en fem-dollar for sitt gode råd. Da den første restauratøren blev klar over situasjonen, sendte han oss brev og bad om undskyldning for at ikke husets beste var blitt budt oss. Han spurte også om vi ikke vilde være hans gjester til aftens, så skulde vi få se hvad han kunde by på. Men vi hadde allerede lovet oss bort til fest den dagen, så det blev ikke til at vi gikk.

Efter en tre-fire dager var «Gjøa» utlosset, og vi tok da fatt på hjemturen over land. Roald Amundsen reiste til Washington, hvor han var innbudt til Amerikas president, og vi andre drog til New York under Gustav Amundsens ledelse. I Chicago blev det gjort stor stas på oss ved ankomsten, ved fester som blev holdt både av byens autoriteter og av den norske koloni; i denne siste var konsul Gade sjelen. Avisene var fulle av prat om oss, det var jubel og dans og belivede dager. Den kvelden kommunestyret holdt fest for oss, stod der utenfor lokalet to politifolk, og den ene sa til oss: Dere har fri rådighet til å gjøre hvad dere vil i Chicago. Well, kanskje ikke slå ihjel folk! — Det gjorde vi da heller ikke. Der var nok å holde på med likevel, damer og dans og god mat, og en del god drikk også. I New York var det akkurat det samme op igjen. I de åtte dagene vi lå der og ventet på «Hellig Olav», fartet vi over Brooklyn-broen til stadighet — mellem fester i New York og fester i Brooklyn. Her blandt disse hyggelige menneskene var jo Roald Amundsen selv festenes midtpunkt. Ved en fest i Brooklyn husker jeg at vi syntes damene var så stilfulle at vi ikke torde komme halvnær dem, langt mindre ta i dem.

Ombord i «Hellig Olav» fortsatte det i samme dur, og varte over Atlanteren — i fint vær, enda det var i november. I Bergen var vi ikke i land, men i Kristiansand lå panserskibet «Norge» for å ta imot oss, og der skulde vi da foreløbig stoppe op.

Det var en søndag middag vi kom til Kristiansand. Vi nærmet oss da slutten på reisen med raske skritt, vi kunde allerede si til oss selv: klokken det og det er vi i Kristiania, og er vi først der, er vi hjemme igjen. Passasjerene var på den korte tiden som det tok å reise fra New York til Norge, blitt en eneste stor venneskare, og nå da turen snart var slutt, begynte enhver å tenke på å by farvel med takk for hyggelig samvær. Jeg kan så godt minnes at det var en egen stemning ved å omgåes med så mange nye mennesker efterat jeg så lenge hadde vært overlatt til mig selv og en liten krets av kamerater.

Umiddelbart efterat «Hellig Olav» hadde ankret op på havnen i Kristiansand, kom det en båt fra panserskibet «Norge» med beskjed om at vi skulde gjøre oss klar til å gå ombord der. Vi skulde så reise videre med «Norge» til Kristiania. Dette var en ordre, der var ingen vei utenom.

Jeg kom plutselig til å tenke på den dagen for over tre og et halvt år siden da admiral Sparre avla sin avskjedsvisitt ombord i «Gjøa» og sa til sjefen: — Når dere kommer tilbake, så la oss høre fra dere så betids at vi kan få tid til å sende en båt i møte med dere. Det viste sig altså at den ytringen ikke hadde vært bare tomme ord og en høflighetsfrase, men noe som admiralen virkelig mente, siden han nå viste det i handling.

Vi kom ombord, og jeg kan forsikre at det i enhver av oss rørte sig mangeslags følelser da vi tok skrittet fra fallrepet og inn på dekket og derved passerte over navnet *Norge*. Det var som en hilsen som sa til oss: Lykkelige menneske. Nå er du på norsk grunn igjen! Det var et øieblikk jeg sent vil glemme.

Da vi vel var steget ombord, kom Kristiansands havnestyre med havnefoged Isefjær i spissen og inviterte oss til middag i byen. Men før vi gikk på land, tok vi inn en god del ballast så vi kunde være forberedt på å ri av hvilken som helst storm som måtte være i anmarsj. Klokken seks om eftermiddagen var festen i full sving, og den varte til ut på morgensiden en gang. Ombord på «Norge» hadde vi fest og hvile om hverandre til vi tirsdag morgen kom til Kristiania.

Efter en hjertelig velkomsthilsen på Honnørbryggen, fremført av hovedstadens ordfører, blev vi med hver vår ledsager puttet inn i en bil. Min ledsager var commander Harold Lundh. Da det store tog, som var alt annet enn et sørgetog, satte sig i bevegelse, syntes det for mig som om kursen blev satt henimot Møllergaten 19, men vi havnet da på Grand Hotell allikevel. Å gjøre rede for alle de festlighetene som vi oplevde i de åtte dager vi var i Kristiania, skal jeg ikke innlate mig på. Kort å berette var hovedstaden opfylt av glede og begeistring, og der var fester natt og dag.

Efter en åtte døgns festing var derfor Lund og jeg glade over å kunne få reise hjemover til Tromsø. Amundsen møtte selv på stasjonen for å ta farvel, og konduktøren, som vel forstod at vi trengte til å få puste ut, lot oss få en hel kupé for oss selv. Vi fikk ikke engang lov til å gå ut for å få oss kaffe; den blev bragt inn i kupeen til oss.

Jeg hadde i Kristiania fått et telegram fra min venn Holm i Tromsø om at det var ledig en stilling som tollopsynsmann hjemme, i tilfelle jeg vilde søke den. Da stortingsmann rektor Horst fra Tromsø kom ned på Grand for å hilse på mig, nevnte jeg dette for ham, og han mente at jeg burde søke den selv om ansøkningstiden var utløpet. Jeg var ikke sikker på om jeg skulde søke, for det kom jo til å bli et stillesittende liv, men enden blev at jeg gjorde det likevel. Jeg fikk stillingen og skulde tiltre efter nyttår.

I Tromsø gjorde både kommunen og Tromsø Skipperforening fest for oss, og hadde det vært festlig andre steder, blev det samme tilfellet i enda høiere grad hvor vi var i hjembyen sammen med våre kjære og våre gamle venner. Hyggelig kan det være å fare langt bort, men hjemme er det da best likevel.

De tre år og åtte måneder var gått så raskt at jeg næsten ikke visste hvor det var blitt av dem, og vel fornøid var jeg med den interessante turen.

MOT SYD

Mens jeg gikk på tollboden i Tromsø, vekslet jeg stadig brev med Roald Amundsen. Da vi tok avskjed med hverandre på stasjonen i Kristiania, hadde han nevnt at turen gjennem Nordvestpassasjen var fullført, men ikke hadde han tenkt å gi op med det. Han vilde gjerne ha oss med alle sammen til Nordpolen. I 1909 blev det avgjort at jeg skulde være med på den nordpolsturen. Amundsen drev da på med sine foredragsreiser for å skaffe penger. Han hadde fått låne *«Fram»* av den norske stat, og dessuten dels fått og dels skaffet til veie på annen måte såpass midler at det så ut til at ekspedisjonen var sikret.

I juni 1910 møtte jeg så ombord i «Fram» og meldte mig til tjeneste som islos på hans nordpolstur. Betingelsene var gode. Ombord i «Gjøa» hadde hyren vært åtti kroner måneden, på «Fram» blev det 150 kroner — med alt fritt. Av kameratene fra «Gjøa» var det foruten Amundsen bare Lindstrøm som skulde være med denne gangen. Lund var blitt fyrvokter, Ristvedt tollkontrollør, og løitnant Hansen var gått tilbake til den danske marine efter ferden 1903—1906. Men der var ombord en del kjentfolk fra Tromsø, således var Andreas Beck islos, Ludvig Hansen altmuligmann, og maskinist Nødtvedt var hyret som annenmaskinist. Dessuten var Hjalmar Johansen, Nansens ledsager på ferden til 86° 14', en kjenning fra Tromsø. De andre var ukjente, men det behøvdes ikke lang tid for å bli kjent med dem. I alt var det tyve mann ombord, men av dem var halvparten mønstret på bare for reisen til San Francisco og skulde gå iland der. Vi måtte være så mange for å kunne greie fartøiet rundt Kapp Horn. Fra San Francisco skulde så de som var mønstret med for hele nordpolsturen, følge fartøiet til Beringshavet, hvorfra vi skulde drive tvers over polen. I store trekk var dette planen for ekspedisjonen.

Det blev arbeide med å rigge skuta til og gjøre alt klart. Det siste vi tok inn i Kristiania, stusset jeg over. Det var et hus som var satt sammen i Bunnefjorden hjemme hos Amundsen, og før vi begynte å ta det i stykker for å laste det ombord, gikk jeg en tur igjennem det med kaptein Thv. Nilsen, «Fram»s fører. Først kom vi inn i et velstelt kjøkken med stor kabyss, stort nok til tyve manns bruk, og derfra inn i et rum med langbord og fem køier på den ene siden og fire på den andre. Det skulde være observasjonshus, fikk vi oplyst. Men jeg begynte å spekulere på hvad et slikt hus skulde være godt for oppe i drivisen; det var da tydelig nok et beboelseshus til en ti-tolv mennesker. Planen var, som nevnt, at vi skulde drive over Ishavet, og jeg sa til kaptein Nilsen at ingen makt på jorden skulde få mig til å sove i et slikt hus bygget på drivis. Men da forsvant kaptein Nilsen, og han vilde senere ikke høre mere prat om dette emnet.

Huset blev revet og ført ombord, og efterat vi hadde hatt en liten avskjedsfest i Amundsens hjem, gikk vi i all stillhet fra Bunnefjorden.

Forat vi kunde prøve det nye skibet og den nye dieselmotoren, var det bestemt at vi skulde gå prøvetur i Atlanteren — omkring Skottland — og senere til Bergen, hvor der var en utstilling i de dagene. Alt fungerte udmerket når jeg undtar at førstemaskinisten blev lei av turen og vilde gå fra skuta. Så telegraferte Amundsen til Dieselverkstedet i Stockholm, som lot oss få en velkjent og god dieselmaskinist, Karl Sundbeck, til mester i maskinen.

Det siste vi tok ombord i Kristiansand var hundene, omkring hundre i tallet, som var sendt oss fra Grønland. Det kunde synes underlig at vi skulde ta med hunder hele den lange veien rundt Kapp Horn, når hunder også kan fåes i Alaska. Men vi slo oss til tåls med at grønlandshunden er en fremragende rase, og tenkte ikke mere over det.

Jeg har alt fortalt at ombord i «Fram» var vi bare tre tilbake fra Gjøa-ferden, men der var en viss kontinuitet fra den første Fram-turen under Nansen og den andre under Sverdrup frem til vår ekspedisjon, eftersom Hjalmar Johansen hadde vært med Nansen og maskinist Nødtvedt og Lindstrøm hadde fulgt med Sverdrup.

Vi seilte gjennem Kanalen i regn og sydvest hele tiden til Lands End, og videre til Madeira var det som vanlig til sjøs — både godvær og styggvær i veksling.

På Madeira fikk mannskapet en fridag, halvparten den ene dag og andre halvparten den næste. På land hadde den norske konsulen laget til en fest. Amundsens bror Leon var også møtt frem for å si farvel. Den fjerde dagen efter ankomsten var vi alle klar til å gå derfra utpå kvelden, da der kom beskjed fra Amundsen at alle mann måtte komme på dekk, — han hadde noe viktig å meddele oss.

Da vi kom på dekk, hadde han et stort kart over den sydlige halvkule ophengt, og vi begynte å fundere på om vi skulde ha en time i geografi. Så fortalte han oss at han hadde fått samlet inn bare halvparten av de pengene han behøvde, da Peary og Cook kom hjem og fortalte at de allerede hadde vært på Nordpolen. Det hadde jo for ham gjeldt å være førstemann, men nå — efter dette — syntes han at han ikke hadde så meget å gjøre der. Da han i alle tilfelle måtte reise rundt Kapp Horn, hadde han tenkt at siden han likevel var så langt sør, vilde han først legge turen om Sydpolen og nytte denne turen til basis for sin Nordpols-tur.

Forfatteren på Sydpolen.

Fra det antarktiske platået.

«Fram».

Han innrømmet, sa han, at han hadde bedradd oss, og ikke bare oss som
var der ombord, men hele nasjonen. Men det var ingen råd med det. Han
foreslo så at både de som var hyret med for turen til San Francisco, og de
som var hyret for hele Nordpols-turen, skulde bli løst fra sine kontrakter
ved ankomsten til San Fransisco og derfra få fri reise hjem. Hvis det var
noen ombord som ikke vilde være med på Sydpols-turen, stod det
vedkommende fritt for allerede nå i Madeira å forlate fartøiet og reise
hjem sammen med hans bror. Nå vilde han spørre oss alle sammen om vi
vilde følge med på turen til Sydpolen, ja eller nei. Derefter blev vi spurt en
for en; alle svarte ja.

— Det var virkelig mere enn jeg hadde ventet, sa Amundsen. Nå kan
dere gå ned og skrive hjem at vi først skal til Sydpolen og derfra til
Nordpolen, og så skal min bror ta posten med sig hjemover.

Om kvelden blev Leon Amundsen satt i land, og vi lettet anker om
natten og stod sørover. Den velsignede nordostpassaten hadde allerede
innfunnet sig, og for god vind stod vi med alle seil strakt imot det nye mål.
I nordostpassaten står jo seilene uforandret den ene dag ut og den andre
inn, det er behagelige dager for sjømenn. Ikke så å forstå at vi kunde
dovne oss uhemmet. Hver mann hadde sitt å stelle med, og hundre
hunder gående løse på dekk betyr både rengjøring og fôring.

Vi kom oss også ganske fort over det stille belte, men i vestenvindsfeltet
fikk vi annet å føle. Vi slingret oss da fremover der også, til sine tider med
ti mils fart uten å bruke motor. Men da var vinden slik at et fartøi bygget
som hurtigseiler vilde ha gjort sine 16—18 mil. Vi var likevel inderlig
fornøiet med «Fram». Gikk skuta sent, så gikk den så meget sikrere.
Maskinist Nødtvedt hadde rigget op smia på akterdekket, og der stod han
i all slags vær og arbeidet. Han var en førsteklasses smed. Rett som det
var, rauset smia og smeden i dekket; men han gikk straks i gang med å
gjøre op ny fyr og fortsatte, selv om vi andre hadde nok å gjøre med å
holde oss fast.

På hele turen til barrieren så vi ikke land mere enn to ganger. Vi siktet
Tristan da Cunha og Kerguelenøiene. Vi hadde tenkt å ankre op ved de
siste, men da vi stod inn dit, blåste det op så sterk en vind at vi avstod fra
planene våre og fortsatte vår kurs.

De fleste ombord hadde krysset ekvator før, men bare Amundsen selv
hadde vært i Antarktis. En dag fikk vi langt forut se den første selen vår i
Sydhavet, og der blev stor opstandelse. Amundsen vilde absolutt ha den
for å få ferskt kjøtt både til oss og hundene. Andreas Beck og jeg blev så
sendt i båt, og Amundsen la oss smilende på hjerte at her måtte det
simpelthen ikke skytes bom. Både Beck og jeg hadde drept adskillige sel i
vår tid, men med alle kameratene som kritiske opsynsmenn var vi like

nervøse overfor dette ufarlige dyret som det skulde vært en brølende løve.
— Vi rodde varsomt og forsiktig og snek oss inn på det som gjaldt det
livet for oss. Beck lå forut for å skyte, mens jeg hamlet båten inn mot
isflaket, og han hvisket stadig til mig: —Kom nå du og skyt! mens jeg like
stille hvisket tilbake: — Nei, skyt du! Endelig kom vi da på skuddhold, og
selen datt død med en gang, skutt gjennem hodet. «Fram» kom så inn til
flaket, og vi fikk selen hivd ombord. Amundsen var lutter smil, og de av
mannskapet som ikke var ishavsfolk, beundret tromsøværingene. Og så
var hele denne ståhei for ingenting over. Efterpå lærte vi at selen der nede
ikke er det ringeste redd for mennesker. Vi behøvde sandelig ikke å ha
listet oss inn på dette dyret, for siden når vi vilde ha sel, pleiet vi å gå bort
til den og jage den mot skuta slik at den selv besørget transporten, og
skjøt den så like ved skibssiden. Denne weddellselen er også et langt
større dyr enn den vi er vant til nordpå.

Efter Amundsens plan skulde «Fram» på oceanografisk tokt mens et
landparti skulde gjøre selve fremstøtet over isen mot Sydpolen. Nå var der
veldig spenning ombord blandt oss alle: hvem skulde bli ombord, og
hvem skulde få være med Amundsen på turen til Sydpolen? Og da så
endelig chefens bestemmelse falt, var det ikke så liten skuffelse blandt
dem som ikke skulde på land. De uheldige forsøkte å bytte til sig chancen,
men de heldige vilde ikke gi slipp på turen med Amundsen. For øvrig blev
landpartiet omtrent det samme som skulde ha vært med på turen til
Nordpolen, slik at de som skulde ha avmønstret i San Francisco, skulde
være med «Fram».

Op mot juletider lå vi og slingret oss gjennem Rosshavet i dårlig vær,
men julekvelden blev været udmerket. Vi behøvde ikke slingrebrettet på
bordet engang. Lindstrøm hadde nå lang erfaring i å lage julehygge for
kameratene sine, og han hadde lenge forberedt fest for oss. Kaptein
Nilsen og seilmaker Rønne hadde pyntet mellemdekket med flagg, og
Amundsen og løitnant Presterud hadde dekorert salongen, så hele skuta
var flaggsmykket for helgen. Da nå været også var blitt så fint, blev det en
enestående hyggelig julefest. Ingen på land kunde ha hatt det bedre. Under
denne middagen var det ikke bare taler, men også sang. Det var i det hele
alltid noe nytt ved julefestene sammen med Amundsen. Presterud hadde
forfattet en sang som han foredrog for oss med grammofontrakten for
munnen, til stor moro for hele personalet.

Sjøisen lå et par kvartmil utenfor barrieren, og der tok vi fast. Vi drog
straks på land for å søke efter et passende sted for anlegg av hovedleir.
Dette var en søndag, og det var et viktig søndagsarbeide vi hadde for oss.
Vi fant et sted omtrent tre kvartmil innpå isen, og mente her å ha truffet
på is som lå på fast land. Selve barrieren er jo en stupbratt isvegg på over
hundre meters høide, men inne i Hvalbukta må isen være glidd ut, for her

er det slik at en kjører direkte fra sjøen og inn på selve isen. Det er altså en landgang som om det skulde være på en jevn sandstrand, og så fin var den at vi kunde kjøre et lass på fire hundre kilo direkte inn på landisen uten trøbbel.

Vi gikk straks i gang med å kjøre huset på land. Stubberud og Bjåland begynte å føre det op. Der blev hugget en fordypning på en meter i isen, og nedi der blev så huset satt. Alle var i aktivitet fra seks om morgenen til syv om kvelden og drev på med å føre materialer og proviant på land. Hver mann som kjørte, hadde tretten hunder, men vi inndelte dem i to spann, så det blev bare en seks timer for dagen på hundene. Det tok fjorten dagers tid å få alt på land og samtidig få huset bygget. Mens vi holdt på med dette, kom kaptein Scotts skib «Terra Nova» på besøk til oss i Hvalbukta. Men Scott selv var ikke med på denne turen, da skibet var ute for å finne et passende sted å sette på land en ekspedisjon som skulde til Victoria Land. Fartøiet var på tur til Scotts hovedleir da det kom inn til oss. Scott visste at vi var der nede for å prøve å nå Sydpolen, for Amundsen hadde telegrafert dette til Scott fra Madeira. Scott var da på Ny-Zealand.

Det blev et meget vennskapelig møte mellem disse to ekspedisjonene, og de engelske herrer var meget forbauset over det arbeide hundene våre kunde makte.

Skibene lå tett ved hinannen, og da kapteinen, styrmannen og doktoren på «Terra Nova» kom over til oss, blev de innbudt til lunsj. Under denne spurte de Amundsen om han ikke hadde lyst til å se sig omkring ombord hos dem, og det tilbudet tok han med glede imot. Han blev der også til middag samme dagen. Imens var folkene fra «Terra Nova» ombord i «Fram» for å se sig om, og da Ludvik Hansen talte engelsk som en engelskmann, blev de budt akterut i salongen, hvor han tok dem med sig inn i lugaren sin og bød på en dram akevitt. Med det samme kom der folk inn i salongen, og engelskmennene blev engstelige og sa at her kom offiserene, og at de ikke måtte se at noen av mannskapet stod der og drakk. Men Hansen forklarte dem da at ombord i «Fram» var det offiserene som bodde forut og mannskapene akterut, og at hver mann hadde sin egen lugar. Dette imponerte dem i den grad at de ikke vilde tro det var sant.

Da våre engelske gjester hadde sett hvor storartet hundene våre trakk, sa de at var det noen som kunde rekke frem til Sydpolen, måtte det være Amundsen. Utpå eftermiddagen fortsatte så «Terra Nova» til M'Murdock Sund, hvor Scotts hovedleir lå.

Framheim

Vi drev på med å losse alt vi orket for snarest mulig å få «Fram» ut av isen. Det var nå allerede blitt februar måned, og høsten stod for døren. Leseren husker kanskje at sankthans hjemme svarer til juledag i Sydishavet. Samtidig med dette lossearbeidet kjørte vi op en masse sel til proviant. Der var mere enn nok sel på isen ved land. En del pingviner skjøt vi også til proviant. Pingvinen er god mat, og en stor fugl er den også. Vi ni mann hadde tilstrekkelig til middagsbiff av halve brystet på en keiserpingvin, men den veier jo også 35—40 kg.

Da vi var omtrent ferdiglosset, blev det bestemt at vi skulde kjøre et depot sydover. Hovedleiren vår, som vi kalte «Framheim», lå på 78° 36', og Amundsen vilde straks ha kjørt et depot til 80°. Vi kjørte fem mann med fire hundespann med seks hunder i hvert. Den femte mann var forløper. Ved dette første forsøket fant vi at det var langt lettere å kjøre her nede enn det hadde vært nordpå under Gjøa-ekspedisjonen. Føret var fint. En del sprekker var der, men vi undgikk dem uten vanskelighet, og kom vel og vakkert frem til 80°, hvor vi så la depotet. Vi skyndte oss tilbake for å si farvel til kameratene ombord i «Fram», men skuta var reist om formiddagen samme dagen vi kom tilbake. Det var utpå eftermiddagen vi kom til Framheim. Turen til depotet frem og tilbake hadde tatt oss åtte dager. Amundsen selv var med på alle depot-turene. Han sparte sig aldri.

Ikke før var vi kommet hjem fra denne første depot-turen, før vi gjorde oss klar til en ny tur for å legge depot på 81°, kanskje også på 82° hvis det var mulig. Vi reiste avgårde seks mann, fant uten vanskelighet depotet vårt på 80° og fortsatte til 81° hvor vi også la et depot. Herfra sendte vi to mann tilbake til «Framheim», og vi var da fire mann som fortsatte til 82° og la ned resten av våre lass der. Det hele tok oss en tre ukers tid. Vel hjemme igjen var vi på «Framheim» i åtte dager, og reiste så ut på ny tur, denne gang med 1100 kilo selkjøtt, som vi la i depotet på 80°. Derefter begynte dagene å bli så korte og mørke at vi holdt oss på «Framheim» resten av vinteren.

Det blev en hel liten teltby på «Framheim». Bare for de 117 hundene måtte vi ha åtte telter, og dertil kom alle teltene for proviant, klær og lignende.

På depot-turene prøvde og eksperimenterte vi med forskjellige bekledningsgjenstander og remedier ellers, og fikk vi en fiffig idé, så blev den da diskutert i vinterens løp. Patentbeskyttelse fantes ikke der nede, men der var originale påfund nok. En av oss fant for eksempel på å lage skibindinger med kroker som lettvint kunde hektes av og bringes med i teltet om natten, så hundene ikke fikk spise læret.

Soveposene blev gjenstand for lange drøftelser, men der hadde hver mann sitt eget patent. To mann hadde regnet ut at det vilde bli så meget varmere i posen — og lettere å bære den også — om to kunde ligge i samme posen. Men den løsningen var ikke brukbar. Det blev for kaldt. For når den ene snudde på sig i søvne, blev det lett en åpning i posen, og så begynte den andre å fryse. I den temperaturen vi hadde, over 60° C., skulde det ikke stort «glippet» til i sengklærne før en merket det.

Alle ni mann hadde sitt å passe til stadighet. Hvis der fins noe særkjenne for Amundsens ekspedisjoner, så måtte det være at han innførte som ufravikelig regel at hver mann måtte ha stadig arbeide. Her nede var Bjåland og Stubberud snekkere og tømmermenn. Alt en vilde ha gjort i trearbeide, fikk en utført hos dem. De arbeidet i skjønn enighet. Hvad den ene fant på, godkjente den andre, og de var karer som kunde sine ting. Sledene var fra først av sytti kilo tunge og måtte gjøres lettere. Og da firmaet Bjåland & Stubberud hadde ferdigbehandlet dem, veide de fra 25 til 28 kilo uten å ha tapt noe i styrke. Men firmaet var spesialister og arbeidet ikke utenfor bransjen. Sledene måtte surres også, og den jobben blev overlatt et annet firma, nemlig Wisting & Hanssen. Vi surret sledene med svinelærs reimer, og når jeg forteller at vi lesset fire hundre kilo på hver slede og hadde dem med til Sydpolen og tilbake igjen, og fant at de var like gode ved hjemkomsten som den dagen da vi reiste, så tror jeg nok at en vil innrømme at det må ha vært et bra firma det siste også. For det var svær påkjenning på disse sledene. I det ulendte terrenget blev de vridd på alle mulige måter. Ofte gikk de helt rundt på turen.

Wistings spesialitet foruten å surre sleder, var å sy vindklær. Han hadde en Singer tråmaskin. Klær i disse egnene kan ikke være fabrikkmessige dusinarbeider. De må forarbeides under personlig ansvar og med ømskinnet samvittighet, og Wistings klær blev laget med den strengeste ansvarsfølelse. Det tok oss ni og nitti dager å gjøre sledeturen til Sydpolen og tilbake, og vel nok var våre klær slitte ved hjemkomsten, men de var fremdeles godt brukbare.

Sverre Hassel hadde som sitt spesielle hverv å passe brenselet, kull og olje, han målte ut hvad en kunde bruke for dagen. Han var også bademester. Sneskufling og annet altmuligmannsarbeide falt også på ham. Han var en spøkefull sjel, livlig og morsom.

Løitnant Presterud, som var sjøoffiser, passet de astronomiske observasjoner og pendelobservasjonene og drev annet videnskapelig arbeide. Han var en bereist sjømann og kunde fortelle om de oplevelsene han hadde hatt, hvilket ikke alle bereiste sjøfolk kan. Hans sans for det humoristiske var særdeles vel utviklet, og med sin jevne menneskelige innstilling var han i utpreget grad det en kaller «godt selskap».

Hjalmar Johansen hadde opsyn med all provianten som skulde pakkes for sledeturen. Amundsen beregnet hvor meget hver mann og hund skulde ha, og Johansens opgave blev da å gå efter listen og pakke alt. Selv Amundsen, som var nøieregnende med alt arbeide, blev forbauset over hvor godt Johansen pakket. Det gjelder jo ikke her noen slumpepakking i papirposer. Han talte hver eneste kjeks — jeg antar der var ca. 5 000 småkjeks i hver kasse — og hvis der ikke var plass i kassen til å få en hel kjeks til nedi, brakk han den i to eller flere biter og fikk delene plasert. Pemmikanen var pakket i runde kolli, og da blev det jo hulrum mellem pakkene, men disse tomrummene blev utfylt med små melkemelssekker som hadde pølsefasong. En skal her minnes at all denne pakkingen måtte foregå ute i telt i kulden og med bare fingrer. Det var ikke arbeide som kunde gjøres med bladvotter på. Men det blev utført så nøiaktig at jeg tror vi kunde ha ført dobbelt bokholderi med kjeksen på turen og fått det til å stemme på hver eneste kjeks.

Amundsen selv var lederen med alle beregningene og dessuten inspeksjonen som skulde godkjenne all ting. Han var ikke nå så stadig sysselsatt med observasjoner som han hadde vært da han fastslo den magnetiske pols beliggenhet på Nordvestpassasjen, men også her nede passet han de meteorologiske observasjonene. Han var første mann ut hver morgen. Alltid fant han på noe å fange vår interesse med. For eksempel, når han hadde tatt temperaturen om morgenen, måtte vi alle gjette på hvor kaldt det hadde vært om natten. Han noterte så omhyggelig hver manns gjetning, og ved månedens slutt tok han så gjennemsnittet av det hver hadde gjettet, og den som var nærmest den gjennemsnittstemperaturen som instrumentene viste, fikk premie. Og det var ikke bare juksepremier heller. En fikk et sølvur, husker jeg, og dessuten fikk vi bøker og annet. Til slutt blev vi så trenet at vi bare stakk nesen utenfor døren et øieblikk, så kunde vi si akkurat på graden hvor kaldt det var.

Alle mann utenom Lindstrøm hadde å fôre og stelle sitt eget hundespann. Men Lindstrøm hadde nok å gjøre til alle tider likevel. Han var opfinnsom og overrasket oss ofte med nye retter, og var det samme retten, hadde han i alle fall som oftest et nytt navn på den. Lindstrøm blev bedre og bedre. Ikke så å forstå at vi var «feinschmeckere». Vår alles livrett var simpelthen Hot Cakes med sukker og marmelade; og til mine dagers ende vil jeg se for mig Lindstrøm stående ved bordenden, trivelig og rund, med åtte mann foran sig ved langbordet — forventningsfulle som sultne fugleunger, mens Lindstrøm delte ut stabelen med disse varme «skjebladkakene».

Han hadde et ord som han brukte til alle tider: — Jeg er like rund, jeg. Var det noen som kritiserte maten, fikk han svar: — Gjør det bedre sjøl. Jeg er like rund, jeg, sa Lindstrøm.

Lindstrøm var også mekaniker. Meget av det vi hadde, måtte loddes med sølv, og til det bruket hadde Amundsen tatt med noen krone- og tokrone-stykker. Til slutt måtte vi forresten ta femtiøringer også. Den tiden var der jo ennå sølv i «sølv»-skillemyntene våre. Når Lindstrøm brente sig på loddbolten, blev han aldri sint eller hissig. Han kunde nok banne litt ved en slik anledning, men det merkelige ved ham var at han lo istedenfor å gråte til en forbrent finger.

Vinteren gikk sin jevne gang, og før våren kom, var alle mann, åtte i tallet, klar til polturen. Lindstrøm skulde bli igjen på «Framheim». Han skulde være både sjef og kokk og altmuligmann — med bare noen få bikkjer å stelle med; dessuten hadde han de meteorologiske observasjonene å passe. I midten av august skulde vi avsted, og det blev startet på en fredag, mot Lindstrøms energiske protest. Det var gått i blodet på ham og flere med ham, at en ikke må begynne med noe viktig på en fredag. Lindstrøm tigget og bad oss om å vente til lørdag, ellers gikk det aldri bra. Men vi syntes ikke vi hadde tid til å vente, så vi blåste i denne overtroen og la i vei. Og selvfølgelig gikk det dårlig, som Lindstrøm hadde forutsagt. En overhendig kulde satte inn en tre-fire dager efter starten. Vi målte 67,7° C. Denne veldige kulden tvang oss til å tenke på vendereise.

Den som undrer sig over at vi startet så tidlig som i midten av august — denne årstiden sydpå svarer til midten av februar på nordlige breddegrader — må huske grunnene til at vi gjorde det, var vektige. For det første var jo vårt mål — vårt eneste mål — å rekke frem til Sydpolen. Greide vi ikke den opgaven, vilde hele turen og enda meget mere til helt og holdent være spolert. For det andre var den ruten vi skulde følge, lang og helt ukjent. Fra «Framheim» til Polen var distansen 1 350 km, beregnet efter meridiankursen. Men den malte luftlinjen var selvfølgelig meget kortere enn den veien som vi virkelig kom til å gå, for vi fikk jo ikke alltid ta korteste ruten. Til sine tider måtte vi gjøre store svinger utenom. Turen var beregnet å skulle vare i 120 dager frem og tilbake, proviant for et lengre tidsrum var vi ikke i stand til å føre med oss. Og for det tredje skulde «Fram» efter beregningen og bestemmelsen være tilbake ved «Framheim» allerede i midten av januar næste år for å hente oss, og vi vilde nødig utsette mannskapet for den ublide skjebne å bli liggende fast i isen så de måtte overvintre. Det vilde nemlig bli tilfellet hvis vi ikke kom tidsnok tilbake.

Som jeg før har fortalt, blev vi allerede tidlig på turen overfalt av en overordentlig kulde, så både folk og hunder led vondt. Det blev da besluttet at vi skulde prøve å nå frem til åttiende breddegrad, legge våre lass der og kjøre hjem igjen med tomme sleder. Som tenkt, så gjort. Vi kom til 80°, lesset av sledene og tok allerede samme dagen fatt på tilbaketuren, som vi kortet av med tyve mil den dagen.

Tredje dagen efter kom vi til «Framheim» i strålende sol og vindstille. Mottagelsen der var nå så som så. Det aller første Lindstrøm ropte til oss, var: — Sa jeg det ikke på forhånd! Og derpå fikk hver og en sitt pass påskrevet av ham, og det med eftertrykk, for en kan ikke si om Lindstrøm at han var av dem som sparte på konfekten.

På turen hadde vi omtrent alle sammen fått forfrosset ben og hender. Amundsen, som var lægekyndig, begynte straks å kurere våre skavanker, og foreløbig var det ikke annet å gjøre enn snarest mulig å se til å bli frisk. Noen sympati får ikke syke folk på polferder, og kanskje det er derfor en så snart blir frisk igjen. Det eneste trøstens ord vi fikk, var fra Lindstrøm: — Nå kan dere sitte der som noen krek. Dere bør bestandig se ut når gammelhunden gøyr. Og så tilføiet han i anledning av sin profeti om fredagsreiser: — Dessuten skal dere høre efter erfarne folk!

Amundsen var aldri redd for å forandre planer. Han rettet sig efter omstendighetene. Efter dette første mislykkede forsøket, da dagene gikk uten at vi kunde komme oss i vei på nytt, sa han til oss at det nå var lidd så langt med tiden at det ikke var sikkert vi klarte polen iår, men at vi heller ikke kunde komme hjem til Norge uten å ha utført noe positivt arbeide. Derfor måtte vi nå dele oss i to partier, ett på fem mann til polen og et annet på tre mann til Victoria Land, som dengang var ukjent og ikke kartlagt. Noe måtte vi gjøre til videnskapelig nytte, slik at om polturen mislyktes, kunde vi likevel ha noe å vise for oss hjemme.

Så foreslo han at løitnant Presterud, som var den videnskapelig utdannede blandt oss, skulde overta kartlegnings-ekspedisjonen til Victoria Land, men da han ikke var noen erfaren mann i ishavsregionene, skulde kaptein Hjalmar Johansen være deltager i ekspedisjonen, med Stubherud som tredjemann. Amundsen selv skulde så ta oss andre fire og forsøke polturen. På det tidspunktet så det ut til at Victoria Land-ekspedisjonen skulde ha større chancer til å lykkes enn sydpolsekspedisjonen. Og den grupperingen sjefen foreslo, var den eneste naturlige efter hver manns kvalifikasjoner.

Dette er ting som jeg gjerne vil ha sagt klart, fordi både jeg og andre av oss er blitt spurt om hvorfor ikke alle åtte var med på det næste fremstøtet som på det første. Ja, det er til og med blitt ymtet om at Amundsen ikke vilde dele æren av sydpolsturen med kaptein Hjalmar Johansen, som jo på dette tidspunktet efter sin tur med Nansen til 86° 14' nord var like kjent eller — om en vil — berømt som Amundsen. Men alle vi som var med, vet at det ikke var den fjerneste tanke på annet enn hele ekspedisjonens renommé som foranlediget denne opdelingen i to partier. Amundsen gav heller ikke noen ordre om deling. Som alltid ellers forklarte han også denne gangen planene sine for oss, og bad oss diskutere dem. Og efterat saken var grundig gjennemtenkt og drøftet, fant alle at hans forslag var det eneste fornuftige. Amundsen likte aldri synderlig å bruke ordet *«jeg»*. Han sa helst *«vi»*, når han snakket om reisene sine. Det var ikke greit for Amundsen å måtte undvære kaptein Hjalmar Johansen på polferden. Johansen var en meget erfaren og klok mann, og han hadde kjempekrefter. Hans utholdenhet var berømt, så for polpartiet vilde han vært et verdifullt medlem.

Jeg begynte å frykte for at jeg ikke skulde få dra med mot polen på grunn av en forfrossen hæl, og da det var ordnet slik at Victoria Land-partiet skulde starte senere enn polpartiet, så det ut til at jeg måtte bli med det førstnevnte. Men så utsatte Amundsen polturen helt til 20. oktober, og da var jeg all right. Så hendte det sig at også den dagen falt på en fredag, og Lindstrøm var igjen profeten Jeremias og forutsa ulykker, dersom vi ikke ventet til lørdag. At ikke folk kan huske så langt som to måneder tilbake! sukket han. Om kvelden den nittende sa Amundsen at vi skulde starte klokken ni om morgenen neste dag. — Hvis dere vil vente til lørdag, sa Lindstrøm, så skal jeg spandere festmiddag på dere. Men nei, vi startet fredag den 20. oktober. Det siste vi hørte fra ham som skulde være hjemme, var: — Dere kommer nok snart igjen!

Men det gjorde vi nå ikke da, i alle fall ikke før vi hadde vært på Sydpolen.

Sydpolen

Sydpolsturen var planlagt inn i de minste detaljer. Vi skulde kjøre 15 kvartmil — altså litt over 27 kilometer — om dagen. Vi begynte å kjøre klokken åtte hver morgen efter å ha spist en frokost som bestod av sjokolade og kjeks. De femten kvartmilene greide vi som oftest på omtrent seks timer, og på disse timene spiste vi ingenting. Ved to-halvtretiden om eftermiddagen stanset vi så snart den første sleden hadde sunget ut at distansehjulet viste at de 15 kvartmilene var tilbakelagt. Var så sneen på det stedet skikket til teltslagning, reiste vi alle fem teltet i fellesskap og bar soveposene og kokeredskapene bort til teltdøren. De fire hundekjørerne gikk hver til sitt hundespann og fôret og stelte det, mens den femte la soveposene inn i teltet og ordnet op med kokekassen. Så samlet vi oss alle i teltet, kokte maten vår, og så snart vi hadde spist, gikk vi i soveposene. Ingen av oss hadde tobakk med. Det vilde ha vært for kaldt å røke underveis, pipemunnstykket vilde ha frosset fast til leppene. Selv å skrå vilde ha vært farlig, da leppene under tyggingen har lett for å bli fuktige, og det vilde i så tilfelle bare ha vært et øieblikk om å gjøre før de var forfrosset. I begynnelsen savnet vi jo tobakken, men vi blev meget hurtig avvennet. Vi lå i soveposene og pratet om dagens begivenheter, men sovnet snart.

Klokken seks om morgenen var det min jobb som kokk å tørne ut først, og det var det minst behagelige gjøremålet på turen. Men når Amundsen bestemmer, så utfører en gjerne hans bestemmelser. Og når en kommer i vane med en ting, blir det så at den næsten går av sig selv.

Leseren vil huske at vi på det første fremstøtet hadde lesset av alt godset vårt på åttiende breddegrad. Denne gangen startet vi derfor fra «Framheim» med tomme sleder. Vi kjørte direkte på depotet på 80°, og efter fire dagers videre kjøring fant vi også depotet på 81°. Derfra tok vi med oss det vi trengte. Vi var også så heldige å finne depotet på 82°, som var nedlagt året i forveien, uten å måtte lete oss frem til det. Efter to og åttiende breddegrad var der ikke flere depoter, og en kveld efterat vi var kommet i soveposene, kom Amundsen frem med et forslag, som nå efterpå lyder temmelig selvfølgelig, men som i øieblikket ikke var mindre betydningsfullt for det. Eftersom vi nå ikke hadde flere depoter foran oss, vilde han spørre oss hvad vi mente om å legge ned av det vi hadde på sledene, et depot for hver breddegrad — altså for hver sekstiende kvartmil — bestående av proviant for fem mann og tolv hunder i fire dager. På den måten vilde vi slippe å trekke med oss til polen det som vi først skulde spise på tilbaketuren.

Dette forslaget blev drøftet, og det var ganske innlysende fornuftig, eftersom vi kunde kjøre direkte på depotene. Vi aksepterte det derfor uten langvarig debatt, og fra da av la vi ned depoter i solide snevarder for hver grad vi kjørte frem. Som bekjent er en breddegrad 111,11 kilometer, og det å finne en snevarde, selv om den er merket, i en øde sneegn kunde jo tenkes å bli vanskelig. Men vi hadde truffet på de første depotene så lett at vi tok chancen med disse også.

Vi opnådde på denne måten å lette sledene for de stakkars hundene. For oss var det å kjøre til Sydpolen som den rene lek, men slett ikke for hundene. De måtte drives og piskes frem skulde denne turen gå godt. Teosofene lærer visstnok noe om at vi efter døden kommer til å gå igjen i en annen skikkelse, og jeg for min del vil inderlig håpe at jeg ikke kommer til å gå igjen som trekkhund på polarekspedisjoner.

Vi som kjørte hundene, gikk alltid med en taugstropp fastgjort i sleden, og denne stroppen holdt vi med et fast tak i hånden. Det hendte jo ofte at enten en av oss eller en av hundene falt ned i sprekkene på isen, og det gjaldt da ikke å slippe taket i stroppen før assistansen kom til. Vi herget både alle hundene og oss selv med på denne måten. Bare på ett sted hadde vi vanskeligheter med terrenget. Vi kjørte mot en bakke, og da vi kom til foten av den, la vi et firedagers depot der. Da vi klatret opover skråningen, fant vi at bakken var en isbre, full av sprekker. Den lød hul når vi gikk over den. Vi kom inn i tåke da vi gikk ut på denne breen, og kunde ikke se tilstrekkelig til å komme oss rundt den. Følgen blev at vi måtte overnatte på dette uhyggelige stedet. På tilbakeveien var det klart vær, og da tok det oss bare tre timer å passere forbi. Men nå på sydturen var det alvorlig nok, og vi gav da også stedet et passende navn: «Djevelens dansesal». Men det er på en sånn tur som det er med en sjømann i styggevær. Når det er over, er det glemt. Og slikt efterlater bare en følelse av takknemlighet over at en velberget er undsloppet elendigheten.

Vi var godt fornøiet med å komme frem våre femten kvartmil for dagen. Temperaturen blev mildere efterhvert som årstiden skred frem. Så kom vi til 88° 22', som var Shackletons sydligste punkt, og her stoppet vi og heiste flagget til ære for ham og kameratene hans, som inntil da var de som hadde kommet lengst syd. Både vi og hundene var i fortrinlig kondisjon, og vi hadde en sterk tro på at vi skulde nå målet vårt.

Fra 89° fikk vi observasjon hver eneste dag helt til vi nådde polen. Observasjonene stemte nøiaktig med den utkjørte distanse på distansehjulet. Jeg mente at Amundsen selv burde være den første på Sydpolen, så da vi efter beregningene mine bare hadde ca. 8 kilometer igjen, stoppet jeg hundespannet mitt og tok en av hundene ut av seletøiet og lot den løpe ved siden. Så ropte jeg til Amundsen at han måtte komme og løpe foran.

— Hvorfor det, spurte han.

— Jeg kan ikke få hundene til å løpe hvis ingen flyr foran, svarte jeg.

Da vi så hadde gjort unda de 8 kilometerne, ropte jeg til Amundsen at nå måtte vi være på Sydpolen.

Alle fire sledene stoppet. Det var et høitidelig øieblikk for oss alle sammen. Som alltid tenkte Amundsen på kameratene sine, og da vi plantet det norske flagget på Sydpolen, lot han oss alle holde i bambusstangen med flagget da den blev festet i sneen. Så slo vi leir, kokte maten vår, så efter hundene, og gikk i gang med å ta observasjoner. Da vi hadde gjort disse observasjonene to ganger i løpet av en time, viste det sig at solen dalte litt, et tegn på at vi i virkeligheten ikke var på selve polen enda. Vår azimut-observasjon viste at vi fremdeles var 8 kilometer fra polpunktet. Vi blev der vi var den natten, og neste morgen nådde vi selve polen. Olav Bjåland gikk i teten. Denne gangen stemte observasjonene. Vi observerte i 27 timer med to instrumenter hver time, og fant ikke andre forandringer enn deklinasjonen fra den ene dagen til den andre. Så nå var vi sikre på å ha nådd målet vårt. Jeg for min del hadde ikke noen følelse av triumf i dette øieblikket — som en kanskje skulde trodd. Jeg var særlig lettet over å vite at jeg ikke lenger skulde være nødt til å stirre ned i kompasset i den bitende vinden, som stadig blåste mot oss mens vi kjørte sydover, men som vi nå vil de få i ryggen.

Det er lett å forklare at vi dagen i forveien hadde tatt feil på 8 kilometer. Da vi startet reisen fra «Framheim», gjaldt det for den første sleden, som hadde kompasset, å styre rett efter en meridian helt til polen. Men på polpunktet løper alle 360 meridianer sammen i ett punkt, og da vi var kommet så nær som på 8 kilometers avstand, kan vi så videre ha kjørt rundt polpunktet istedenfor tvers over det. Men denne dagen var det ingen tvil: vi var på selve polen så nær som de to sekstantene kunde bestemme posisjonen. Likevel var Amundsen nå til overmål forsiktig. Han vilde ikke bare ha vært på polen, men han vilde også ha gått tvers over den. Derfor foreslo han at vi skulde følge retningslinjen ytterligere ti kvartmil og plante et flagg der. Dernest skulde en av oss gå ti kvartmil til høire og den samme distansen til venstre og plante flagg på begge steder. Da måtte polen være innenfor den firkanten flaggene dannet, hvis vi regnet som om vi hadde plantet et flagg også i den retningen vi kom fra.
— Hver mann hadde ur og visste hvor lenge det tok å gå ti kvartmil, og så gikk de tre, mens Amundsen og jeg blev tilbake og observerte. Da de kom tilbake, holdt vi sjokoladeselskap og bevilget oss selv en ekstra porsjon, for vi visste at dersom vi fant depotene på hjemturen, vilde vi ha rikelig med mat.

De tre som hadde vært ute og gått, krøp i soveposene sine, mens Amundsen og jeg fortsatte med observasjonene hele natten. Da nå observasjonene stemte, skulde en trodd at Amundsen vilde vært tilfreds, men han sa at det skulde vært morsomt også å hatt et lite flagg stående fem kvartmil ute mellem linjen til venstre og linjen rett forover. Bjåland og jeg påtok oss da å gå ut denne distansen, og det blev gjort. Det lyder kanskje som om dette var unødvendig arbeide, men sjefen vilde ha det slik, og slik skulde han da også få det.

Noen fest holdt vi ikke på polen, men et lite intermezzo var nå fest likevel. Det var efterat vi hadde bygget en solid snesokkel for azimutobservasjonene og hadde fått kokt pemmikansuppen, som vi med god appetitt spiste inne i teltet, alle i udmerket stemning fordi seiren var mere enn halvveis vunnet. Da vi nå et øieblikk satt og pratet, kom Bjåland frem med et cigaretui og bød hver mann en cigar her på Sydpolen, og derefter forærte han Amundsen de tre-fire cigarene som var igjen forat han skulde ha dem som minne om denne rasten. Nå ja, de cigarene behøvde ikke å by sig frem to ganger for oss. De la fest over det lille selskapet vårt. Jeg vet ikke om Bjåland ellers kunde glimre som festtaler, men ved denne leiligheten skal jeg si hans ord slo godt an.

Vi hadde med oss et lite, lysebrunt silketelt, og det reiste vi på polpunktet. I teltet la vi en del overflødige klær da temperaturen nå var blitt meget mildere. Dessuten la vi igjen en sekstant og en kunstig horisont for å lette sledene så meget som mulig. Hundene var så sultne somme tider at de spiste op noen av bambusskistavene våre, så bare jernpiggene blev igjen. Det gjaldt å gjøre kjøringen lett nå, for skulde hundene stupe, måtte vi jo selv trekke sledene. I teltet la Amundsen også et brev til kong Håkon, og et brev til Scott. Ved ankomsten til polen sa Amundsen: — Når kaptein Scott ennå ikke er kommet, så kommer han sikkert i de nærmeste dagene. Kjenner jeg britene rett, så gir de ikke op når de først er startet — medmindre det hender noe de ikke selv er herre over. De er for seige og harde til det.

Vårt hypsometer viste ved kokning at selve polpunktet lå omtrent et tusen fot lavere enn opstigningsplatået til polen.

Vi mente at på hjemveien behøvde vi ikke å hvile i døgnets resterende atten timer efter å ha kjørt i seks. Vi hadde funnet ut at både vi og hundene hadde hvilt tilstrekkelig med ni timers søvn. Hvis vi tok det med ro for lenge, vilde bikkjene bare drepe hverandre, så kamplystne var de, og så sultne. Det er ikke bare hestene som bites, når krybben er tom. På tilbaketuren kjørte vi i seks timer og hvilte i ni dag og natt, og kjørte så igjen. Dette gjorde vi helt til vi kom til «Framheim». Allerede fra første stund viste dette sig å være en heldig ordning, for vi brukte nå bare tre dager til å kjøre samme distansen vi hadde brukt fire dager til på sydturen, og på den måten sparte vi stadig en dags proviant til folk og hunder. Vi

kortet altså turen av med minst tolv dager. Da vi ikke brydde oss om å
kjøre med den opsparte provianten, fikk hundene daglig en ekstra rasjon
pemmikan, og det var til slutt såpass proviant til overs at de også kunde få
en porsjon sjokolade. Den både smakte og bekom dem vel.

Vi visste at vi var kommet nær det stedet som vi hadde opkalt efter
mørkets fyrste. Det var siktbart og godt vær og vi så breen rett foran oss,
Djevelens dansesal. Rett over på den andre siden ligger oplaget vårt. Vi
kjører bare rundt så støter vi nok på depotet, — det var vel de tankene
som rørte sig i oss alle sammen. Da vi var kommet bort til det stedet hvor
vi mente depotet skulde ligge, begynte vi å speide, og jeg tror jeg tør si at
ingen av oss sparte på øinene den gangen. Vi kjørte og vi glante.

— Kan *du* se depotet?

— Nei.

— Kan *dere* se det? Atter et nei.

Plutselig slo været om. Det blev så usiktbart at vi ikke kunde se hundre
meter omkring oss. Vi visste meget godt at vi var litt ute av den kurslinjen
som vi hadde fulgt til polen, siden vi hadde valgt å kjøre rundt denne
breen istedenfor tvers over den. Dette hadde vi jo gjort en gang før, og vi
var vel fornøiet med den dansen — ingen vilde ha den dakapo. Til tross
for at vi ikke kunde se langt fremfor oss, fortsatte vi å kjøre så nær breen
som mulig i håp om å støte på proviantlageret vårt. Vi kunde ikke undgå å
finne det bare det blev litt siktbart vær igjen, men slik som det var nå, var
det jo litt mere tvilsomt. Vi slo derfor leir og hvilte til ut på morgensiden,
da vi på ny tok fatt der vi hadde sluttet. Men det var helt nytteløst, og all
vår iherdige leting var forgjeves. Vi reiste så atter teltet for å vente og se
om været skulde klarne. Jo, det varte ikke lenge, så opdaget vi et klart
glimt i den retningen vi skulde. Med ett slag steg humøret og nådde snart
høidepunktet. Ned med teltet, selene på bikkjene, og så bar det avgårde
som om vi hadde stjålet både hunder og sleder. Men denne herligheten
varte bare en time, så blev det atter mørkt, og til og med verre enn det
hadde vært før. Depotet var og blev borte.

Så sa Amundsen: — Nå har vi lett idag og lett igår, og ingenting funnet,
og nå har vi bare en dags rasjon igjen. Hvad mener dere, skal vi ikke heller
la dette depotet ligge og søke nedover til næste sted vi har proviant, mens
vi ennå har mat igjen?

Vi stemte for å søke nedover til næste depot og ikke spandere mere tid
på dette uhyggelige stedet. Og dermed kjørte vi. Jeg kjørte som vanlig
foran, og da jeg var kommet omtrent 20 kilometer fra stedet, kom jeg til å
se mig tilbake, og da så jeg nøiaktig det samme synet som jeg hadde sett
på fremturen, og kjente mig straks igjen. Jeg stanset inntil Amundsens

slede kom op på siden av mig. Jeg sa da: — Nå vet jeg hvor depotet ligger. Han så sig også tilbake en stund og svarte så: — Nå ser jeg det, jeg også. Stedet var i grunnen lett kjennelig fra denne siden. Breen med de to dype sprekkene, en på hver side, var ikke til å ta feil av.

Amundsen mente det var for langt å kjøre tilbake. Nå var vi kommet så langt på vei til næste depot at det kanskje vilde være klokere å fortsette. Jeg sa imidlertid at hvis været vilde holde sig slik som det var nå, skulde jeg kunne påta mig å kjøre tilbake. Amundsen vilde ikke gi ordre om å kjøre, da han mente at både folk og hunder var trette. Men jeg følte mig helt uthvilt og hundene mine virket ikke trette. Jeg sa at jeg med stor glede skulde påta mig jobben hvis en av de andre vilde slå følge med mig. Alle de andre ropte straks at de var villige til å bli med tilbake, og jeg sa at fikk jeg Olav Bjåland med, skulde det gå greit. Bjåland var fyr og flamme.

— La oss bare komme avsted med en gang, sa han. Dette depotet skal vi nok finne når vi har funnet alle de andre.

Vi gjorde oss klar og satte avgårde tilbake. Når Bjåland fikk såpass som fem og tyve meters forsprang foran hundene, hadde de sin fulle hyre med å følge ham. Han var ikke fra Telemark og gammel Holmenkoll-løper for ingenting.

Vi kjørte med tomme sleder, men angret snart bittert at vi ikke hadde tatt med soveposene for det tilfellet at vi skulde bli nødt til å overnatte. Frem kom vi nå, og efter å ha kjørt ut atten kvartmil fant vi depotet. Det første vi gjorde, var å la våre seks hunder få dobbelt rasjon pemmikan, og derefter tok vi selv en pakke sjokolade hver. Vi begav oss så straks på veien tilbake igjen og var svært fornøide med oss selv.

Amundsen hadde gått oppe hele natten og ventet på oss. Vi hadde forlatt teltet klokken seks om kvelden, og klokken fire næste morgen var vi tilbake igjen. Kameratene fortalte oss at så snart Amundsen fikk øie på oss, gikk han inn for å vekke dem, og sa: — De må ha funnet depotet, for ingen av dem sitter på sleden. De har nok annet å kjøre på. Da vi kom frem til teltet, begynte han straks å stelle med hundene. Han hadde kokt ferdig pemmikansuppe til oss. — Da vi undersøkte distansehjulet, viste det en samlet utkjørt distanse på ca. 90 kilometer det siste døgnet. Noen rekord er ikke dette, for jeg har på godt og hardt føre i Alaska kjørt 111 kilometer på 12 timer. Men med utsultede hunder og i slikt terreng tror jeg disse 24 timenes kjøring er litt av en rekord.

Efter dette fant vi alle depotene. Vi kjørte like på dem, så det blev akkurat som å komme hjem til middag. Det var overflod på proviant, så det strevet vi hadde hatt på fremturen med å bygge varder, det fikk sin belønning. Da vi kom til depotet på åttiende breddegrad, hadde vi jo en hel masse selkjøtt der, og hundene fikk riktig fôre sig. Der var så meget at det blev liggende igjen efter oss minst seks hundre kilo.

Vi hadde forlatt polen den 17. desember, og vi nådde «Framheim» den 28. januar kl. 4 morgen. Vi ventet å få se «Fram» ute i bukta, men skuta var ikke i sikte noen steder. På «Framheim» lå beboerne i den dypeste søvn. Amundsen gikk først inn og sa: — Go' mor'n, min kjære Lindstrøm! Har du noe kaffe til oss? Lindstrøm satte sig op og gnikket sig i øinene. — E' det dokker? sa han, æ trudde det var den der helvetes japsen. (Japanerne hadde også en ekspedisjon til disse traktene det året.) Og så sang han ut til de andre tre i hytta: — Tøm ut, gutta. No er gaukan komne att. Og dermed fikk han kaffen over i en fart. Så sa sjefen: — Du vilde ikke at vi skulde starte på en fredag, du Lindstrøm, men vi ikke bare startet på en fredag, men nå kommer vi tilbake på en fredag også.

Og kaffe efter ni og nitti dagers stadig sjokolade skal jeg hilse og si smakte. Den nektar gudene nød på Olympen, må ha vært kaffe. Og hadde noen bydd oss sjokolade den dagen, var det blitt begravelse på «Framheim». Da vi så hadde fått tobakk i snaddene og fyrt op, var livet ganske godt å leve.

Vi hadde ikke gått ned i vekt på turen, snarere hadde vi lagt på oss. Amundsens glimrende planlegning, kameratenes omhyggelige forarbeider og våre hunders utholdenhet hadde gjort ferden til en rekreasjonsreise. Som vi satt der på «Framheim» den dagen og så tilbake, gikk tankene til dem som vi visste da holdt på å streve sig frem mot polen, til Scott og kameratene hans. Vi var sikre på at de vilde nå målet. Amundsen selv var så sikker at han, som nevnt, skrev et brev til Scott og la det i teltet som vi efterlot oss på polpunktet.

Det er ikke til forkleinelse for Amundsen og oss andre om jeg her sier at Scotts prestasjon langt overgikk vår. Ponniene hans holdt ikke ut. Tenke sig å trekke sledene selv med all oppakningen og provianten frem til polen og tilbake igjen! Den som vil gjøre et lite regnestykke i hodet, vil finne at hver mann måtte aller minst ha 200 kilo vekt med sig, proviant, brensel, sovepose og pakninger. Den distansen vi tilbakela, var over 2 500 kilometer fugleveien; men Scott hadde enda lenger distanse å gå. Vi startet med 52 hunder og kom tilbake med 11, og mange av dem slet sig ut på turen. Hvad skal en så si om Scott og kameratene hans, som selv skulde være trekkhunder? Den som har litt erfaring når det gjelder sledeturer, tar hatten av i ærbødighet for Scotts bedrift. Ikke tror jeg mennesker noengang har ydet en større utholdenhetsprestasjon, og ikke tror jeg noen noensinne gjør ham det efter. Jeg vil bare si: — Ære være Scott og mennene hans!

Dette samværet ved kaffebordet på «Framheim» efter endt tur hører til de stunder i ens liv som en aldri glemmer. Amundsen ønsket oss velkommen hjem og takket oss hver især for godt utført arbeide. Der hadde ingen misstemning vært på hele turen, men et jevnt og godt samarbeide. Og han var glad for at alle var kommet velberget tilbake.

De tre kameratene som var kommet fra Victoria Land, hadde sitt å berette fra turen. De hadde målt op dette hittil ukjente landet, kartlagt og bestemt fjellhøidene. De hadde også foretatt dybdemålinger ved barrieren. De fortalte at «Fram» hadde vært i Hvalbukta, men at den hadde måttet gå ut igjen på grunn av isen. Presterud stakk straks ut for å se om den var i sikte, men kom tilbake uten å ha fått øie på den; der var masse av is utover, fortalte han. Der hadde vært en japansk ekspedisjon på besøk med «Kainan Maru». Disse fremmede var blitt bevertet og behandlet som ærede gjester. Presterud hadde vært på gjenvisitt ombord, og fortalte at de var åpenbart friske, kjekke karer.

Lørdag ved middagstider fikk vi se «Fram» runde is-kappet, og jeg fikk da i en fart hundene for sleden, og vi drog alle ombord. Stor gjensynsglede og masse spørsmål. Det første vi fikk høre, var: — Dere har nå i alle fall ikke spist op alle hundene. Hundene skulde jo være reserveprovianten vår på polturen. Og vi fikk post for et helt år, med bare godt nytt hjemmefra. Dertil hadde «Fram» med all den beste maten som kunde skaffes i Buenos Aires. Skuta lignet et menasjeri med sauer, hunder, kalkuner og høns på dekket. Der ruslet noen griser også. Der var så mange spørsmål å gjøre at det ikke blev tid til å svare på noe, slik som vi snakket i munnen på hverandre. På denne måten holdt vi det gående til langt på natt, og da vi til slutt gikk på land, hadde vi med en svær svinesteik, som vi holdt festmåltid på dagen efter. Den søndagsmiddagen viste Lindstrøm hvad han dudde til, for han hadde både «Fram»s mannskap og oss til middag.

Mandag og tirsdag arbeidet vi med å ta ombord det mest nødvendige av provianten, men vi hadde ikke tid til å få med oss mere enn halvparten. Vi tok bare med oss så vi hadde til turen til Buenos Aires, for det gjaldt å få «Fram» ut av isen og ut i åpent farvann. Tirsdag aften den 1. februar kastet vi loss og forlot barrieren. Vi var heldige og slapp ganske lett gjennem isen, og med motor og for fullstrakte seil gikk det med god fart nordover med kurs for Hobart på Tasmania.

Den 7. mars kom vi til Hobart, hvor sjefen straks gikk i land efter å ha nedlagt et bestemt forbud mot at noen annen gikk i land eller at noen kom ombord før han hadde fått svar på de telegrammene han vilde sende til Norge og England. Det forbudet overholdt vi strengt, så den første beskjed byen Hobart fikk om at «Fram» var kommet fra Sydpolen, blev telegrafert dit fra London.

Da først fikk vi gå i land. Herlig å være på Tasmania og se grønne trær, herlig å føle det milde klimaet der nede efter all sneen og kulden. Å komme til sivilisasjon og fruktbart land efter en overvintring i isregioner, gjør et inntrykk som bare den kan forestille sig som har oplevd det. Det er slik at selv en usentimental sjømann blir rørt bare han ser ei ku som står og spiser grønt gress.

Søndagen efterpå blev vi budne ut til en dansk farmer ved navn Andersen, og den danske konsulen tilbød sig å kjøre oss alle sammen ut til farmen.

Da vi under kjøreturen passerte en kirke, kom to politimenn og henstillet høflig til kuskene at de måtte kjøre i skritt forbi kirken. Vi fikk vite at der nettop blev holdt en takkegudstjeneste for Amundsen-ekspedisjonens lykkelige gjennemførelse.

Hos herr Andersen stod alt i festens tegn, både innendørs og utendørs. Lærerinnen på stedet hadde påtatt sig hele arrangementet. Det var ikke fritt for at vi blev både stolte og rørte da vi til vår forbauselse fikk se et norsk flagg ved hver kuvert. Ved middagsbordet holdt lærerinnen en tale; i den dvelte hun særlig ved flagget vårt i forbindelse med korsets hellige symbol. — Lykkelig er den som kan nå sine mål under det rene og hellige kors, sa hun blandt annet.

I åtte dager var vi på Tasmania og seilte så videre med kurs for Buenos Aires, efter imidlertid først å ha forært dr. Douglas Mawson 24 av hundene våre. Han var da på tur sydover med fartøiet «Aurora» for å utforske strøkene om sydpolkalotten.

I Buenos Aires hadde Amundsen fått en enestående god venn, en styrtrik nordmann som i mange år hadde bodd der nede, Don Pedro Christophersen. Da kaptein Nilsen efter endt oceanografisk tokt med «Fram» kom til Buenos Aires, var han fri for mat og lens for penger, og så hadde Don Pedro hjulpet ham på alle måter og rustet ut «Fram» for egen regning. Amundsens navn var et Sesam-Sesam som syntes å åpne alle dører.

I Buenos Aires var en mengde norske ingeniører, og der blev arrangert en storartet fest for oss. Både nordmenn og de stedlige myndigheter deltok, med Don Pedro som vert. Don Pedro holdt en tale på engelsk for Amundsen, og i den svartalen som Amundsen holdt for Don Pedro, var med et lykkelig grep flettet inn en begivenhet som satte sitt preg på festen. Amundsen hadde på forhånd i all hemmelighet fått laget et stort fotografi av et fjell ved Sydpolen, som han hadde opkalt efter don Pedro, og han hadde tegnet inn navnet hans på billedet. Mens Amundsen talte, kom en mann inn med dette fotografiet, og idet Amundsen takket Don Pedro for alt han hadde gjort for ham og ekspedisjonen, overrakte han ham billedet og stillet det op foran ham.

Jeg satt og så på Don Pedro. Da han fikk overrakt dette store billedet av Don Pedro Christophersens fjell, snudde han sig og så Amundsen i øinene, mens tårene presset sig frem og rant nedover kinnene. — — —

Som jeg før har fortalt, var det vår plan å begi oss til Nordpolen efter at vi hadde vært på Sydpolen, og vi skulde legge veien om San Francisco i Kalifornia. Imidlertid var det nå for sent på året for en nordpolstur. Vi måtte jo først ha ny utrustning. Amundsen bestemte da at «Fram» skulde bli liggende i Buenos Aires, og at vi alle skulde reise hjem til Norge. Det blev ordnet slik at et par nordmenn der nede skulde passe «Fram» til næste år. Alle vi andre, undtagen Amundsen selv, reiste så med «Highland Scott» til London via Las Palmas.

Straks utenfor London blev vi satt i land så vi kunde rekke toget til Newcastle, og i Newcastle fikk vi en festlig mottagelse av de derværende nordmenn, før vi gikk ombord i «Venus» for å reise hjem til Bergen.

I Bergen hadde myndighetene arrangert stor fest, og bergenserne var aldeles elleville. Vi begynte å feste om middagen på hotell «Norge» og holdt på til vi gikk på toget den næste morgen klokken seks. Mange steder har jeg deltatt i fester i anledning av disse Amundsens ekspedisjoner, men aldri noensteds som i Bergen. I Chicago hadde vi offentlig tillatelse til å gjøre hvad vi vilde undtagen å slå ihjel folk, men i Bergen tok de næsten livet av oss av lutter velvilje.

På jernbanestasjonene var folk møtt op for å glane på oss, og vi følte oss mest som underlige dyr i et menasjeri.

Til Kristiania kom vi sent på natt eller rettere sagt sent på kvelden, i ellevetiden, og da det var smått med hotellplass i byen, måtte vi ta op til Voksenkollen Sanatorium. Journalistene hengte sig på oss som klegger, men de fikk ikke stort ut av noen av oss. Kristiania by stelte til fest for oss på Grand Hotell, og der var stor stas. Stortinget tok imot oss, og vi gikk omkring og hilste på folkets kårne. Den jeg syntes det var størst ære å få hilse på, var frk. Anna Rogstad, vår første kvinnelige stortingsrepresentant.

Det var festlig i Kristiania, men vi tre tromsøværinger hadde større fest i vente, nemlig å komme hjem. Derfor blev ikke Andreas Beck, Ludvik Hansen og jeg så mange dagene i hovedstaden.

I Trondhjem var folk møtt op for å se på karene, men båten til Tromsø skulde gå straks, så vi hadde såvidt tid til å gå op i byen og få oss litt kaffe og smørogbrød. På kaféen kom der en mann bort til oss og snakket med oss, men vi var kommet i vane med ikke å fortelle folk noe som helst om Amundsens affærer. Da vi skulde betale for oss, sa damen at det ikke var noe å betale. Vi syntes ikke det var rett at kaféen skulde spandere på oss, men så fortalte hun at den mannen der borte hadde sagt at han skulde betale. Vi spurte hvem «den mannen der» var, og hun svarte at det var Anders Hovden. Vi takket for oss og gikk ombord i «Polarlys», hvor kaptein Lohse gjorde stor stas på oss.

I Bodø kom redaktør Oskar Thue og byens myndigheter ombord for å få oss med på en festlig tilstelning, men vi var redd at båten skulde gå fra oss, så vi vilde ikke gå i land. Men bodøværingene var bestemt på at vi skulde ikke få slippe forbi Bodø uten fest, og så sa kapteinen på lokalskibet «Sivert Nielsen» at vilde vi ikke op i byen, så skulde vi komme ombord til ham. Dit gikk vi så alle sammen, både myndighetene og vi, efterat kaptein Lohse hadde svoret at han ikke skulde gå fra oss. Det blev en riktig festlig stund der sammen med bystyret, og vi blev heller ikke akterutseilt av «Polarlys».

I Harstad blev det nå riktig storfest, for der møtte våre egne koner op helt uventet, og så inviterte kaptein Lars Hagerup oss ombord i fylkesbåten, hvor vi hadde det aldeles storartet.

Og så til Tromsø en blank solskinnsdag i middagstiden den 12. juli 1912. Folk møter alltid mannjevnt op på kaia når hurtigruten kommer, og der var ikke få som møtte denne gangen heller. Om kvelden holdt byen fest for oss på «Alfheim», og det var virkelig morsomt å være hjemme igjen blandt kjenninger og venner. Hos mig var det nå to smågutter og en liten pike, som syntes å sette pris på at jeg kom hjem fra Sydpolen. På festen på «Alfheim» kom byens lune politimester, Saxlund, bort til mig og spurte om jeg så noen forskjell på byen fra jeg reiste. Nå hadde jeg syntes det var noe fremmed over folk, uten at jeg var klar over hvori forandringen bestod. Men her i folkemassen på «Alfheim» gikk det op for mig. Alle damene hadde så trange skjørter, aldeles som om de var bundet omkring anklene, så det var såvidt de kunde flytte den ene foten frem for den andre. En trengte ikke være noen hurtigløper for å kappspringe med pikene den gang.

Jeg gikk straks inn i tollvesenet og fortsatte der. Da Amundsen selv kom til Norge høsten 1912, efter å ha tilbragt tiden som Don Pedros gjest mens han skrev sydpolsboken, sendte han bud på oss alle tre at vi skulde komme til Kristiania for å holde fest sammen med ham på Grand Hotell. Så møttes vi atter, alle Fram-karene, og da var Amundsen selv midtpunktet for all festingen, og da blev det virkelig fest. Han hadde vel sine særskilte tanker med å få oss dit ned, bortsett fra den omtanke han alltid viste for kameratene sine. — — Han vilde gi oss mot og tro på nordpolsferden.

Vendereis

I løpet av høsten og vinteren vekslet jeg brever med Amundsen, og det blev bestemt at jeg skulde møte i Kristiania i mai måned for å reise nedover til Buenos Aires igjen. Med foredragene sine hadde Amundsen hatt stor suksess, og han hang i med liv og sjel for å skaffe midler til en ny tur. Da Andreas Beck og jeg kom til Kristiania, var ikke Amundsen der. Han var ute på foredragsreise. Derimot var Lindstrøm, Rønne og Wisting møtt op, så vi blev fem i følge på reisen, som efter bestemmelsen skulde foregå med M/S «Svezia» av Gøteborg. Alle gikk vi bare og stundet efter å komme avsted, og endelig oprant dagen da ventetiden var forbi. «Svezia» seg inn på Kristiania havn og la til bryggen. Den skulde bare ligge der kort tid, og vi gikk straks ombord og fikk våre lugarer anvist. Atter en gang skulde vi forlate hjemmet og våre kjære og dra ut i det ukjente. Vi visste ikke riktig hvor lenge vi kom til å bli vekk, men en fire års tid vilde det nok ta.

Reisen med «Svezia» fra Kristiania til Buenos Aires via Rio de Janeiro var i enhver henseende førsteklasses; den var begunstiget av det mest strålende vær hele tiden. I Rio blev vi liggende i åtte dager mens vi lastet og losset. Vi benyttet tiden til utflukter både til lands og til vanns. Som den norske konsuls gjester fartet vi rundt overalt. Vi optrådte som «tindebestigere» og besteg «Sukkertoppen» — riktignok foregikk opstigningen pr. luftbane, men det har jo mindre å si, hovedsaken var at vi kom op. Det var et herlig fjell, med en storartet utsikt både over hav og land. Så fortsattes reisen fra Rio til Santos, hvor vi var et par dager, hvorefter kursen sattes direkte til Buenos Aires.

I Buenos Aires, hvor de to kameratene Halvorsen og Olsen fra Bergen hadde vært vaktmannskap på «Fram» under vårt fravær, fant vi alt i beste orden ombord, og det var næsten som å komme til sitt eget hjem igjen. Vi traff en del av de gamle kameratene og et nytt ansikt var der også. Det var kaptein Chr. Doxrud, en erfaren navigatør i disse farvannene. Han skulde føre «Fram» til Colon ved innløpet til Panama-kanalen, hvor så kaptein Nilsen igjen skulde overta kommandoen. Amundsen skulde støte til i San Francisco. Det var blitt ordnet med gjennemreisen gjennem Panama, så vi skulde slippe å reise rundt Kapp Horn; kanalen var nettop da såpass ferdig at vi skulde kunne slippe igjennem.

I Buenos Aires blev vi liggende en tre ukers tid, mens «Fram» blev bunnsmurt på den argentinske stats bekostning. Der hadde vi mange venner som det var morsomt å få hilse på, i særdeleshet Don Pedro, som med sin vanlige elskverdighet holdt avskjedsfest for oss. Denne gangen manglet jo festens midtpunkt, Amundsen, men det hindret ikke at det blev en hjertelig sammenkomst. I slutten av august 1913 gikk vi nordover. Vi var heldige med vær og vind, og kom efter 53 dager til Colon den 3. oktober.

I Colon blev vi liggende foreløbig. Kaptein Nilsen kom og overtok førerstillingen. I Panamakanalen hadde det gått noen store ras, så den var ikke farbar inntil videre. Vi ventet og ventet. Uhyre varmt var det, og vi hadde ingen kjente. Vi tok noen turer inn i landet, og som kanalstyrets gjester fikk vi bese kanalen i hele dens lengde. Sjefen, oberst Goethals, var ikke en herre av mange ord, men en meget vennlig mann, som gjorde alt forat vi skulde ha utbytte av besøket. Han hadde jo større opgaver for sig nettop da enn å være hyggelig mot et skibsmannskap, men han fant likevel tid til å komme og hilse på oss da vi gikk på jernbanen i Colon. Hele turen inn i landet var gjort på en dag, med fire timers ophold i byen ved Stillehavet, Panama, hvor vi spiste som byens gjester og blev bevertet på det beste. Panama er en langt større by en Colon. Den har et europeisk tilsnitt med butikker og brede gater. Turen var en storartet begivenhet for oss, dobbelt velkommen efter de kjedelige ventedagene i Colon. Denne byen er for øvrig en liten landsby. Men den var ganske velstelt, selv da i regntiden. Ingen av oss hørte av naturen til den typen som liker å rumle. Vi var derfor sjelden i land. Ingen fremmede fikk lov til å komme ombord heller, og da det ikke var noen landsmenn der, var der så godt som ingen forbindelse mellem skib og land. Folk på stedet visste heller ingen forskjell på oss og et hvilket som helst skib i koffardifarten.

Vi ventet i Colon til den 16. desember, og da det fremdeles intet bestemt kunde sies om når vi kunde slippe gjennem kanalen, bestemte vi oss til å gå rundt Kapp Horn likevel. Så blev kursen satt sydover. Denne gangen traff vi på ruskevær, men kom så bort i nordostpassaten, og da gikk det bra. Først i mars blev imidlertid Beck syk. Han klaget lenge over smerter i hodet. Smertene tiltok, og den 18. mars døde han. Den 19. blev han begravet i sjøen, på høide med Montevideo.

For mig var det dobbelt tungt å skilles fra en så god kamerat. Vi var jo begge fra Tromsø, hvor han var skipper på Ishavet. Han var en kjempe av skikkelse, og som alle sterke folk hadde han et ypperlig humør. Enda så stor han var, var ingen raskere i riggen enn han. Når han var i tønna, fant han vei om isen var nokså tett. Han hadde den egenskapen som enkelte ishavsskippere har, — han kunde lukte sig til isens gang. Han hadde teften av is. Den talte til ham på et sprog som han forstod. Amundsen satte ham meget høit; det Beck foreslo, det gikk Amundsen med på.

På grunn av Becks død blev det bestemt at vi skulde anløpe Montevideo og sende beskjed hjem til Amundsen om dødsfallet. Amundsen svarte at vi skulde dokksette skuta og derefter komme hjem til Norge med den, da der var blitt ombestemmelse i planene for ekspedisjonen.

I Montevideo var der ikke dokkplass å få, og kaptein Nilsen forhandlet derfor med orlogsverftet i Buenos Aires om å få dokket skuta der. Det gikk i orden og vi seilte straks dit. «Fram» kom i dokk og blev pusset i bunnen, noe den argentinske regjering lot utføre helt gratis. I slutten av mars startet vi på hjemturen. Det tok oss ett hundre og en dag fra Buenos Aires til Horten. Dit kom vi først i juli, og «Fram» blev lagt op for godt.

Denne gangen var det ingen fest ved hjemkomsten. Jeg reiste til Tromsø direkte og tok fatt på den gamle jobben min på tollboden.

«Fram»s mannskap.

Forreste rekke fra venstre: Hassel, Bjaaland, Wisting og Helmer Hanssen. Midtrekken fra venstre: Ludvig Hansen, Olsen, Prestrud, Gjertsen, Kristensen og Lindstrøm. Bakerste rekke fra venstre: Rønne, Sundbeck, Beck og Stubberud.

Snevarden er bygget — bikkjer og folk får en liten hvil.

Helmer Hanssen, Roald Amundsen og polarkokken Lindstrøm.

Mot nordøst

Da jeg vel var kommet hjem de siste dagene i juli, brøt verdenskrigen ut, og da fikk folk annet å tenke på enn polarekspedisjoner. Men Amundsen gav ikke op planen sin om å komme til Nordpolen. Vi vekslet stadig brev med hinannen. Han hadde samlet flere penger, og vilde bygge et nytt skib som på sitt område skulde bli verdens beste. Jeg blev ansatt som kaptein ombord, med en lønn av 200 kroner måneden.

I oktober 1917 reiste jeg atter fra Tromsø til Kristiania, men denne gangen alene. Skuta blev bygget hos Chr. Jensen i Vollen i Asker. Kaptein Schrader fra Borge, Amundsens fødested i nærheten av Sarpsborg, førte tilsyn med byggingen. «Maud» som skuta het, lå nå ved Akers mek. verksted for å få satt inn dieselmotorer og bli utstyrt for ferden. Noen av de gode gamle kameratene skulde også være med, Sundbeck som maskinist, Wisting som styrmann og Rønne som seilmaker. Jeg har før presentert de to første kameratene for leserne, og nå må jeg få si noen ord om Rønne. Han hadde seilt til sjøs hele sitt liv, på alle hav, og hadde fart til orlogs så vel som i koffardifart. Jeg tror han visste alt som er verd å vite om seil, og han var så netthendt med nålen at han godt kunde ha sydd den fineste ballkjolen til en dame, og på samme tid var han i stand til å sy det største seil så selv den argeste skipper måtte bli tilfreds. Han hadde den egenskapen at han kunde arbeide like raskt som ellers selv om han snakket samtidig, men når vi andre satt og arbeidet og han fortalte historier, blev vi bare sittende og høre på, og da hadde han sin store moro av at han blev ferdig med sitt, mens arbeidet vårt lå ugjort. Et uopslitelig humør hadde han også.

I Horten fikk vi alle tankene ombord før jul, men vi blev efterpå liggende på Kristiania havn helt til juni 1918. Det var meget som skulde ordnes før vi kunde gå. Således måtte all provianten skaffes fra Amerika, da der var streng rasjonering i Norge på den tiden. Mannskapet skulde også kompletteres. Tessem og Knudsen kom nordfra, Tønnesen skulde være kokk, videnskapsmannen H. U. Sverdrup blev også med. I alt var vi ni stykker. I juni gikk vi nordover via Bergen, og i Tromsø støtte Amundsen til ekspedisjonen. På turen fikk vi føling med at selv om «Maud» var en sterk skute, så kunde hun rulle så det forslo. Hun slingret for to. I Tromsø blev vi liggende en åtte dagers tid, og så fortsatte vi til Vardø, hvor vi fikk siste post. Der blev vi bare noen timer. Ingen steder fra Kristiania til Vardø var der noen festligheter. Som vanlig foretrakk Amundsen at avreisen skulde foregå ubemerket og i stillhet. Det var tidsnok å snakke om fest når jobben var utført. Da den kjente, staute los Martin Holm, som hadde loset skuta helt fra Kristiania, kastet løs fra «Maud» ute i Varangerfjorden, regnet vi at nordpolsturen var begynt.

Leseren vil huske at den oprinnelige planen gikk ut på at vi skulde gå op langs vestkysten av Amerika via San Francisco, og videre gjennem Beringsstredet for å komme inn i drivisen nordenfor Sibir-kysten og så drive over Nordpolen. Vi skulde nå utføre denne planen, men søkte riktignok nordenom Sibir-kysten fra den motsatte siden, vestfra.

Vi fikk det første sammenstøt med isen i Jugorstredet, hvor vi blev liggende utenfor en liten landsby som heter Kharbarova en fjorten dagers tid. Vi hadde brukket gaffelen i en storm og fikk nå laget oss en ny av drivtømmer, mens vi ventet på at isen skulde la oss slippe forbi. Landsbyens befolkning bestod av samojeder og russere. De var vennlige og gjestfrie og kom ombord og besøkte oss, både menn og kvinner. Vi var også på land og besøkte dem. Ingen steder kunde en vel møte større gjestfrihet enn i den tids Russland. Folkene vilde ha vodka, men det hadde vi ikke, og ikke noe annet brennevin fikk de hos oss heller; men de trodde oss ikke da vi fortalte dem at vi ikke hadde med oss noe av den slags. Russerne her var renslige, pene mennesker, men samojedene var skittenferdige, som de er overalt. Jeg hadde vært i Kharbarova i 1897, og dengangen var der både prest og lærer i landsbyen. Nå var der ingen av delene, og kirken var ganske falleferdig. Stedet var i tilbakegang. Der hadde vært adskillig mere liv og rørelse den gang jeg besøkte det for tyve år siden enn det var nå.

Vi fikk høre at vi lå i nærheten av en trådløs telegrafstasjon som het Jugor, og at det fra denne stasjonen var god utsikt utover isen i Karahavet. Amundsen bestemte sig til å ta en tur dit bort for å få overblikk, og kom frem både trett og våt. Det var en ganske stor stasjon med et personale på 10 mann, og Amundsen blev meget godt mottatt der. De snakket bare russisk, så det blev så som så med den gjensidige forståelse, men de skjønte da såpass at Amundsen måtte ha tørt fottøi å skifte på sig, og de bragte ham klær og behandlet ham med den største elskverdighet. Så kom det inn en ung mann i attenårsalderen, som snakket udmerket norsk. Amundsen spisset ører og fikk sterk interesse for gutten, som het Olonkin. Faren var russer, men moren norsk. Han var som en slags altmuligmann på stasjonen og fortalte at han gjeme vilde være med på en slik ekspedisjon som Amundsens.

Amundsen syntes han var for ung til en nordpolsekspedisjon, men da han kort tid efterpå sendte mig bortover til stasjonen for å få greie på isforholdene, bad han mig se på Olonkin og fortelle ham hvad slags inntrykk jeg fikk av ham. Jeg likte gutten med en eneste gang, og det sa jeg til Amundsen.

Isen rørte sig ikke, og vi blev værende i Kharbarova. Litt på grunn lå vi også. Russerne fra stasjonene kom på besøk til oss, og de blev like gjestfritt mottatt av oss som vi var blitt av dem. Olonkin var med, og da de skulde gå fra borde, sa han til Amundsen at hvis han hadde bruk for en ungdom ombord, vilde han være lykkelig om han kunde få bli med oss. Amundsen slo til, og det blev bestemt at når isen gikk op og vi passerte stasjonen, skulde han være klar når vi sendte inn en båt efter ham. På den måten fikk vi en tiende mann ombord, og en mann som viste sig særdeles nyttig og brukbar, og som vi hadde bare glede av.

Vi var meget plaget av isen i Karahavet, men vi kranglet oss da frem og kom til telegrafstasjonen Port Dickson ved munningen av de store elvene Ob og Jenisei. Her var det blitt lagt op en del olje til oss, og dessuten skulde vi ta ombord 25 hunder. Der var 10 russere på stasjonen, blandt dem to kvinner. Alle var elskverdige og hjelpsomme. Vi laget i stand en flåte av drivtømmer til å frakte oljefatene på utover til «Maud», og russerne hjalp oss uten betaling. I det hele tatt så det ut til at hvor som helst vi kom på Amundsens turer, traff vi hjelpsomme og snilde mennesker. Efter hvert som vi fikk oljefatene ombord, pumpet vi oljen over på tankene, og russerne fikk så de tomme oljefatene i foræring. Hundene viste sig å være udmerkede dyr.

Så snart vi hadde lastet inn oljen, drog vi videre nordover. Men det gikk trått. Det var et vanskelig is-år dette året i Karahavet, usedvanlig vanskelig. Men vi kreket oss da fremover langs Taimyrhalvøia og nådde til slutt Asias nordspiss, Kapp Tsjeljuskin, i september, og kom oss også forbi kappet en bit, men der lå isen sammenpresset fast og ugjennemtrengelig nordover — så langt øiet rakk. Heller ikke østover var det fremkommelig, og det var oss straks klart at det ikke vilde lykkes oss å komme inn i drivisen fra dette stedet. Vi fant oss derfor en liten bukt, som vi kalte «Maudhavn», og tok der fast i isen for natten. Noen havn i ordets vanlige betydning var det jo ikke, for havet stod på, men med isen tett sammenpresset utenfor lå vi likevel som i havn. Isen slakket også litt så vi kom oss nærmere land, og der fant vi dagen efter en storis som vi forankret skuta ved med isankerne.

Vi blev liggende et par hundre meter fra stranden, og Amundsen og jeg gikk en tur i land, jeg med rifle og han med kikkert. Mellem skuta og land kom en av de innfødte på stedet ut for å hilse på oss, det var den første bjørnen. Den gikk og luktet i landråken og så oss slett ikke. Vi la oss begge ned bak en skruis, og bjørnen kom intet anende bortover mot oss.

— Hvorfor skyter De ikke? sa Amundsen.

— La ham komme nærmere, svarte jeg. Da den var kommet femti meter fra oss, hvisket Amundsen: — Nå må De skyte!

— La han komme nærmere, sa jeg enda en gang. Da den var kommet oss på 25 meters avstand, plystret jeg, og bjørnen skvatt til med hodet rett til værs og gav mig blink akkurat bak øret, og den stupte da med en gang.

Siden spurte Amundsen hvorfor jeg plystret, og jeg fortalte ham da at jeg ikke likte å skyte sovende eller intetanende dyr. Dyret skal ha sin chance. Bjørnen har bare sine egne krefter og hurtigheten, mennesket med et hurtigskytende gevær har omtrent alle chancer på sin side. En gammel velkjent hedersmann i Tromsø, skipper Hemming Andresen, som i sitt lange liv har drept hundrer av hvalross, stakk aldri ned en sovende hvalross. Han purret alltid dyret først. Amundsen undret sig over at fangstfolket har så meget finfølelse, og han var også litt skeptisk. Men det er sant nok. Amundsen selv drev aldri lystjakt, og fangstfolk på Ishavet driver heller aldri med å skyte dyr for moro. Det hender at lystjegere skyter slike vakre fugler som teistene, men fangstmannen forakter den slags «jakt» og den slags «jegere».

Vi gjorde klart til overvintring, dekket skuta med tak og bygget observasjonshus i land for våre magnetiske instrumenter. Alle bodde vi ombord. Vi murte «Maud» inn med sne og gjorde oss det bekvemt.

Den 1. oktober var det full vinter, og overvintrernes rutinearbeide var i gang. Vi samlet rekved til brensel og kjørte det ombord, og vi jaktet på bjørn, som det var mange av her. Hundene hadde fine dager.

Amundsen var uheldig denne høsten. Han falt og brakk armen og gikk lenge som invalid. Han kom også ut for en hendelse som kunde ha ført til noe langt verre enn en brukket arm. En morgen efterat kokken var tørnet ut, gikk Amundsen en tur på isen sammen med vakthunden «Jakob». Det var sterkt nordlys denne morgenen. Amundsen kunde ingenting se, men han hørte noe som pustet tungt borte på isen. Han trodde det var hunden. Men plutselig kom en bjørn springende mot ham, og Amundsen, som var ubevæbnet og gikk med armen i bind, tok til bens det forteste han hadde lært for å komme sig op landgangen til skuta. Ved landgangen nådde imidlertid bjørnen ham igjen, fikk slått ham med labben, rev op klærne hans og flerret ham i skinnet. Amundsen falt overende og blev liggende, men i det samme hylte en bjørneunge ute på isen, og da snudde bjørnen og løp bort til ungen. Det var Jakob som hadde fått snus i ungen og reddet derved Amundsens liv. Amundsen kom sig op på landgangen og ned i salongen og fortalte oss om bjørnen. Wisting, som var kokk, grep riflen sin og skyndte sig på dekk. På landgangen møtte han bjørnen, som hadde noe mere den skulde ha snakket med Amundsen om, men nå blev den istedet traktert med en blykake av kokken. Sverdrup kom sig ut på isen og skjøt ungen, og således fikk vi to bjørner den dagen, før vi drakk morgenkaffen. Jakob blev så overdådig bevertet den dagen at bikkja sikkert trodde den hadde fødselsdag.

Julen blev feiret på vanlig vis, men alle savnet vi Lindstrøm og juletreet hans. Han skaffet alltid juletre, hvor vi så var, — bare hans runde skikkelse var nok til å skape julestemning. Vi blev aldri lei av å snakke om Lindstrøm og gjenopfriske muntre episoder. En tid på sydpolsturen pleide Amundsen og Lindstrøm å kappes om hvem som efter et gitt signal var først i køia om kvelden. Amundsen hadde slike klær at bare han løste et bånd, kunde han hoppe ut av klærne, mens Lindstrøm måtte løse seler og knapper. Han tapte da også hver gang. Men så skulde han en kveld være lur. Han knappet op alt han eide og hadde av klær på kroppen, så han bare stod og holdt dem sammen med en neve. Så kikket han inn til Amundsen, og da sjefen var klar, ropte Lindstrøm: — Førstemann i køia! og dermed hoppet han i sengen, meget lattermild, for denne gangen skulde han vinne. Jeg hadde imidlertid tatt vaskevannsfatet fullt av vann og satt under lakenet, og nå hoppet han rett op i fatet så vannet skvatt omkring. Kan hende han leste en aftenbønn over oss denne kvelden. Men sint? Å nei da. Han var «like rund», han.

Likevel holdt vi da hyggelig jul ved Asias nordspiss. Og høitidsstemt jul med ønske om fred på jorden og godvilje blandt alle mennesker. Julegaver var der i massevis, deilig mat var det nok av og gode venner var vi alle ombord, og da kan der ikke bli annet enn «gledelig jul».

Vi hadde denne vinteren likesom på sydpolsturen stor moro av å «kaste piler», som nærmest er en barnelek, men likevel et spill som krever dyktighet. Vi henger op en blink og får fem pileskudd til manns. Det holdes nøiaktig regnskap over hvert eneste skudd, og det er konkurranse efter meget strenge regler. — Vi hadde stillet op premier for det beste gjennemsnittet i løpet av en bestemt tid, og det var ikke dårlige premier. Jeg husker Sundbeck vant et atlas, som sikkert måtte ha kostet en femti kroner. Denne timen med barnelek mellem oss voksne mennesker var ubetinget dagens fornøieligste time. Der var stor kappestrid, og hver mann hadde sin egen stilling og stil, og det var alltid pilens skyld, ikke skytterens, når en bommet.

I vinterens løp var Petter Tessem svært meget plaget av hodepine. Han kunde ikke sove, og det var ikke mulig å finne råd for ham. Ofte travet han frem og tilbake i timevis ute på isen, og hadde det vondt. Han ønsket derfor å forlate ekspedisjonen og komme sig hjem. Vi hadde planer om å sende hjem de videnskapelige resultater for året, og det blev bestemt at Tessem skulde ta dem med sig. Amundsen vilde ikke la ham reise alene, men vi mente alle at turen sydover til Port Dickson med hunder var den

rene barnelek. Jeg tilbød mig å følge Tessem, men det tillot ikke
Amundsen. Alle ombord vilde forresten gjerne ta på sig jobben.

Blandt oss var der en mann, Knudsen, som hadde vært med Otto
Sverdrup, da han var på disse kanter med «Eclipse» for den russiske
regjering. Ekspedisjonen hadde vært ute for å lete efter en forsvunnet
russisk nordpolsekspedisjon. På den turen hadde Sverdrup lagt ut depoter
langs Taimyrhalvøia, og Knudsen visste hvor disse depotene var å finne.
Knudsen var dessuten navigatør og en frisk, sterk kar. Han var tydeligvis
den rette mannen til å følge Tessem. I vinterens løp blev så Tessem og
Knudsen enige om å gjøre turen sammen, og Amundsen godkjente
planen.

Vi var jo såpass mange mann ombord i «Maud» at vi kunde avse to
mann. Amundsen sa til mig at hvis det var påkrevd, vilde han selv gå inn i
vaktene igjen, men det trengtes ikke. Ti mann ombord var i grunnen for
mange. Efter mitt syn på en slik ekspedisjon bør der heller være to mann
for lite enn en mann for meget. Der må være regelmessig arbeide nok for
alle, og det verste en kan gjøre, er å sette folk i arbeide bare for å holde
dem i arbeide. Nødvendig arbeide utfører alle mann med glede og uten å
bli bedt om det, men nytteløst arbeide er bare en plage og setter ondt
blod.

Vinteren gikk nå uten større hendelser. Amundsen blev bra i armen sin.
Sverdrup startet et avisforetagende, «Taimyrposten», men den kom ikke ut
med mange nummer, fordi sverten frøs på typene. Der var heller ikke stor
tilgangen på averterende, og slike abonnenter som fra tid til annen kom
for å få sin nysgjerrighet tilfredsstillet — bjørnen — blev skutt efter tur.
Betingelsene for at avisen skulde blomstre, var derfor ikke gode, selv om
ansvarshavende redaktør nok hadde alle kvalifikasjoner, — en mann som
visste beskjed om alt og som hadde et muntert lynne og den største
interesse for lesernes velferd.

Denne overvintringen var den mest ensformige av alle. Vi hadde
ingenting å gjøre annet enn å vente på at isen skulde slippe oss ut så vi
kunde komme i gang med opgaven vår. Men kjedelig var det ikke heller.
Alle spiste vi, som på tidligere ekspedisjoner, ved samme bordet. Vi spilte
kort om kveldene, leste eller småarbeidet. Amundsen selv spilte aldri kort,
han bare leste eller skrev. Hver lørdags kveld hadde vi festlig samvær, da
vanket det en varm toddi, vi satte i gang grammofonen og gjorde oss det
hyggelig. En har jo aldri annen moro enn den en lager sig sjøl. Alle var
bereiste folk, som både kunde skrøne og fortelle fra livet, og jo mere
usannsynlige beretningene lød, desto høiere kom humøret.

Så kom sommeren. Fuglene hekket på land, og vi samlet egg — en
kjærkommen avveksling i matveien. Noen få rev så vi også, men vi satte

ikke ut feller. Vi foretok noen sledeturer om våren, en tur på en måned til Khatangabukta, men vi så ikke folk og heller ikke spor efter folk. På den turen la jeg merke til for en stor respekt bjørnen har for hunder. Vi pleide å ta med oss geværet inn i teltet — det var Wisting og jeg som var ute på tur — men en kveld blev geværet liggende igjen ute på sleden. Det blev uro blandt hundene, og vi hørte straks at der var bjørn i nærheten. Jeg måtte ut på isen til sleden for å få fatt i geværet mitt. Da jeg kom utenfor teltdøren, stod en bjørn like overfor den beste hunden min, Riks. Hunden hadde fått mere mat enn den hadde klart å spise, og nå stod bjørnen og forsøkte å kare til sig et kjøttbein. Riks raste og slet i lenken og vilde gå løs på bjørnen. Rett som det var, kom bjørnelabben frem for å få tak i beinet, men bamsen torde ikke gå på Riks og ta det med den sterkeres rett. Jeg fikk da fatt i geværet og skjøt bjørnen. Så slapp vi hundene løs og åpnet bjørnen, og det varte ikke lenge før både de hvite og de sorte hundene var blitt røde alle sammen.

Vi målte høiden på Eivind Astrups Fjell på denne turen, og kom tilbake til skuta i april. Da var Sverdrup, Tessem, Knudsen og Tønnesen på påsketur til Nikolai II's Land. Jeg tror de er de eneste mennesker som noengang har vært ute på disse øiene. Amundsen selv var ikke med på disse turene.

I juli kom det en del vann på isen, og tidevann og strøm sønnenfra brakk op isen litt efter litt. I begynnelsen av august tok vi ombord alle sakene våre, og det så ut til at det snart skulde bli klart farvann. Vi arbeidet og sprengte med dynamitt der hvor isen var svakest, og til slutt var det bare et belte på cirka femti meter som skilte oss fra selve landråken. Om kvelden var jeg oppe i tønna for å se efter isforholdene, og jeg fikk da øie på en flokk på 7 bjørner en seks-syv kvartmil i nordøstlig retning. Da jeg var kommet ned på dekket igjen, spurte Wisting om jeg hadde sett noe, og jeg fortalte da om disse bjørnene.

— Vil du være med, så stikker vi bort og skyter noen, foreslo jeg. Joda, han gikk med, og vi skjøt fem stykker. Vi kom ombord ved midnatt. Sverdrup gikk vakt, og Amundsen var gått til køis, men han blev glad da han hørte om denne store kjøttilførselen. Ikke før var vi gått til ro, så kom Sverdrup ned og sang ut at nå var det siste isbeltet brukket op og veien til åpent farvann lå klar. Dette var den 11. september 1919.

Vi var ikke sene om å komme oss på dekk, og Sundbeck fikk op fyren på maskinen i en fei, så vi kunde komme oss ut av vinteroplaget. På veien gikk vi bort til iskanten og tok ombord de fem bjørnene.

Tessem og Knudsen var gått i land med telt og hunder for å starte på reisen tilbake til civilisasjonen. Da de så at vi var kommet løs, kom de ombord igjen og spiste frokost sammen med oss for siste gang. Vi tok avskjed med dem. Ingen har siden sett de to i live.

Petter Tessem var tømmermann, han hadde reist til sjøs som skibstømmermann, og hadde også overvintret på Frans Josefs Land med den amerikanske Ziegler-ekspedisjonen, 1903 og 1904, under ledelse av Anthony Fiala. Han var en særdeles dugelig mann i sitt fag, samvittighetsfull og likevel rask. Han kunde ikke fordra at noen pratet mens de arbeidet, og var i det stykket Rønnes rake motsetning. Arbeidsdagen blev aldri for lang for ham, og når dagens arbeide var slutt, var han bestandig livlig og tilfreds. Han syntes å trives ombord hos oss, og vi likte ham godt alle sammen. Men den voldsomme hodepinen gjorde ham uskikket til å dra med på en nordpols-ekspedisjon som var beregnet å skulle vare i årevis.

Turen til Port Dickson skulde ikke ha bydd på noen synderlig store vanskeligheter med seks hunder og god utrustning, så det er vanskelig å forstå hvorfor disse to unge, kraftige menneskene skulde sette livet til.

Så snart vi kom oss løs av isen, arbeidet vi oss videre sydover i landråken for om mulig å ta oss frem til østsiden av De ny-sibiriske Øiene. Nordover mot havet var det aldeles umulig å komme noen vei. Det gikk svært trått med å komme østover, men vi karet oss da forbi De ny-sibirske Øiene og forsøkte å trenge oss frem i nordlig retning inn i isen. Vi håpet å kunne starte selve driften over Polhavet omtrent fra det sted hvor Nansen og Otto Sverdrup med «Fram» hadde begynt den. Men isen var aldeles ugjennemtrengelig. Vi holdt på til om morgenen den 20. september, men møtte overalt bare fast iskant. Jeg sa da til Amundsen at enten måtte vi nå seile østover eller vestover, for nordover var ufremkommelig. Vi hadde hengt ut loddet og funnet at vi drev sydover med stor fart. Vi var da på 75 grader omtrent. Det begynte å bli mørkt om nettene, og dessuten var det stadig overskyet vær. Amundsen bestemte da at vi skulde søke til kysten, og vi holdt nedover mot noen ubebodde øier som heter Bjørneøiene. Der fant vi imidlertid ikke noe passende sted for vinterhavn. Vi fortsatte østover like til vi kom til Ajonøia, der stoppet isen oss. Mot nord dannet baks-isen stadig fast iskant.

Nå hadde vi ikke noe valg, vi måtte ta fast. Men vi blev heldigvis liggende innenfor den verste og sterkeste strømkanten, så isen lå forholdsvis rolig der vi var, omtrent halvannen kilometer fra land. Det lyktes oss å arbeide skuta noen skibslengder nærmere land, men så blev vi stanset for godt, og der blev vi liggende hele vinteren.

Da vi kom dit, var der tåke og sne, men dagen efter, den 24. september 1919, opdaget vi at der var folk på stranden, noen tsjuktsjerfamilier. Været hindret oss imidlertid i å gå i land, og likeså tsjuktsjerne i å komme ombord. Isen var ikke farbar. Men dagen efter kom vi oss over isen, tre mann: Amundsen, Olonkin og jeg, og da blev Olonkin oss til stor nytte som sprogmann. Disse menneskene kunde nemlig snakke litt russisk. Amundsen falt gjennem isen og blev søkk våt over hele kroppen. Vi blev budne inn i et av de fire-fem teltene, og der bevertet de oss så godt som huset formådde. De kom ogsa med en gang med tørre klær til Amundsen. Naturfolk lever efter vare begreper i stor skittenferdighet, og disse tsjuktsjerne dannet ingen undtagelse. Heller ikke var de fri for lus.

Men snilde og hjertelige folk var de, hjelpsomme og gjestfrie, ja, i så høi grad at de gjorde rent skam på oss såkalte civiliserte mennesker. De bød frem det de hadde av et godt hjerte, kokt reinkjøtt og te uten sukker, og kokhet te var det nettop Amundsen trengte i det øieblikket for å undgå å bli forkjølet. Det slo mig den dagen som så ofte ellers, hvor lite i grunnen vanens krav har å si. Amundsen måtte jo skifte klær fra skinnet og ut, og teltet var pakkfullt av folk, både menn og kvinner, men ingen av partene var i aller ringeste grad sjenert. Den høieste form for gode manérer må være hjertets godhet.

Da vi gikk ombord, plumpet jeg også uti og fikk efterpå en rykende varm romtoddi av Amundsen som medisin. Noen av de innfødte fulgte med oss ombord for å se hvordan vi hadde det, og vi bevertet dem like godt som de hadde stelt med oss. Der var på Ajonøia kanskje en seks-syv familier på i alt omkring tyve mennesker den gang. De hadde mat nok, for de holdt tamrein. Noen skjønnheter blandt kvinnene så vi ikke, men som sagt, snilde var de. Mennene kom nokså snart i vane med å tigge om alt det de hadde lyst på, men de fikk selvfølgelig ikke annet enn det vi vilde de skulde ha.

På Ajonøia var der masser av drivtømmer, og vi begynte straks å kjøre vinterbrensel hjem til skuta. Harer var der også, så vi fikk ferskt kjøtt. Ajon ligger ca. 3 kilometer fra fastlandet, og de innfødte driver reinhjordene sine over til skogene på fastlandet, hvor der er forholdsvis lunt for dyr og mennesker om vinteren. Vi gjorde oss nå klar til overvintring på vanlig måte. Vi la tak over skuta, og av drivtømmer laget vi hundehus ute på isen. Vi tok stadig meteorologiske observasjoner og tidevannsmålinger.

I november blev isen mellem Ajon og fastlandet farbar og tsjuktsjerne reiste med flokkene sine. Det blev ordnet slik at Sverdrup skulde følge med dem for å studere deres seder og skikker. Han hadde ikke hunder med, men da de innfødte kunde stille reinsleder, hadde de mere enn nok trekkkraft, og det sjenerte dem ikke i minste måte å få en ekstra mann å trekke på. De var tvert imot henrykt over å få ham med. En del proviant skulde de overta som betaling.

Tsjuktsjerne fortalte oss at ved en elv som heter Kolyma, var der en fast leir med hvite mennesker og en telegrafstasjon også. Dit kom det hvert år en russisk ekspedisjon fra Jakutsk med proviant og forsyninger til telegrafstasjonen, og Amundsen bestemte at Olonkin, Tønnesen og jeg skulde reise til Kolyma-stasjonen, hvis navn var Nirsjni Kolymsk, for å sende telegram hjem. Vi tre drog så avgårde først i november.

Tønnesen hadde helt fra Kapp Tsjeljuskin ønsket å forlate ekspedisjonen. Han likte ikke ekspedisjonslivet, og alt han snakket om, var bare å få reise hjem. Da det nå syntes å fremby sig en chance for ham til å få følge med den russiske ekspedisjonen til Jakutsk fra Kolyma, måtte vi forsøke å hjelpe ham, så han slapp å bli med på nordpolsturen.

Vi rustet ut et hundespann med seks hunder og proviant for omtrent en måned, skjønt det kunde tenkes at vi kom til å bli borte hele vinteren.

Efter tre dagers kjøring var vi kommet til Kolymas munning. Derfra satte vi kursen rett sydover inn i landet, vi kjørte på elven. Ytterst på neset stod en russehytte, et godt tømmerhus, og der tok vi inn. Det var tomt, men det bar spor av at folk hadde bodd der nylig. Da vi næste dag begynte å kjøre, var det usiktbart vær, og vi visste ikke ordet av før vi fikk se en to-tre karer som kom kjørende på skrå mot oss. De viste sig å være russere, og for Olonkin var jo dette som å gjenfinne tapte brødre efter lang tids adskillelse. Vi fikk vite at de bodde på en øi i elven som het Sukharnoe, og vi blev med dem dit.

Der bodde to familier i en hytte med barna sine. All den maten de hadde, var fersk fisk, men den smakte oss godt, og da vi hadde fått varmet oss litt, begynte vi å prate med dem. Det gikk jo lett med Olonkin som tolk. De fortalte at det var 120 kilometer op til Nizhne Kolymsk, og vi fortalte til gjengjeld at vi skulde dit op for å sende telegrammer og for å få Tønnesen sendt hjem. Mens vi satt der og pratet, kom det to pene, statelige menn i 30—40 års alderen inn i hytta. De viste sig å være russere med en god utdannelse, iallfall sa Olonkin at de snakket bedre russisk enn de første vi hadde truffet på.

De to sistkomne fortalte oss at telegrafen i Nizhne Kolymsk ikke hadde vært i virksomhet i de siste to årene, og at det heller ikke hadde vært noen ekspedisjon nedover elven i denne tiden. Telegrafstasjonen var ikke i bruk da de manglet petroleum til motoren, og dessuten skulde de også mangle deler til den. Da det ikke kom noen ekspedisjon fra Jakutsk med ny forsyning av proviant, var der blitt hungersnød i byen, og følgen var blitt at hele befolkningen var flyttet ned til det stedet hvor vi nå var. I landsbyen var bare de gamle og syke igjen, mens de arbeidsføre søkte å skaffe mat i form av fisk til dem som var efterlatt der oppe.

Hos disse vennlige menneskene bodde vi i tre dager. Når telegrafen ikke var i virksomhet og ingen ekspedisjon til Jakutsk var i vente, hadde vi jo ingenting i Nizhne Kolymsk å gjøre og vi kunde like godt reise tilbake til skuta igjen.

Disse russerne var efterkommere av landsforviste politiske «forbrytere». De var på sett og vis frie menn, men hadde ikke lov til å forlate Sibir, og de vilde vel heller ikke reise fra disse stedene, hvor de var vokset op. De to vi møtte var brødre, og deres far var nylig død. Der var flere hus rundt omkring, og forholdene var omtrent like hos dem alle. Der fantes ikke politi eller annen myndighet, heller ingen prest. Vi gikk på visitt fra hus til hus blandt disse pene, høflige menneskene, og velkomne var vi overalt. Vi hadde selv ingenting å gi bort. Jeg hadde tatt med mig kanskje en hekto røketobakk da jeg forlot skuta, og da de fikk se denne tobakken, blev de griske i øinene. De hadde ikke hatt tobakk på lange tider og benyttet som surrogat barken på et slags lerketre, som de skar i lange strimler, tørket og røkte.

Så måtte de få en klype i hvert hus. De rullet en sigarett, som gikk fra munn til munn til den var oprøkt. Jeg ønsket jeg kunde gitt dem noe til gjengjeld for all vennligheten vi møtte, men selv setter jeg stor pris på en snadde tobakk, og det var ikke noen lysttur vi hadde foran oss utover isen midt på vinteren. Vi hadde ikke tatt noe større tobakk med oss da vi drog fra skuta, for vi gikk ut fra at Nizhne Kolymsk var en liten by med butikker, hvor vi kunde få kjøpt det vi trengte. Riktignok hadde vi ingen penger med heller; men de småtteriene vi ønsket, skulde vi vel alltid ha tusket til oss på en eller annen måte.

I dette lille isolerte samfundet kunde der vel være en 50— 60 sjeler. De levde på civilisert vis, hadde kopper på bordet, og hvad mere var, de vasket dem efter bruken. De to mennene jeg nevnte isted, hadde til og med en samovar stående på bordet. De to var ikke gifte, men der var mange kvinner på stedet. De fortalte at i Kolymsk var der prest. Han var regnet for en rik mann, for han hadde hatt åtte kuer, men nå under hungersnøden hadde han måttet slakte alle undtagen en eneste.

En dag kom der en riktig storkar til byen. Han var tsjuktsjer og de sa han skulde eie 5 000 tamrein. Han kom kjørende med en tjenestegutt og med to rein for sleden. Han var ute for å bytte reinkjøtt mot fersk fisk. Han blev forundret da han så oss, og da han hørte at vi ikke var riktig fri for tobakk, blev han overivrig. Han sendte tjenestegutten ut efter skinn, og denne kom straks efter tilbake med et rødrev- og et hvitrevskinn, som han gav mig fritt valg mellem, hvis jeg vilde gi ham den tobakken jeg hadde igjen i tobakkspungen min. Dette var jo en svær pris, men som sagt, jeg setter en snadde tobakk høit, jeg også, og derfor blev det ingen handel av den gangen. En pipe tobakk fikk han likevel gratis. Tsjuktsjeren var en velvoksen kar, og hans fremtreden gav inntrykk av velstand.

Da vi skulde tilbake til skuta, vilde Tønnesen absolutt bli igjen for i løpet av vinteren og våren å forsøke å komme op til Jakutsk, og folkene var villige til å la ham bli der og vilde skaffe ham mat. Vi forlot ham da der, og så reiste vi to mann tilbake til «Maud». Det tok oss tre dager å kjøre dit. Da vi kom frem, stod Amundsen og bakte brød. Han blev selvfølgelig høilig forbauset over allerede å ha oss tilbake, men da han fikk høre sammenhengen, var han selvsagt enig i at det vilde vært fåfengt å søke til Nizhne Kolymsk når ingen telegraf var i virksomhet.

Amundsen beklaget høilig at han ikke hadde fått sendt telegrammene sine, og i fellesskap blev han og jeg enige om at jeg skulde forsøke å nå Nome i Alaska, og sende telegrammene derfra. Dette var den 18. november 1919. På dette tidspunktet var Amundsen klar over at det ikke lot sig gjøre å komme inn i drivisen herfra, og han hadde nå bestemt sig til å gå til Nome med «Maud» så snart isen tillot det utpå sommeren. Fra Nome skulde vi så atter prøve å komme inn i drivisen. En av grunnene til at Amundsen vilde dra til Nome, var at han hadde fått ødelagt noen magnetiske nåler, og nå vilde han ha noen nye fra Carnegie Institutt. Jo mere han tenkte over saken, desto mere tiltalte den tanken ham at jeg skulde foreta en sledetur gjennem Sibir til Østkapp, og derfra dra over Beringstredet til Nome. Wisting tilbød sig å gjøre turen med, og det blev bestemt at Wisting og jeg skulde kjøre.

I slutten av november blev vi overrasket en morgen ved besøk fra Sukharnoe, og de russiske vennene våre bragte Tønnesen med tilbake til oss. Russerne blev godt mottatt ombord; Amundsen likte at de kom. De hadde en del byttesaker med, og fikk proviant og tobakk i stedet. Tønnesen var fremdeles fast bestemt på å forlate ekspedisjonen, og det blev nå ordnet slik at han skulde følge med Wisting og mig til Nome, og derfra skulde vi forsøke å få ham hjem til Norge. Russerne fortalte oss at på et sted som hette Indi-Girka, omtrent åtti kvartmil mot vest, var der masser av skinn og mammuttenner.

Sledekjøring kan være et slit både for mennesker og dyr.
(Fotografi fra Byrds antarktiske ekspedisjon.)

Hundekjøring på Sydpol-platået.
(Efter fotografi fra Byrds antarktiske ekspedisjon.)

Sledeturen til Østkapp

Wisting, Tønnesen og jeg drog avsted 1. desember 1919 i nokså dårlig vær, og første dagen kom vi ikke mere enn fem mil østover langs kysten av Ajon. Lengre stykket greide vi ikke hele den næste dagen heller, føret var rent umulig i sørpa. Den dagen mistet vi passasjeren vår, Tønnesen. Han kom vekk ved middagstid, forvillet sig og var ikke tilbake før klokken ni om kvelden. Alle tre gikk vi på ski.

Vi måtte arbeide hardt i en fem-seks dager før vi kom oss over til fastlandet. Der støtte vi på en tsjuktsjerfamilie som bodde i skinntelt. Vi blev godt mottatt og sov i teltet om natten. Det viktigste for oss var å skaffe hundemat. Folkene hadde ikke stort selv, men av det lille de hadde, fikk vi både kjøtt og fisk til hundene. En klype tobakk fikk de til gjengjeld. Teen de drakk, var trukket på aldeles utkokte teblader, men varmt vann er godt, det også, mange ganger. Lus og skitt følger med tsjuktsjerne, men en venner sig fort til slike uvesentlige bagateller og tar livet som det faller. Vi pleide å sette op vårt eget telt når det var rimelig vær, og undgikk helst å krype inn i husene til de innfødte.

Næste dag kjørte vi videre efterat vi hadde fått opgitt distansen til nærmeste boplass. Vår konversasjon foregikk ved tegn og minespill og fingersprog, og de distansene vi fikk opgitt, var som oftest feil. Da vi senere traff på russere og amerikanere også, viste det sig at også de opgav feil distanser. Vi som kjørte med distansehjul på sleden, kunde si næsten på meteren hvad distansen var mellem to punkter, men alle her på kysten regnet avstandene bare på slump, til stor plage for oss.

Vi traff nå ganske regelmessig på tsjuktsjere i de dagene som fulgte. Overalt var vi velkomne. Alltid blev vi budt kokhet te. Mange av disse familiene var meget dårlig økonomisk stillet, og de hadde knapt nok mat til sig selv og da langt mindre til oss og hundene våre. Men hjelpsomme og gjestfrie folk var de, som ofte delte med oss av det vesle de hadde. Vi skulde kjøre så lang vei at vi ikke lett kunde avse noe av de små forsyningene våre.

Slik en sledetur blir ensformig å lese om, men den er alt annet enn ensformig for den som kjører. Når sleden kantrer ti ganger på en dag, når nesetippen fryser hvit, når en ikke vet enten en kjører på sjø eller på land, når en om natten ligger og håper på at grunnen under en vil la være å slå revner — da blir det aldri kjedsommelig. Og nå midt på vinteren kunde let også være godværsstunder da nordlyset skinte så sterkt at det var som å gå i måneskinn. Nei, det er andre følelser enn «ennui» som besjeler en hundekjører en vinterdag i ukjent terreng i Sibir.

Vi visste at på ruten vår var et bebygget sted som het Kapp Shelagski, og dit kom vi da langt om lenge en godværsdag. Og hadde folk vært snilde mot oss før, så var de det i enda høiere grad her, det var så det næsten blev for meget av det gode. Her begynte også tsjuktsjerne å prate litt engelsk, så vi forstod dem bedre. En av dem fortalte oss at vi kunde spare oss en lang kjøretur ved å ta over et eid istedenfor å kjøre rundt kappet. Og straks var det en annen som tilbød sig å følge med og vise oss veien. Han sparte både hundene og oss for en lang marsj over opskrudd havis.

Da vi som barn leste i bibelhistorien om kvinnen ved brønnen som trakk op vann og gav både Abrahams tjener og kamelene å drikke, gjorde det et sterkt inntrykk på oss. Men hvad skal jeg si om disse folkene, uvidende, primitive mennesker, som gav ikke bare oss fremmede forbireisende mat og hus gratis, men som også skaffet kjøtt, spekk eller fisk til hundene våre. Ikke en eneste gang på hele denne lange reisen betalte vi for oss. Vi startet fra «Maud» uten en eneste øre i lommen. Amundsen hadde ikke penger ombord. Gjestfriheten hos disse menneskene var ikke basert på at de ventet å få noe igjen. Disse innfødte var ikke kristne og hadde aldri hørt et Guds ord. Men sannelig gjør de ikke skam på oss, som mener vi står så meget høiere i moral og kultur.

Julaften! Vi kjørte i dårlig føre og snefokk. Det blev mørkt, og vi hadde vanskelig for å finne brensel. Vi visste ikke om vi kjørte over land eller over sjø, men da vi hadde vinden i ryggen, foretrakk vi å fortsette å kjøre. Så opdaget Tønnesen en jordgamme på stranden, og der ville vi overnatte. Den var stengt, men vi kom oss da inn i forgangen. Døren til det indre rummet var lukket med hengelås. Vi tenkte oss muligheten av at der lå lik inne i gammen, men utsikten til at vi skulde få tak over hodet, gjorde at vi tok chancen på å bryte oss inn. Vi resonnerte som så at vi skulde i alle tilfelle ikke gjøre den døde noe. Da vi begynte å hende på hengelåsen, viste det sig at den bare var lukket, men ikke låst, så vi kom lettvint nok inn. Rummet var udmerket med en liten ovn og brensel ferdig til å fyre op med. Dessuten fantes der en sovepose, fire små kasser med lys, ammunisjon og en liten pose med mel, samt fangstredskaper, så det var klart at her holdt en enslig fangstmann til.

Dette var jo en herlighet på selve julekvelden, og vi fyrte op og kokte pemmikansuppen vår efter å ha feiet og gjort det riktig julekoselig der inne. Så tok vi lys og satte rundt omkring, mens vi sang: «Så tender moder alle lys, så ingen krok blir mørk.» Da vi hadde spist suppen, tok vi oss den frihet å låne litt mel av posen, og i seltran stekte vi oss en julekake av mel og vann. Med kokhet te til var denne uvante kosten riktig førsteklasses. Og for å sette prikken over i-en tok vi oss en toddi, og da vi så hadde fått snadda gående, syntes vi at kongen på slottet ikke kunde ha gladere jul enn vi. Vi bragte med fra «Maud» en eneste flaske sprit — til å tende primusen med, men den var til gjengjeld 96 pct, så det skulde ikke så meget til av den før det blev toddi. Og dermed gikk vi vel tilfredse i soveposene for å kunne starte tidlig næste morgen. Men første juledag var det slik snestorm at det var umulig å komme av gårde. Vi måtte bli i gammen hele dagen. Annen juledag var været enda verre. Vi var ute og skuflet sneen av sledene, så de ikke skulde bli helt begravd, men det var slik at når vi vel hadde fått gravd frem den første, så var den andre alt forsvunnet under sneen igjen. Det var altså ikke annen råd enn å ligge over den dagen også.

Tredje juledags morgen hadde været hedaget sig betydelig. Det var vindstille, klart og siktbart, men bitende kaldt føltes det. Noe slikt som termometer førte vi ikke med oss, og det samme kunde det også være — så lenge spritbeholdningen ikke antok fast form, gikk vi ut fra at temperaturen ikke hadde passert de 96 gradene minus.

Vi hadde allerede tidlig på morgenen gjort oss kjent med at været var bruktbart, og vi måtte også være tidlig på farten om vi skulde få noe utbytte av dagen. Kl. 5½ gjorde vi i stand frokosten. Efter maten tok vi fatt på utearbeidet, først og fremst arbeidet med å grave frem sledene som var helt overføket, og det var så sannelig hverken fort eller lett gjort. Men ved åttetiden var vi likevel ferdige med den jobben og hadde bare å ta sakene våre og pakke dem sammen på sleden. Tønnesen skulde gå i teten, for hundene trekker alltid villigere når en går foran dem. Dessuten kan hundekjøreren holde støere kurs når han har en forløper, forutsatt da at forløperen ikke gjør altfor store svinger til sidene. Da Tønnesen startet, hadde vi bare å ordne litt op efter oss i hytta og stenge den, så et kvarters tid efterat han hadde gått, var også vi på farten.

Føret var hardt og godt og hundene trakk villig. Alt syntes å være så vel tilrettelagt for oss allerede fra starten, at vi var sikre på at vi skulde tilbakelegge en lang distanse den dagen. Med den farten vi hadde, skulde vi snart ha rukket igjen Tønnesen. Men den regningen slo fullstendig feil. Vi kjørte og vi glante alt det vi kunde, men ingen Tønnesen kunde vi få øie på, skjønt det var lyst og helt siktbart. Han var en dyktig skiløper, og vi slo oss til ro med at han hadde gått så fort at vi ikke kunde vente å ta ham igjen enda på en stund. Men da det led lenger og lenger utpå dagen, og vi fremdeles ikke så noe til vår forløper, begynte vi å bli engstelige. Det var helt utelukket at vi kunde ha kjørt forbi ham med den utkiken vi hadde holdt. Han måtte være foran oss; og vi kjørte på med samme farten som før, bare kanskje enda en tanke raskere. Vi fulgte stranden, så vi hadde god utsikt både over isen og lavlandet. Klokken blev to om eftermiddagen, det begynte å mørkne, og ennå hadde vi ikke opdaget spor efter kameraten vår. Vi blev meget urolige over situasjonen, vi forstod så altfor godt at her måtte være noe ekstra på ferde. Distansemåleren viste at vi hadde kjørt ca. 30 kilometer, og vi bestemte oss til å stoppe. Vi huiet og skrek i håp om at Tønnesen skulde høre oss, dersom han var i nærheten. Vi løsnet også flere skudd for på denne måten å gjøre oss bemerket. Men alt var forgjeves.

Så tok Wisting en skjorte av sig, spjæret den i tre deler og helte petroleum på, og efterat vi hadde bundet remsene til en skistav, klusset vi med det, men uten resultat. Så kjørte vi efter drivved og laget et stort bål og holdt ilden vedlike hele natten til klokken fem om morgenen. Men vi merket ikke noe livstegn fra Tønnesen. Vi satt i teltet til det begynte å lysne, da tok jeg hundene mine og kjørte 12—13 kilometer tilbake den vei vi var kommet. Jeg holdt utkik både innover landet og utover isen, men så ikke tegn til noe menneske. Da jeg kom tilbake til teltet, tok Wisting hundene mine og kjørte like langt i den retningen vi skulde følge østover, men med like dårlig resultat. Dermed var også den dagen gått. Det var den 29. desember 1919.

Så hadde vi ingenting annet å gjøre enn å kjøre tilbake til hytta igjen, og det gjorde vi med begge hundespannene. Vi kjørte isen i riktig godt føre, og da vi var kommet omtrent 7 kilometer fra hytta, så vi en mann som kom gående mot oss. Det viste sig til vår store lettelse å være Tønnesen. Noen forklaring kunde vi ikke få ut av ham, for han hadde forfrosset fingrene sine og den ene foten. Det var bare å få lagt ham på sleden og kjøre tilbake til teltet så kvikt som mulig. Da han var blitt varm og mett, fortalte han at da han hadde gått en stund, traff han på et sledespor som gikk innover i landet. Han mente det førte til en tsjuktsjerleir og fulgte derfor dette sporet. Han trodde vi vilde gjøre det samme. Før starten hadde vi gitt ham tydelig beskjed om at han hverken måtte gå innover land eller utover isen, men følge stranden. Men nå var vi så sjeleglade over at vi hadde funnet ham igjen, at vi ikke engang skjente på ham. Vi håpet bare at oplevelsen vilde være ham en lærepenge.

Tønnesen var en ungdom på bare 24—25 år, en sterk, utholdende kar og en flink og frisk arbeider. Han var en hyggelig og omgjengelig gutt, men på en nordpolsekspedisjon kreves der også andre egenskaper, kanskje især en seig, vedvarende interesse for selve idéen med ekspedisjonen. En må underordne sig lederen og se tingene med hans øine, og kommer det tidspunkt da der i prinsipielle spørsmål er meningsforskjell, må den underordnede fire på sin opfatning av saken.

Mellem jul og nyttår hadde vi hatt alt annet enn hyggelige dager, men vi tok det nå som det falt sig. Nyttårskvelden var det mørkt og overtrukket rundt horisonten, men der var tegn til klaring i luften. Vi kjørte ut klokken ni i svak bris fra vest. Utpå dagen tok det til å blåse kraftigere og med så tett snefokk at vi ikke kunde se stranden på femti meters avstand. Vi

hadde kastet bort så meget tid at vi lot det stå til på tross av det stygge
været. Klokken halv tre om eftermiddagen kom vi til en leirplass som
tsjuktsjerne hadde brukt. Der fant vi et par sommertelter og et par
hvelvede båter foruten en del opsamlet brensel, og vi satte op teltet vårt
på denne plassen — efter en i sannhet sur dag med bare 24 kilometers
utkjørt distanse.

Det smakte godt å få komme innenfor teltets vegger den kvelden, har
jeg notert i dagboken min. Det var siste dagen i desember, den usleste og
dårligste desember jeg ennå har oplevd i mitt liv. En trøst var det å tenke
på at om hundre år er allting glemt, både godt og ondt. Slik endte året
1919 for mig. — — Ute stod snefokket så tykt som en mur og stormen
rusket i teltet, men intet kunde hindre oss i å brygge oss en liten toddi av
vår eneste spritflaske til avskjed med det gamle året, og så atter ta oss en
til velkommen for det nye.

Det målet vi nå skulde streve for å nå, var Østkapp; derfra skulde vi ta
over Beringstredet til Alaska. I kjøreruten til Østkapp visste vi at der lå en
større boplass, Nordkapp, hvor der også skulde bo en handelsmann. På
sjøisen var det tungt føre, men stranden var avføket og hard, så vi kom
ganske fort frem, enda det var snestorm hver eneste dag. Tønnesen var
forløper og gjorde god nytte for sig. Straks vi slo leir om eftermiddagen,
var han ute og samlet brensel nok både for kvelden og natten. Nordkapp
lot til å være et «bevegelig punkt». Allerede den 7. januar skrev jeg i
dagboken at vi ventet å nå dit dagen efter, men det varte og det rakk før vi
endelig kom frem. Imidlertid støtte vi stadig på tsjuktsjer-telter, og felles
for beboerne av dem alle sammen var en enestående hjelpsomhet og
vennlighet. De sørget godt både for oss og hundene. Det var for øvrig
mange merkelige mennesker blandt dem. Vi tok inn hos en rik tsjuktsjer
som hadde tre koner, og de to skyndte sig straks og trakk av oss det våte
fottøiet vårt. Det eneste teltet vi kom til, hvor vi ikke syntes å være
velkomne, var hos en mann som hadde en gammel kone hos sig skjønt
han selv var ganske ung. Han undskyldte sig med at han manglet plass og
mat, men han var likevel villig til å vise oss hvor vi kunde få komme inn
hos andre. Hos dem hørte vi at den gamle konen var mannens mor, men
at hun også levde som hans kone.

Klokken to den 10. januar nådde vi endelig Nordkapp og tok inn hos en
velstående russer ved navn Alexander. Der blev vi mottatt på det beste.
Hos ham fikk vi også nyheter fra utenverdenen. Krigen var slutt. Seks
keisere og konger var avsatt eller hadde måttet flykte fra landene sine.
Alexander var villig til å ta imot Tønnesen, som på dette tidspunkt hadde
forfrosset både hender og føtter, og i høi grad trengte til å komme i varmt
hus. Han kunde imidlertid ikke få bo der, men Alexander tilbød ham plass
i et annet av sine hus, som lå omtrent femti kvartmil østenfor Nordkapp.

— Vi lå over på Nordkapp noen dager, så vi fikk gjort i stand sakene våre, lappet klærne og flikket skotøiet. Da vi drog videre, var vi like hele i utstyret som vi hadde vært da vi forlot «Maud». Så begynte vi atter efter denne velkomne hvilen å kjøre, den 14. januar. Tønnesen blev fraktet med av en tsjuktsjer. Vi var innom en Mr. Pith og fikk en del proviant for turen, og om eftermiddagen kom vi til en russer, Karieff, som vi ofte hadde hørt omtalt. Han var storkjøpmann, kanskje den best kjente trader på hele kysten. Det het sig at han hadde 34 mann i sin tjeneste for skinnopkjøp og handel fra Østkapp til Kyenen Bay. Den dagen passerte vi den 180. grad, og vi fikk da to onsdager i den uken. Hos Karieff var en russer fra en dampbåt som lå innefrosset i Kolyuchin Bay, og denne mannen fortalte at Beringstredet det året ikke var islagt, en oplysning som gjorde oss meget betenkte. Han fortalte oss også at den innefrosne damperen hadde trådløs telegraf, men da de hadde lite kull ombord, kunde de ikke bruke sendestasjonen, derimot var de i stand til å ta imot telegrammer.

Karieff hadde lovet å ta med Tønnesen til Østkapp såsnart været tillot det. Fra Østkapp skulde han så få ham over til Nome, når det gikk an å komme over stredet i motorbåt. Dette tilbød Karieff sig å ordne helt gratis, det skulde ikke koste oss en eneste øre, og dette syntes jeg var så rimelig et tilbud at jeg slo til med en eneste gang. Tønnesen var strålende glad over utsikten til igjen å komme til siviliserte forhold og over å få slippe fri det anstrengende livet som vi levde.

Det næste målet vårt var den innefrosne damperen i Kolyuchin Bay. Jeg vilde forsøke å overtale skipperen til å fyre op, så vi kunde få sendt telegrammene våre. Vi kom i følge med en tsjuktsjer som hadde tretten hunder foran tom slede, og på en distanse av bortimot 30 kilometer kom han én og en kvart time før oss. Vi kunde nå kjøre distanser som forslo, da vi ikke lenger hadde Tønnesen med oss. Den 16. januar 1920 så vi solen for første gang det året. Bare den som har gjennemlevd mørketiden, vet hvor kjærkommen soldagen er. Hundene våre begynte å bli sårbente og utkjørte, især var hvalpene svært dårlige. I det føret og terrenget var forresten en distanse på 40—50 kilometer svært bra. Vi traff en russisk trader som het Kasigin, og som var Alexanders kompanjong. Hos ham overnattet vi og fikk godt stell både for dyr og mennesker.

Da vi startet næste morgen, blev det sagt oss at vi bare skulde følge brede sporene østover så kom vi til Kolyuchin Bay, men vi kunde ikke se noe spor i det hele tatt. Da vi hadde kjørt 32 kilometer, begynte det å mørkne, men heldigvis hadde den gode lederhunden — Marie — nok fått teften av den riktige veien likevel og holdt stø kurs. Sleden vår var noe lettere nå, for vi hadde satt igjen en del proviant hos Kasigin, sammen med fire dagers hundepemmikan, skiene våre og beholdningen av petroleum, som da utgjorde en kanne. Hundene voldte oss på det tidspunktet stor bekymring, især hvalpene. Wisting måtte den dagen ta en ut av spannet sitt og kjøre den på sleden, da det ene forbenet var som en blodig kjøttklump. Han fikk så en av hundene mine istedet. Vi hadde fått vite at der i et hus på veien skulde bo fire amerikanere, og der tok vi inn og blev traktert med kaffe. Det viste sig forresten å være tre svensker og en spanjer. De hadde bygget sig et godt, varmt vinterhus, og for oss var det rent hyggelig å treffe noen vi kunde snakke norsk med. Vi stoppet bare en halv times tid, for vi hadde ingen tid å kaste bort i godt kjørevær.

Vi kjørte nå fra klokken ni morgen til fem eftermiddag i ett kjør. Det var en stor glede virkelig å komme frem dagsreiser som talte litt. Tsjuktsjeren som kjørte med tretten hunder, kom bare en time før oss på en distanse av 50 kilometer. På et sted som heter Vankarem, bodde en russer ved navn Andrew. Der tok vi inn og blev hjulpet med mat, både vi og hundene, og da været var kaldt med et isnende snefokk, var det godt å komme i hus for natten. Distansen fra Vankarem til damperen i Kolyuchin Bay skulde være to dagers kjøring. Wisting la igjen den syke hunden hos Andrew, som lovet å fôre den godt op til vi kom tilbake på hjemturen. Den dagen hadde vi strålende solskinn i to timer. Det var en sann fornøielse å kjøre i slikt vær. Vi traff på flere tsjuktsjertelter, og i et av dem overnattet vi og fikk hundefôr.

I dette teltet begynte folkene allerede klokken ett om morgenen å tørne ut for å lage mat. Tsjuktsjeren vilde kjøre hele distansen til Kolyuchin Bay i ett trekk — det var omtrent 90 kilometer — og derfor vilde han starte allerede klokken tre morgen. Vi mente at vi skulde ta distansen i to, og tok oss derfor en lur til klokken halv åtte. Da vi hadde kjørt 15 kilometer, kom vi til det siste teltet på vestsiden av Kolyuchin Bay, og der hadde vi bestemt oss for å drikke te. Til vår forbauselse traff vi vår venn tsjuktsjeren her også; istedenfor 90 kilometer hadde han kjørt bare 15 og så stanset for dagen. Han fortalte at der ute på Kolyuchin Bay var et sted hvor isen var svært vrang og ufremkommelig, og derfor vilde han vente på oss så vi kunde kjøre i lag, og forsøke å komme over i fullt dagslys. Vi trodde ikke så meget på denne historien, og ergerlig var det å skulle stoppe for dagen allerede klokken halv ti formiddag. Men vi gjorde det da likevel, eftersom vi kunde få hundemat på stedet.

Vår følgesvenn, tsjuktsjeren, skulde til skibet i Kolyuchin Bay for å selge et bjørneskinn og for å kjøpe whisky. Allerede tidlig på eftermiddagen begynte han å prate om denne whiskyen og agerte beruset. Han var så optatt av tanken på den rusen han skulde få, at han også må ha drømt om den. Iallfall blev han så urolig om natten og slo så hardt med handen mot en sinkpøs som gjorde tjeneste som nattmøbel, at hånden hovnet op. Dette vakte et liv og en latter uten like blandt beboerne i teltet, og det endte med at alle, både store og små, våknet og tok sig en røik før de la sig til ro igjen.

Næste morgen startet vi så tidlig som klokken tre, og da det lysnet av dag, hadde vi allerede kjørt 3 mil. Vi satte da tvers over Kolyuchin Bay, og det viste sig virkelig å være noe i det tsjuktsjeren hadde fortalt, for der var et sted på isen hvor vi absolutt behøvde fullt dagslys for å komme velberget over. Det var et bredt belte med sammenskruet is fra siste høst, og tsjuktsjeren hadde merke på forskjellige storiser, så han kunde ta sig frem uten å gjøre altfor store omveier. Ved middagstider var vi nådd over bukta, og i halvtotiden kom vi til den første leiren på østsiden av bayen. Tsjuktsjeren var da bare en halv time før oss. Vi gikk inn i det første teltet og spurte om vi kunde få hundemat. Der traff vi en mann, som vi ved første øiekast så ikke var av landets egne produkter. Han var amerikaner, og han tilbød sig straks å vise oss hvor vi kunde få hundemat. Og ganske riktig. På det stedet han anviste oss, var fullt op av alt. Vi hadde kjørt fire spann sammen den dagen, og efter oss kom ytterligere tre spann i følge. Distansen blev 74 kilometer.

Dagen efter startet vi ved halvsyvtiden om morgenen i vakkert vær. Da vi hadde kjørt godt og vel 15 kilometer, traff vi på huset til en amerikaner, og der blev vi bevertet med kaffe og smørogbrød. Jeg skal si at en kopp kaffe kan smake godt. Vi passerte tre boplasser, og på den fjerde stoppet vi. Der fikk hundene spise alt de bare orket av rent hvalrosskjøtt. I dagboken min står det: Vi kunde mulig ha rukket frem til båten idag, men efter den harde kjøreturen igår vil vi ikke presse hundene frem. Idag, den 22. januar, blev det klart for mig at jeg ikke kan komme over Beringstredet. Efterhvert som vi kommer østover, blir det åpne vann mere og mere synlig. De innfødte går ut til vannkanten for å skyte sel, og isen er i stadig bevegelse. Jeg tenker nå om jeg i stedet kan komme over til Anadyr og få sendt et telegram derfra. Det skulde kunne la sig ordne, hvis der er en rimelig guvernør på Østkapp. Får jeg en tsjuktsjer med et godt hundeforspann, skal det nok gå. Våre egne hunder er det utelukket å bruke på en så lang tur. De er helt utkjørte og trenger en lang hviletid med god opfôring skal de kunne greie hjemturen. Wistings hvalper har nå nok med å greie den tomme sleden. Wisting selv er ikke helt frisk. Han frykter for at det er giktfeber, og det skal bli godt å komme frem til læge ombord i båten imorgen. — —

Det viste sig at vi hadde overnattet kloss innpå skibet. Efter å ha kjørt ca. 1 mil næste morgen, var vi fremme. Ingen hadde begrep om distanser her. Alle opgav unøiaktige avstander. Ryktet om oss var gått i forveien, kapteinen ventet oss og gikk selv ute og holdt vakt. Vi blev mottatt på det beste, og da han hørte at vi ikke hadde mer hundemat, sendte han straks en innfødt i land for å hente hvalrosskjøtt. Mannen kom tilbake med to store stykker på næsten firti kilo, men han gav dem ikke fra sig før han hadde fått vite hvor mange dollar han skulde få i betaling. Jeg eide jo ikke penger, så jeg måtte henvise ham til kapteinen, som betalte for oss. Hundene fikk da et kraftig måltid her, alt de bare kunde få i sig av hvalrosskjøtt.

Jeg spurte kapteinen om det ikke kunde la sig gjøre å få fyrt op så vi kunde sende telegrammene våre, men det var umulig. Han kunde ikke fyre op før til våren. Han hadde rigget til en innretning som blev drevet med håndkraft, men det hadde hittil ikke lyktes å skaffe nok kraft på den måten. Den kvelden forsøkte de igjen. Femten mann arbeidet med dette i tre skift. Når det ene partiet var utkjørt, stod det næste parat til å ta sveiven. Uten stans hang de i alt det de orket; men det var ikke mulig å komme høiere enn til ti ampère, mens en for å kunne telegrafere måtte ha en strømstyrke på minst fjorten ampère.

Mange av besetningen ombord hadde vært med i krigen, og de fleste har merker av det. Telegrafisten hadde vært med som flyver, og fortalte hårreisende historier fra den tiden. De andre hadde også sitt å berette, både muntre og sørgelige ting. Vi blev over et par dager, fikk hvilt hundene og reparert sledene. Wisting blev bra i bena, men hodet hans verket slemt. Jeg snakket med kapteinen om reiserutene, enten til Anadyr eller østover til Nome. Han mente at det var ganske umulig å komme over Beringstredet til Alaska, da isen i stredet var i stadig og kraftig bevegelse. Anadyr kunde være en mulighet, men der var det revolusjon, eller rettere sagt: bolsjevikene var kommet dit, og en kunde risikere å bli tatt for spion. Bolsjevikene var også på vei for å ta hånd om Kolymadistriktet, som strekker sig helt til Østkapp. — Vi skulde nå i alle tilfelle til Østkapp, så fikk vi ta bestemmelsen der.

Ombord fortalte de oss at 3 mil mot øst bodde der en nordmann, og han var nå ombord på skibet. Jeg fikk snakke med ham. Han lovet oss at vi skulde få all den hundemat vi ønsket hos ham, han vilde også forsyne oss for turen videre østover. På veien fra damperen til Østkapp var det imidlertid ingen vanskeligheter med å skaffe hundemat, fortalte han. Denne mannen var fra Målselv i Troms fylke, men han hadde bodd her på stedet i sytten år, og var nå mere amerikaner enn nordmann. Alle kalte ham Mr. Wall, men da der er en gård i Målselv som heter Vold, er det vel trolig at det var hans hjemlige navn.

Mr. Wall kjørte hjem en kort stund efterat jeg hadde talt med ham. Han bød oss velkommen til sig. Selv blev vi, som nevnt, ombord et par dager og pustet ut. Da vi startet igjen, var hundene blitt trege og uvillige. Det var virkelig tungt å få dem til å gå. Vi møtte flere forspann på vei ut til skibet. Da vi hadde kjørt de 3 milene vi hadde opgitt, begynte vi å spørre efter

Mr. Wall's hus, men det var stadig litt lenger frem, alltid ganske nær ved
og ganske kort vei å kjøre. Vi kjørte og vi kjørte, og til slutt kom vi til en
dalsenkning i nærheten av Kapp Serdtse-Kamen. Der la vi veien op mot
et telt, hvor det stod fire mennesker utenfor. Da de så oss, begynte de å
huie og skrike mens de viftet med armene og slengte vilt med bena,
øiensynlig for å holde oss vekk fra teltet. Vi spurte efter Mr. Wall's hus,
men vi fikk bare det samme svaret: de vinket oss østover med sine
underlige fakter og lader. Hvad som gikk for sig inne i teltet, fikk vi ikke
greie på, og det vedkom oss jo ikke heller forsåvidt.

Ja, så var det ikke annet å gjøre enn å kjøre forbi dette ugjestfrie stedet.
Vi kom imidlertid snart til nok et telt, og der fikk vi god og grei beskjed.
Tsjuktsjeren her talte litt engelsk. Han opgav retningen for oss og sa at
huset nå var ganske tett ved. Det viste sig også å stemme, for endelig da
det var begynt å mørkne, fikk vi øie på huset. Klokken var da fem om
eftermiddagen, og i stedet for de 3 milene vi hadde fått opgitt, hadde vi nå
kjørt 5 mil efter distansemåleren. For å forebygge enhver misforståelse
skal det nevnes at vi fulgte den vanlige veien og kjørte efter sporet.

Da vi kom inn i det noe underlige huset, trodde vi at vi var havnet på et
Grand hotell. Denne målselvingen hadde ordnet sig på langt bedre maner
enn noen annen vi hittil hadde truffet på. Utenpå var huset nærmest som
et telt å se til, men inne var det fint. Det første værelset vi kom inn i, var
tapetsert med rødlig tapet. Det tjenestgjorde både som kjøkken og
dagligstue. I gjesteværelset var det hvitt overalt, med opredd seng. Et
tredje værelse var innredet som butikk; der hadde han forskjelige varer.
Han hadde virkelig gjort sig det så hyggelig som noen i disse traktene
kunde klare å få det til. Hans tsjuktsjerkone var en vennlig, godt utseende
kvinne, som ikke visste hvad godt hun skulde gjøre oss. Mr. Wall var en
storartet mann. Han tilbød mig å få låne 2000 rubler for det tilfelle at jeg
kom til å reise til Anadyr. Ved optellingen viste det sig at han ikke hadde
mere enn 1351 rubler i kontanter, men han skulde ordne det slik at jeg
fikk resten hos Charles Carpendale på Østkapp. Hos Carpendale vilde vi
også få det billigste og beste hundespannet; han var en mann som hjalp
alle på beste måte.

Vi lå over en dag hos Wall. Herfra kunde vi ikke lenger kjøre rundt
stranden, da der var meget skruis. Vi tok i stedet over land med en innfødt
som veiviser. Der var sterk stigning på veien. Da vi kom ned på isen igjen,
viste det sig at det var elendig føre der. Hundene kom ut av sporet og
måtte stadig vekk gå omkring vanndammer. Dette slemme føret varte
forbi noen bratte fjellvegger, og de 15 kilometerne vi da kjørte, blev lange
nok. Til slutt kom vi til en boplass som het Sesang — efter å ha kjørt en
30 kilometer. Det var et tungt tak å komme fra isen op til teltene, en
klynge på seksten stykker. Mannfolkene kom samtidig hjem fra selfangst,

noen hadde to og andre tre seler med sig — så hundene våre fikk den maten de trengte. Vi hadde håpet å komme oss lenger denne dagen, men hundene vilde ikke mere. De var svært trette.

Vi håpet nå på litt koselig vei rundt det næste kappet, men tsjuktsjerne mente at vi i det hele tatt ikke kunde komme forbi med sledene våre. Og det så ikke liketil ut heller. Men efter et par timers strid jobb hadde vi arbeidet oss forbi pynten. På den andre siden var isen vasstrukken av sjøvann, så det gikk fremover med samme fart som en lus kan prestere på en tjærestikke. Litt likere blev det da vi kom i lag med to andre forspann og fikk spor å følge. Langs kysten der hadde det sikkert vært svært urolig is, for enkelte steder var den skrudd voldsomt op. Det måtte også være dypt kloss i land — å dømme efter de store isene som stod på grunn like ved stranden. Klokken halv tre kom vi til en boplass. Den het Sauton, og der fikk vi rikelig med hundefôr efterat vi hadde slitt oss frem ca. 30 kilometer.

Fra vi startet klokken halv syv morgenen efter og til vi stoppet ved halvtretiden, kjørte vi uavbrutt langs en fjellvegg som var åtte hundre fot høi og som falt stupbratt ned i havet; somme steder hang fjellet langt ut over isen. Vi kjørte forbi et par boplasser, og da vi kom til den tredje, vilde ikke hundene mer. Efter et svare spetakkel kom vi oss likevel av gårde igjen og fikk en fjerde boplass i sikte, i alt åtte telt. Da var det slutt på det bratte fjellet, og vi håpet å få kjøre på land næste dag, og slippe den ekle og tungvinte snesørpa.

Næste morgen kjørte vi avsted før daggry for å rekke lengst mulig på dagen. Vi kom forbi en liten skonnert som lå optrukket på land. Der ombord var det to mann, en svenske og en hollender. Den siste kjente jeg fra hvalfangeren «Bowhead», som jeg traff ved Herscheløia i 1906. Vi spiste frokost ombord, og efter å ha slått av en passiar kjørte vi atter avsted, ledsaget av hollenderen Castel. Han hadde hunder som det kunde være mening i å kjøre med. Klokken tre kom vi til en plass som hette Hvaling. Der bodde den russiske guvernøren, sekretæren hans, en politimann og mange tsjuktsjere. Guvernøren selv var ikke hjemme, men opholdt sig på Østkapp på den andre siden av kappet. Først i mørkningen kom han hjem, og jeg fikk da anledning til å snakke med ham. Han mente jeg skulde henvende mig til Charles Carpendale på Østkapp for å komme over til Nome i Alaska eller til Anadyr. Han lovet selv å hjelpe mig dagen efter. Vi overnattet hos en russisk handelsmann som het Alexander. Vi så meget åpent vann i Beringstredet, og ikke en eneste innfødt hadde lyst på turen til Alaska.

Da jeg om morgenen hadde vist guvernøren telegrammene mine og han hadde forvisset sig om at disse ikke var politiske, utstedte han pass til mig.

Bolsjevikene var på vei hit til Østkapp, og kunde være her når som helst. Eftersom jeg ikke snakket russisk, håpet guvernøren at der måtte være en eller annen blandt bolsjevikene som snakket engelsk, da jeg ellers lett kunde bli tatt for spion.

Videre — til Anadyr

Klokken ett middag den 31. januar forlot vi Østkapps vestre side for
over land å nå til østsiden av kappet. Hundene var rent umulige til tross
for at vi hadde iset sledene våre. De trengte sårt til hvile og god fôring til
vi skulde hjemover. Klokken fire var vi da endelig ved det eftertraktede
mål — Østkapp.

Her måtte jeg bestemme mig for hvad jeg vilde gjøre, enten jeg skulde
dra til venstre eller til høire. Det måtte avgjøres dagen efter. Vi hadde da
vært underveis i 62 dager og kjørt en distanse på 1166 kilometer, altså
gjennemsnittlig 18,8 kilometer om dagen.

Den første februar kom guvernøren over til denne siden av kappet. Vi
fant ingen som vilde ta på sig å sette over til Alaska, og heller ikke vilde
noen dra med til Anadyr. Det het sig at det var for lang vei dit. Imidlertid
vilde en bli med til Kapp Bering, som ligger halvveis, og derfra kjørte det
hundeforspann til Anadyr hver uke, fortalte man. Samme dagen kom der
en mann fra Anadir til Østkapp. Han hadde brukt seksti dager på turen.
Han sa han hadde hatt tungt lesset slede, og hundene hans så da også ut
som skjeletter. Hundene våre var ikke rare de heller, men den verste av
hvalpene så da bedre ut enn tsjuktsjernes dyr. Guvernøren lovet å prøve å
skaffe mig en mann som var villig til å kjøre til Kapp Bering, men det kom
jo an på hvad han vilde komme til å forlange. Var han for kostbar, hadde
jeg andre utveier.

Der kom en mann med brev fra guvernøren med anbud på kjøring til
Anadyr, men tilbudet blev forkastet. Charles Carpendale ordnet det hele
langt billigere, og også hurtigere. Av alle menn der på kysten var Mr.
Carpendale den mektigste. Fra ham gikk heller ingen uhjulpet. Han hadde
et meget komfortabelt hjem, men stelte sig selv i sin del av huset, mens
hans innfødte eskimokone og barna deres bodde for sig selv i et tilbygg.
Men dette hindret ikke at de gikk inn og ut hos hverandre i aller beste
forståelse. Mr. Carpendale tilbød sig å låne mig de pengene jeg trengte på
turen. Jeg fikk 100 amerikanske dollars, 3000 kerenske rubler og 170 tsar-
rubler. Som kursen dengang var, svarte 20 rubler til én amerikansk dollar.

Nå var beslutningen tatt og alt ordnet på aller beste måte, takket være
Mr. Carpendale.

Wisting skulde bli igjen på Østkapp for å ha tilsyn med hundene våre,
som var i en meget dårlig forfatning — utkjørte, utmagrede og syke. Det
var jo om å gjøre at de var i god stand når jeg en gang kom tilbake, så vi
med våre egne hunder kunde komme fra Østkapp til Ajonøia, hvor
«Maud» lå.

Den måten Mr. Carpendale ordnet alt på, var så glimrende at jeg mangler ord for å uttrykke min takknemlighet. Jeg er ham stor takk skyldig for den elskverdighet og omhu han viste oss.

Mr. Carpendale gjorde mig opmerksom på, at det ikke lot sig gjøre å skaffe en ledsager som vilde kjøre med helt frem til Anadyr. Grunnene til det var mange. For det første var det alle de slemme ryktene som kom fra det stedet, for det annet fantes der ingen som hadde hunder som kunde klare en så lang og strabasiøs tur, og for det tredje var det mangel på hundefôr. Men vi skulde ordne det på følgende måte: jeg skulde få en tsjuktsjer til å kjøre mig fra Østkapp til nærmeste boplass, enten det nå tok en eller to dager. Der skulde jeg så skifte kjører og få en annen til å følge mig til næste boplass, og slik videre. På den måten vilde jeg alltid kunne ha friske hunder, og turen vilde kunne gå snarere. I skyssgodtgjørelse skulde jeg betale 25 rubler pr. kjøredag.

Forslaget hørtes storartet ut og blev vedtatt med en gang. Det som nå stod igjen, var å utføre turen. Til Anadyr var det omtrent 650 kilometer i rett linje, men med de omveiene som måtte gjøres for å komme frem, blev det vel minst de 1000. Frem måtte og skulde jeg. Det siste Amundsen hadde lagt mig på sinne før avreisen, var: Sett alt inn på å få telegrammene frem. — Jeg hadde lovet å gjøre alt for å klare det.

En russisk tråler kom fra Anadyr samme dag som jeg skulde reise. Han fortalte at han hadde kjørt med seks hunder i opbrutt is. Han var flere ganger falt igjennem helt op under armene. Det var kaldt, og klærne hans hadde frosset til is så han ikke kunde gå. Så hadde han måttet ta benklærne av og gå i bare anorakken til nærmeste leir. Han var en stor, svær kar, og så ut til å tåle litt av hvert. Han hadde reist fra Anadyr den 18. november og kom til Østkapp den 2. februar. Han hadde altså brukt 77 dager på denne turen som jeg nå skulde begi mig ut på. Herlige utsikter!

Mr. Carpendale hadde ordnet det så at jeg fikk en tsjuktsjer med ti hunder til følgesvenn, og vi kjørte avsted den 3. februar, fire forspann i følge. Det gikk godt en fem-seks mil, og på det tidspunktet tok vi av fra kysten og innover i landet. Dette var den raskeste veien. Men da vi var kommet en mils vei inn mellem fjellene, blev sneføika så grov at vi ikke engang kunde se den forreste av hundene våre. En kort konferanse mellem de fire tsjuktsjerne resulterte i at de blev enige om straks å vende tilbake til Østkapp. Klokken halv ett om middagen var vi tilbake igjen, og da var været slik at vi ingenting så av stedet, før vi var tett op i husdørene.

Starten på turen hadde vært alt annet enn lovende.

Hundene våre fra «Maud» optok mig sterkt. Så meget avhang jo av at de kom sig i god stand igjen. Wisting hadde allerede skaffet et lite hus til dem, så de kunde ha det varmt og godt med rikelig mat. Det var især den beste hunden min, «Helge», som var dårlig, han var så elendig at han næsten ikke klarte å ta maten sin.

Dagen efter var stormen like sterk, men om kvelden løiet den litt av, og tsjuktsjerne gjorde sig klar til å reise om natten, for det var nettop fullmåne, og vi håpet på klart vær. Men det gikk ikke som ventet. Stormen holdt sig uforandret, det vil si: den blev verre efter hvert. I dagboken har jeg notert: Hos Carpendale bor vi som prinser. Han tilbyr oss alt hvad huset formår, og det er ikke lite. For to år siden, fortalte Carpendale, holdt stormen sig i nitten dager i trekk. Det lyder jo opmuntrende. Min hund «Helge» blir ikke bedre, og «Samson» er også så klein at jeg frykter for at begge kommer til å stryke med. Jeg har det svært godt, det vil si: jeg bare spiser og drikker og sover. Jeg blir så stiv og dorsk at jeg snart ikke orker å gape engang. Ikke for det. Det har jo vært en velkommen forandring fra i så lang tid å gå og glane bare på is og sne.

Først den 8. februar kom vi oss i vei fra Østkapp. Ennå var det frisk nordenvind og snefokk, og inne mellem fjellene var det ikke langt stykket en kunde se fremfor sig, men litt efter litt stilnet heldigvis vinden av, og sneføika la sig. Da vi hadde fart en halv times tid, kjørte en av tsjuktsjerne den ene sledemeien sin tvert av, og så blev det, som rimelig kan være, uavlatelig stans for å reparere. Vi traff på flere tsjuktsjertelter, drakk te der, men fortsatte raskt videre. Tsjuktsjerne fortalte mig at de hadde til hensikt å kjøre hele natten. Det gikk tungt over land, det var dyp sne og vanskelig å se spor. Klokken halv tolv om natten kom vi ned på isen, og der gikk det godt og kvikt, alt hvad reimer og tøi kunde holde. Først klokken halv to om morgenen nådde vi bestemmelsesstedet, som het Yongdanger. Det hadde vært en drøi tur, efter kartet sikkert sine 100 kilometer, i bitende kulde og uten mat hele tiden. Ved fremkomsten purret vi ut folket og bad om te, og det varte ikke lenge før de hadde summet sig såpass at vi blev bevertet på det beste. Ved tretiden gikk jeg til køis og fikk en lur til bortimot klokken åtte. Da var frokosten ferdig, og jeg tørnet ut. Det første jeg gjorde, var selvsagt å se på været. Det var bra.

Nå gjaldt det å få noen som kunde kjøre mig til Kapp Bering, men det var det ikke tale om. Ingen vilde kjøre før i april. Det var to hundre mann samlet der, og til slutt var det da en som nok vilde kjøre — men han kunde ikke, for han hadde sykdom i huset. Så der blev jeg godt hjulpet. En annen mann bodde en tredve mil sør for Yongdanger. Han kunde kjøre mig til et sted som het Indian Point, men ikke den dagen. Først måtte han kjøre hjemover med et tungt lass og så kunde han komme igjen dagen efter og hente mig. Men denne ordningen vilde ikke jeg vite noe av, for da mistet jeg en hel dag. Til slutt var det da endelig en som sa sig villig til å kjøre mig ca. 45 kilometer til et sted som het Lorn. Der vilde jeg kunne overnatte hos en russisk trader. Klokken ti kjørte vi fra Yongdanger og kom til Lorn ved femtiden om eftermiddagen. For skyssen måtte jeg betale 30 rubler, en og en halv dollar.

Russeren kjørte mig videre, og det var bra is så det gikk fort å komme frem. Tre timer senere kom vi til et sted, hvor jeg hadde fått opgitt at der skulde bo en ny skysskar. Jeg fant ham ganske riktig. Men han vilde ikke kjøre den dagen, må vite. Hundene hans måtte hvile, og han måtte reparere en slede som han hadde kjørt i stykker dagen før. Og dessuten var det så meget annet i veien også. Jeg har ikke strevet mere med å få i stand en tur på to måneder enn denne mannen gjorde for å få i stand en tur på to dager. Men hvad råd var det med det. Jeg måtte slå mig til ro på dette stedet, som var det dårligste jeg inntil da hadde truffet på, fullt av skrikende unger, bikkjer og tjuktsjere, — alt om hverandre. Fysj for et liv!

Storm den næste morgen også, så jeg måtte ligge over enda en dag. Det blev lange timer, det! Fire unger lå og skrek uavlatelig, og utenfor teltet lå det fire hunder og stred med døden. Noen hunder var døde allerede om morgenen, og de fleste som var igjen, var halvt på vei til de evige jaktmarker. Det var ikke tale om å komme ut for å få litt frisk luft. Jeg var svært takknemlig over å ha egen mat å ty til, for der i leiren var griseriet så over all beskrivelse at jeg vemmes ved tanken på å skulle beskrive det. Det vilde også vært dårlig takk for losjiet, for folkene var på sett og vis snilde og gjestfrie.

Næste dag storm fremdeles, og ingen reise. Det blev en ny lang dag å ligge inne. Og dertil kom at jeg fikk tannpine, denne den aller verste av alle de piner og plager vi er belemret med i denne syndefulle verden. Den hadde latt sig merke før også, men aldri som den dagen. Jeg følte litt lindring når jeg fikk komme ut i frisk luft. Da det led henimot klokken seks, var vinden løiet ganske av, og skysskaren mente at hvis været vilde holde sig, skulde vi starte straks over midnatt, og at det derfor var best å gå til køis for å få en lur før turen. Det var ikke mig imot å komme derfra, og jeg gikk villig inn på forslaget. Jeg var imidlertid ikke før kommet i posen, før fem unger begynte å holde den verste hylekonsert jeg noensinne har hørt, så noe søvn blev det ikke tale om. Klokken elleve begynte husets frue å koke mat til dem som skulde reise. Skjønt det ikke var noen behagelig tid på døgnet til reise, mørkt og kaldt som det var, følte jeg likevel bare glede over å komme mig vekk. Klokken halv ett om natten kjørte vi.

Vi kunde jo ikke se noe spor å kjøre efter i mørket, men hundene hadde ingen vanskelighet med å holde sporet likevel. Vi følte kulden svært, særlig kanskje fordi vi satt i ro på sleden og ikke fikk bevege oss noe større. Den eneste mosjon vi fikk, var hver gang sleden kantret og blev liggende over oss, så vi måtte skaffe både den og oss på rett kjøl igjen. Jeg kjente ustanselig at sleden gav sig i alle sammenføiningene, for det var bare en gammel skrapslede, satt sammen av brukne stykker. Da vi hadde kjørt vel en time, kom vi til et enkelt telt, og skysskaren purret ut mannen og spurte om vi kunde få låne sleden hans. Men det var avgjort nei med en gang, det. Så hadde vi ikke annet å gjøre enn å fortsette til næste boplass med de elendige greiene vi hadde, og til næste boplass var det et bra stykke vei. Da det begynte å dages, øket vinden, og vi fikk snefokk i mannshøide, men heldigvis kom vinden aktenfor tvers, så den føltes ikke så bister. Rett som det var, måtte vi ta oss en tur inn til lands, for det var åpent vann ved hver eneste odde. Klokken halv ni om morgenen kom vi så til et par telter, og her gjorde vi ophold, men ogsa her var det umulig å få låne en slede. Derimot vilde en mann på stedet gjerne selge oss en slede, og stakkars fyr, han visste ikke hvad han gjorde da han forlangte ti rubler for en fin-fin slede med tykke, solide hickorimeier, verd minst sine ti dollars. Nå fikk han efter eget forlangende bare en halv dollar for dem. Vi kunde ikke komme oss lenger uten ny slede, og jeg måtte da legge ut av skysskarens lønn så han kunde kjøpe den.

Vi fortsatte langs stranden, med åpent vann like inntil kjøreveien. Det var masser av sel i vannet og hundrer av reinsdyr på andre siden av veien. Det gikk nå kvikt og godt. Vi hadde ni hunder foran sleden, blandt dem fire hvalper som ikke var større enn de vi hadde tatt ombord i «Maud» før vi kom til Kapp Tsjeljuskin. Ved en pynt måtte vi atter ta over fjell på grunn av åpent vann, og så bar det bakke op og bakke ned inntil vi til slutt kom til en liten flate, hvor der lå fem telt i klynge. Der stopet vi klokken fem om eftermiddagen, og da var snefokket så sterkt at vi hadde strev med å klare øinene våre.

Karene på dette stedet hadde samme dagen drept en liten hval, og den holdt de på å flense da vi kom. De spiste hvalspekk med skinnet på til aftens, og det var en anselig porsjon spekk og hvalkjøtt disse folkene satte til livs. Hundene fikk na også nok til et måltid. Hvor langt vi var kommet frem den dagen, er ikke godt å si, — jeg skulde anta en 8—10 mil. Men så hadde vi jo også kjørt uavbrutt i seksten timer, og somme tider på hardt og godt føre.

Da vi kjørte av gårde den 14. februar, var det fremdeles sterk vind med snefokk i mannshøide, men heldigvis var et gammelt spor synlig. Vi måtte over land. Langs stranden var det åpent vann med skruiser op over land, som gjorde det helt umulig å kjøre der. Fremdeles passerte vi boplasser rett som det var, og et par steder var vi inne og drakk te. Det smakte godt å få litt varmt i kroppen i den strenge kulden og det sure været. Klokken halv to kjørte vi ned på isen igjen, tversover en bukt og henimot en øi, og dit var det som vinden ikke rakk frem. Bak oss stod fokket i mannshøide, men foran oss var det klart og fint. Over isen gikk det trått, og vi var gjennembløte av sjøvann da vi klokken halvsyv om kvelden kom til to telt. Der stoppet vi eftersom det var blitt mørkt. Over 55 kilometer kom vi nok ikke den dagen.

Næste dag var søndag. Vi kjørte avsted i frisk blåst fra nord i mørk luft og overskyet vær både over sjø og land, og til slutt fikk vi da, som vi hadde ventet, litt snefokk. Sporet var vanskelig å holde. Rett som det var, måtte vi stoppe op for å lete efter det. Fjernet vi oss da mere enn en 10— 15 meter fra sleden, kunde vi ikke lenger se den. Det blev ingen annen råd, vi måtte la det stå til med vinden efter oss, mens vi søkte å holde hundene mot høire, hvor vi skulde ha noen høie fjell. Da vi hadde kjørt i lang tid uten å se noe til dem, stanset vi. Ansiktene var tett tilføket, og jeg hadde stor møie med å holde øinene såpass klare at jeg i det hele tatt kunde se med dem. Så løiet vinden plutselig av. Halleluja, det var herlig! Vi opdaget av vi var tett under et fjell. Ikke før hadde vi fått gravet sneen ut av øinene, så brøt stormen løs dobbelt så sterk som før, men til alt hell hadde vi den fremdeles efter oss. Stormen tok både slede og hunder på kryss og tvers bortover isen, så vi ikke kunde slippe taket i sleden et eneste øieblikk.

Det blåste sikkert sine tyve meter, men heldigvis var det ingen kulde. Ellers hadde det ikke vært til å holde ut. Skysskaren kjente fjellet og sa at vi var på rett vei. Vi hadde ikke langt igjen til en boplass som het Macks Bay. Vi kjørte kloss inn til stranden for ikke å tape landet av syne. Om en stund kom vi til noe som lignet et hus, og hundene la strake veien dit bort. Det viste sig å være restene av et telt. Jeg må tilstå at jeg blev ordentlig skuffet, for jeg ønsket inderlig å komme i hus. Det var ikke annet å gjøre enn å fortsette. Endelig nådde vi da frem til folk, to telter og et lite oplagshus av tre var det hele. Og denne gangen smakte det godt å komme under tak. Jeg vilde ikke ha vært ute en time lenger, om jeg så hadde fått gratis skyss.

Jeg hadde mange ganger hørt omtalt en amerikaner Billy Thomson, som skulde holde til her i nærheten. Vi hadde ment den dagen å kjøre helt frem til stedet hvor han bodde, og det hadde vi vel også gjort, hvis været hadde tillatt det. Forresten måtte vel uværet gi sig snart nå; det hadde rast lenge nok. Å opgi noen distanse for den dagen er helt umulig. Vi så jo ikke stort til det landet vi for over. Det beste av alt den dagen var at vi kom frem til gode folk, så vi slapp å ligge ute i det forferdelige været. Jeg trøstet mig med: Var dagen sur og bitter, blir natten god og varm, — og om hundre år er allting glemt.

Innover fjellene den næste dagen blev været bedre, og det hadde også vært helt umulig å ta sig frem i det terrenget i snetykke. Vi kjørte hele dagen før vi kom frem til Billy Thomson, og hos ham overnattet vi. Vi fikk nedslående oplysninger om ruten videre. Det vilde bli svært vanskelig å komme de nærmeste 5 milene til næste boplass. Dessuten var der ikke hunder å opdrive på stedet. Skysskaren min hadde nå fulgt med så langt som vi var blitt enige om, og han vilde ikke dra lenger. Hundene hans var også meget medtatt. En vanskelighet var dessuten pengespørsmålet. De innfødte her og videre fremover vilde ikke ta imot russiske penger. De forlangte amerikanske dollars, og dem vilde de ikke ta imot i papir, men fordret sølv- eller gullpenger. De forlangte tre-fire dollars pr. dag. — På dette stedet hadde de jo ikke hunder likevel, så den eneste som kunde hjelpe mig videre, var min egen skysskar. Mr. Thomson snakket sproget, og ved hans hjelp fikk jeg forklart at de russiske penger nå var meget gode; altså de nye Kerenski-rublene. Jeg fikk en del proviant hos Mr. Thomson, og vi tilbragte aftenen med passiar, som for en stor del dreiet sig om krigen. Han hadde ikke hørt fra Anadyr siden sist høst. Dit hadde ikke bolsjevikene nådd ennå, men Mr. Thomson fryktet for at de snart vilde komme og gjøre rent bord hos ham ved å ta alt han eide.

Om morgenen kjørte skysskaren og jeg av gårde. Vi drog inn over fjellene, og det var så stor stigning at vi måtte lesse av og hjelpe hundene med tomme sleden. På mange steder var gjennemgangen så snever og trang at sneskred som var gått fra det ene fjellet, fylte hele passasjen og nådde op i fjellbakken på den andre siden. Somme steder hadde skred møttes midt i passet så der var opskrudd høie snegarder. Efter å ha kjørt i ni og en halv time istedenfor de vanlige fem, kom vi frem i halvsyvtiden om eftermiddagen. Hundene var nå blitt slappe. Noen manglet helt hår på bena, som var så bare som bak på en hånd. Det var rent vondt å se på dem. Vi tok inn hos en mann som Mr. Thomson hadde forklart oss tok imot hvite reisende. Han hadde et stort og nytt telt. Familien var liten. Jeg tok straks på å underhandle om hunder, men han hadde ingen. For tre dager siden var tre forspann gått til Kapp Bering og var nå ventende tilbake. Da jeg betalte skysskaren 30 rubler pr. dag for de fem dagene jeg hadde hatt ham, var han ikke fornøiet. Han trodde sikkert at jeg hadde snytt ham og at pengene ikke var noe verdt. Efter å ha drukket diverse porsjoner te, gikk jeg til køis. Husets folk snorket som hvalrosser, og fire små hundehvalper stod bundet i et hjørne og holdt et forbannet leven, de også, med skrik og hyl. Selv var jeg plaget av tannpine og skulde dertil ligge og høre på dette spetaklet. Husets folk hørte ingenting, de bare snorket. Så besørget jeg selv munnen stoppet på hvalpene, det var gjort i en fei.

Været blev godt, men ingen vilde kjøre mig den næste dagen. Ingen hunder hadde de heller. Om eftermiddagen kom en mann fra nærmeste boplass, omtrent to timer derfra, og han hadde elleve hunder. Efter lang

parlamentering lovet han å komme tilbake næste dag og kjøre mig til
Kapp Bering, kanskje enda lenger. Men noe sikkert vilde han ikke love.

Liten tro hadde jeg på at han vilde komme.

Folkene hadde vært ute i skinnbåtene sine og skutt sel, de bragte på land
atten stykker. På stedet der var det 21 telt og fem hus, de siste opført bare
av bord og beregnet til sommerbruk. At det var et værhardt sted, kunde
en tydelig se av den måten som teltene var fortøiet og belastet på. Fra
toppen gikk det barduner av tykk jerntråd med en meters mellemrum helt
rundt. For å få dagen til å gå tok jeg en tur op i høiden og vilde undersøke
veien i den retningen vi skulde dra.

Jeg tørnet ut tidlig og gav mig til å vente på skysskaren. Det så ut til
styggevær. Vinden, som var ganske svak om morgenen, var ved
middagstider øket til storm. Noen av skinnbåtene var ute på sjøen, og det
var på et hengende hår at ikke en av dem var drevet til havs med isen. I
den båten var mannen jeg bodde hos. Han fortalte mig at den blåsten de
kunde ha der, var for ingenting å regne mot den vinden som kunde være
lenger sørpå. Jeg holdt det også for rimelig, for det så svært mørkt og svart
ut den veien. Det var ikke likt til at jeg skulde komme fra dette stedet med
det første. Riktignok hadde det jo mange ganger sett galt ut med å komme
videre, men denne gangen så det svartere ut enn noensinne.

Heller ikke dagen efter var det slik at en kunde stikke nesa utfor en dør,
og fordømt kjedelig var det å ligge der uvirksom. Næste dagen igjen var
det akkurat på samme måten. Ved middagstider kom den mannen som
skulde skysse mig til Kapp Bering, men han vilde ikke ta avsted den
dagen. Om vi startet nå, vilde vi nemlig ikke rekke frem til næste boplass
før ved nattetid. Det var en til som skulde samme vei, så vi vilde bli to
forspann i følge. Da vi ikke reiste den dagen, drog de begge to hjemover
igjen — for å spare mest mulig på hundefôret. Dagen efter skulde de
komme tilbake hvis været var brukbart. Selv vilde jeg heller ikke ha dradd
avsted så sent på dagen som ved middagstider. Klokken vilde sikkert blitt
både tre og fire før de hadde fått satt til livs det vanlige kvantum te, og
følgen vilde blitt at jeg hadde måttet betale for en hel dag, men bare fått
nytte av en kvart.

Endelig søndagen den 22. februar blev været bedre. Klokken henimot ni
kom skysskaren, men han mente det ikke var farende vær den dagen
heller. På veien skulde det være et sted som var så vanskelig å passere,
men hvor dette stedet var, kunde jeg ikke få greie på. Likevel blev det til at
vi startet, det blev bestemt i en fart, og ved halv ellevetiden strøk vi av
gårde. Vi var to forspann i lag, idet den karen som hadde gjort vendereis
dagen forut sammen med skysskaren min, nå kom og blev med oss. Han
hadde tolv hunder, og kjørte skinn og forskjellig annet. Han som skysset

mig, hadde ti hunder, men av dem var de tre ikke gode. På sleden hadde han forresten bare soveposen og privatsekken min, og en annen slede var ganske tom. Vi var bestemt på å kjøre hele natten. Klokken seks blev det snekave, og klokken syv var det så mørkt at vi ikke så noen vei å kjøre. Vi stoppet og satte op teltet vårt, hvis en da kan bruke det ordet. Det var nærmest en fille som blev hengt op for at vinden skulde ha noe å leke med. Ingen dør, ingen bunn, og sidene var bare en og en halv fot høie og nådde såvidt ned til sneen. Men heldigvis var det stille vær. Hele proviantbeholdningen min bestod av tre kjeks og noen sukkerbiter. Jeg spiste to kjeks og krabbet så inn under teltet og i soveposen, hvor jeg sov riktig godt. Den natten var der hverken skrikende unger eller hylende hundehvalper, og om det så var tannpinen, hadde den glemt å melde sig. Distansen vet jeg ikke, men jeg skulde anta at det var et godt stykke vei vi hadde tilbakelagt den dagen.

Vi tørnet ut i sekstiden morgenen efter og spiste frokost, som for mitt vedkommende bestod av min siste og eneste kjeks. Vi håpet på å nå op til en reintsjuktsjer som bodde oppe i fjellene, og vi kjørte avsted klokken syv gjennem trange pass og ut og inn forskjellige dalfører, til vi over middag kom frem til bestemmelsesstedet. Der fikk vi te å drikke og tørket laks å spise. Herfra så vi det beryktede stormfulle stedet. Det var en milevid slette uten fjell omkring. Nordover kunde en ikke se fjell selv i klart vær. Det blåste næsten alltid der. Kunde det hende at det var en og to stille dager, så blåste det til gjengjeld både ti og fjorten dager i trekk like efter. Skysskaren min fortalte mig at han var kommet den veien året forut fra Kapp Bering. Han var blitt overfalt av snestorm ute på vidda og var ikke nådd frem til noen boplass. Han hadde måttet ligge der ute i et primitivt telt i fem døgn uten primus. Fem av hundene hans var frosset ihjel for ham.

Da vi hadde fått mat, tok det til å blåse fra nord. Tsjuktsjeren sa at det kom til å bli snestorm. Kjørekaren hadde ikke lyst til å sette av gårde, for hundene hans var svært trette og vilde ikke kunne greie turen hvis det blev ordentlig uvær. Frem til kysten vilde vi ikke i noe tilfelle nå før ved nitiden om kvelden. Jeg derimot hadde liten lyst til å bli liggende oppe i fjellene i flere dager, for nede ved kysten visste jeg at været skiftet oftere. Jeg fikk så overtalt skysskaren til å dra videre mot å love ham ti rubler ekstra. Han lånte sig to hunder på stedet, og dermed bar det i vei igjen. I sekstiden om kvelden hadde stormen øket så vi hadde snefokk i mannshøide, men enda kunde vi se fjellene og håpet at vi skulde klare å være fremme ved kysten ved nitiden. Men da vi så kom inn i et trangt pass, skjulte snefokket alt omkring oss. Da vi hadde kjørt en lang stund, mig forekom det som en evighet, fikk jeg med tsjuktsjerens hjelp tendt noen fyrstikker så jeg kunde se hvad klokken var. Den viste ti, og stormen var da blitt overhendig

sterk. Tsjuktsjerne hadde ingen anelse om hvor vi var eller hvor langt vi
hadde igjen, for det var ikke lang biten rundt oss vi kunde se i kavet. Den
andre sleden var kommet bort for oss, og hundene hadde tapt sporet, men
ved huiing og roping fant vi hverandre igjen, efter først å ha fått retningen
ved å skyte noen skudd i luften. Vi gjorde fast en line fra vår følgesvenns
slede til den første hunden vår, og så kom vi oss av gårde igjen i mørket.
Til slutt nådde vi ned til stranden, og det stod da tilbake å finne et hus. Vi
kjørte små stykker ad gangen; de to tsjuktsjerne gikk så ut til hver sin side,
mens jeg blev tilbake hos hundene og rettledet de to så de ikke for vill. Jeg
visste at her blev det vanskelig å finne hus, for det var langt mellem
boplassene, og dertil kom at vi næsten ikke kunde ha øinene oppe for
snefokket. Vi kunde altså lett risikere å kjøre forbi nettop det vi lette efter.
Til slutt støtte de to tsjuktsjerne på en skinnbåt som lå ophvelvet på
stranden, og vi skjønte da at vi ikke kunde være langt fra folk. Det var
også på høi tid at vi snart kom i hus. Hundene var helt utkjørt efter å ha
gått fra syv om morgenen til nå langt på natt, og de vilde ikke mere. Vi
kom også ganske riktig til et telt, men det var altfor lite til å kunne huse tre
fremmede. Vi fikk imidlertid beskjed om å kjøre til et annet en tyve meter
borte, og der kjørte vi inn både med hundene og oss selv. Det blev så fullt
at en næsten ikke kunde snu sig. Klokken var da blitt halv to om
morgenen. Folkene i dette teltet gikk straks i gang med å lage te og mat,
og jeg skal si at det smakte godt å få noe varmt i kroppen. Forfrosset mig
hadde jeg ikke, men jeg var sulten som en ulv efter alt strevet.

Allerede ved syvtiden om morgenen blev jeg purret ut til te igjen.
Uværet var det samme som dagen før. Skysskaren min kom og spurte om
jeg hadde lyst til å gå med ham til et annet hus, hvor det bodde en
rikmann. Han mente det var så lyst at vi kunde se å kjøre uten å fare vill,
og en halv time efter var vi ved det nye teltet.

Det må jeg si var et telt som det stod respekt av. Det var et av de
peneste stedene jeg har sett. Ja, til tsjuktsjertelt å være stod det langt over
alt jeg hadde sett. Renslig var det både ute og inne, som hos hvite folk; det
var ellers noe russisk over stellet. Mannen hadde også en betrodd stilling,
da han av myndighetene var ansatt som en slags politimann. Han viste
mig papirene sine, som jeg ingenting forstod av, men politimerke hadde
han. Han fortalte mig at det for åtte dager siden var blitt skutt femten
mann i Anadyr, blandt dem vakten på telegrafstasjonen. Drapene var
skjedd om natten; ti av de drepte var blitt begravet, og fem kastet på sjøen
rett og slett. Han kjente ikke årsaken til denne handlingen. Jeg kan ikke si
om dette var sant, men slik fortalte han det i hvert fall. For mig var det av
største betydning å få vite om telegrafstasjonen var uskadd og i
virksomhet, og det bekreftet han. Tsjuktsjerne er ikke å stole på, men om
denne saken vil de jeg antagelig få sikker beskjed når jeg kom til Kapp

Bering. Huset her var godt å være i, men jeg håpet at opholdet ikke skulde vare for lenge likevel, for jeg hadde jo telegrammene å besørge snarest mulig.

En ny dag med tykk og mørk luft. Her nede ved kysten var det siktbart, men ikke oppe i fjellene. Der lå alt i kav og føike. Folkene på stedet sa at det ikke var mulig å ta sig frem over fjellet slik som været nå var, så noen utsikt til å kunne komme videre den dagen var det ikke. Ved middagstid øket vinden til storm, uten at jeg kunde angi retningen, for den syntes å komme alle steds fra på én gang. Jeg husker jeg tenkte at det måtte være et forbannet sted å bo fast.

Torsdag den 26. februar kom vi oss i vei. Vi var fire forspann i følge til Kapp Bering. Inne mellem fjellene hadde stormen presset sneen sammen så den bar godt både folk og hunder, og det gikk kvikt og lett fremover i riktig retning. Det sa ut som folk deromkring var våknet op av dvale og nå gjorde sitt beste for å vise at de var til. På veien møtte vi nemlig ikke mindre enn tre partier som drog til hver sin kant, i hvert parti var der tre til fire hundeforspann. Det var akkurat som om de drog på valfart den dagen.

I halv femtiden om eftermiddagen kom vi frem til Kapp Bering, hvor jeg tok inn hos en russer som het Karieff. Der blev jeg godt mottatt og pent behandlet. Jeg avklarerte skyss-karen med hundre og tyve rubler, hvorav de tyve var den ekstrabetalingen vi var blitt enige om. Det hadde vært en strid tørn å komme til Kapp Bering, og jeg var svært glad over å ha nådd så langt, enda jeg visste at det var her vanskelighetene antagelig vilde begynne for alvor. Først og fremst var det spørsmålet om betalingsmidler. Her visste alle og enhver at de russiske rublene var svært lite verd. Det som handelsmennene gav for en rubel, var jevngodt med ingenting. For en pakke patroner som betaltes med to dollars, måtte en betale sytti rubler. Forøvrig var skinn det gjengse betalingsmiddel.

For mig gjaldt det å få tak i hunder, så jeg kunde komme avsted igjen. En amerikaner som hadde forlatt Østkapp tre måneder i forveien, hadde selv trukket den lille sleden sin, og var kommet til Karieff for fjorten dager siden. Han var ved fremkomsten meget forfrosset på armer og ben. Han hadde ved Karieffs hjelp fått ordnet det slik at han skulde få hundeskyss til et sted omtrent halvveis mellem Kapp Bering og Anadyr. At han bare kunde få skyss halvveis, skyldtes at det ikke var noen som var villig til å gå helt frem til Anadyr, da det var stor mangel på hundemat der. På Kapp Bering var der bare atten hunder, og ti av dem skulde Rudolf, amerikaneren, ha med sig. Jeg mente åtte var nok hvis de var brukbare, og vi begynte forhandlingen. Mannen vilde ha førti rubler pr. dag for mann og hunder, og det enten vi kjørte eller lå over for storm. Jeg syntes det var en meningsløst høi pris og bød ham fem og tyve, men han var bestemt og holdt på sine førti. Til slutt slo han på at åtte hunder vilde være for lite til en slede med to mann, og det kunde jeg være enig i, men jeg lovet å springe ved siden av sleden mest mulig, så skulde det klare sig. Ingenting bet imidlertid på ham. Til slutt efter mange og lange forhandlinger blev vi endelig enige. Det blev bestemt at en tsjuktsjer skulde kjøre med åtte hunder og slede og ta med alt tøiet vårt, så skulde Rudolf og jeg ta de ti hundene og tom slede. Det måtte da gå! På den måten skulde jeg også slippe med fem og tyve rubler om dagen.

Tsjuktsjeren måtte reparere en slede for turen, så det blev ikke noen øieblikkelig start. Jeg fikk regne med tap på en og kanskje også to dager, men likevel var jeg glad over å få bli over hos en hvit mann, så jeg kunde få utrettet noe høist presserende: jeg skilte mig av med mine mange reisefeller, som plaget mig meget. Det smakte også godt å få spisendes mat igjen.

Folkene her på Kapp Bering bekreftet drapene i Anadyr. Overalt var bolsjevikene påferde.

Den nye dagen oprant med snefokk og storm. Fjellene kunde vi ikke øine, og bare i syd var det såpass klart at en kunde skimte et blått skjær av havet. Karieff, som hadde bodd på stedet i lang tid, sa at det stadig blåste mere eller mindre enten det var sommer eller vinter, men tre-fire dagsreiser lenger syd var været langt mere stabilt godt. Om natten blev stormen verre, det lovet ikke godt for morgendagen. Det blev hjemmeligge; storm og fokk uten like, så en ikke kunde komme sig utfor dør hele dagen. Jeg tror forsyne mig at alle onde ånder var løse på dette stedet. Andre steder i verden er det da omskiftning i været, men her så det ut til å være uvær dag efter dag, måned efter måned hele året igjennem. At folk som kjente til forholdene på andre steder, likevel fortsatte å bo her, var mig ufattelig. En ting visste jeg, og det var at kom jeg engang herfra, skulde jeg iallfall ikke gjøre store anstrengelser for å komme tilbake.

Den siste februar, en søndag, oprant med samme elendige uværet. Det var helt stille mellem hvert rykk. Sjøen gikk svær, så sprøiten stod høit over isbaksen langs landet.

Atter var en dag gått uten at jeg hadde fått utrettet det minste grand, og nå var februar også til ende. Jeg hadde det egentlig travelt — lang vei og kort tid til rådighet, og så måtte jeg ligge slik i uvirksomhet dag ut og dag inn. Det begynte å ta på humøret.

Men så den 1. mars blev været bedre. Stormen løiet av til frisk vind og snetykke nede ved sjøen der vi opholdt oss, men vi kunde se at oppe i fjellene raste samme uværet. Utpå dagen kom tsjuktsjeren som skulde kjøre, og sa at han ikke vilde gå for den prisen vi var blitt enige om. Han vilde i det hele tatt ikke ha penger, men derimot to pakker patroner pr. dag. En pakke patroner kostet i utsalg 3½ dollars, så dette kravet kunde jeg ikke på noe vis gå med på. Til slutt slo tsjuktsjeren av til en pakke pr. dag, og Karieff lovet at jeg skulde få patronpakkene for det de kostet, to dollars. Så var det avgjort for den gangen, men jeg måtte innrømme at jeg hadde en viss frykt for at han næste dag skulde komme og kullkaste det hele for mig igjen.

Karieff fortalte at de innfødte næsten ikke tålte å se en hvit mann. Jeg hadde jo imidlertid høit og hellig lovet mig selv at hvis jeg kom herfra, skulde jeg efter beste evne beflitte mig på aldri å komme tilbake, så de skulde være trygg for å se mig igjen når jeg engang med lyst sinn hadde forlatt dem.

Næste dag var det atter storm og tykk, klam luft. Sneen var så tung og tøen at en blev gjennemvåt bare en satte foten utfor dørstokken. Og jamen gikk det galant like dit jeg hadde ventet. Den forbannede tsjuktsjeren kom og sa at han ikke vilde kjøre mig. Hundene hans var blitt dårlige, og ellers også var det så meget i veien.

Karieff sendte bud efter en annen mann som straks kom, og jeg begynte å underhandle med ham. Han var villig til å kjøre, men bare på den betingelse at han fikk en rifle og en pakke patroner. Da skulde han kjøre mig til en plass som heter Kolbi. Det var syv dagers kjøring dit, og elleve hvis Holy Cross Bay var brukket op så vi måtte kjøre rundt den. Fra Kolbi — som også kalles Sodnikoff — er det to dagers kjøring til Anadyr.

Karieff mente det var tvilsomt om jeg kunde komme billigere fra det, og jeg hyrte da mannen på de nevnte betingelser. Riflen skulde jeg få så billig som mulig hos Karieff, og han skulde straks gi tsjektsjeren den. Bare nå været kunde bedage sig, så jeg kunde komme avsted. Denne stillstanden var jo rent bort i svarte natta. På Østkapp hadde de sagt at kom jeg først til Bering, gikk det hundeforspann derfra til Anadyr omtrent hver eneste dag. Jamen sa jeg smør, jeg!

Den tredje mars kom med storm og våt sne så en ikke kunde bruke skinnklær lenger. Tsjuktsjeren hadde fått på sig et slags hyre av oljeskinn. Det løiet litt utpå eftermiddagen, og lokalkjente folk sa at det laget sig til godvær for dagen efter. Det vilde i så fall ikke være for tidlig. Jeg hadde fått fatt i et sjøkart hos Karieff, og så av det at det var godt og vel 500 kilometer til Anadyr. Hvis Holy Cross Bay var opbrukket, vilde det være ytterligere 50 kilometer å kjøre omkring. Hvor lang tid det vilde ta å kjøre dette veistykket med de hundene vi skulde bruke — de så ut som halvt opette sjølik — var det ikke greit å ha noen mening om, men jeg håpet at vi på åtte dager skulde rekke over en hel del. Men åtte dagers godvær i dette strøket var det vel så ganske fåfengt å håpe på.

Den 4. mars la vi i vei. Vi tok frokosten allerede klokken seks for å være klar, men klokken blev ti før vi kunde sette av gårde. Vi var da seks sleder i følge. Det gikk raskt nok den tiden vi fikk kjøre, men den ene tsjuktsjeren laget så altfor ofte stans, og vi blev sørgelig heftet. Vi kom til en rein-tsjuktsjer ved femtiden om eftermiddagen, og der skulde vi overnatte. Det var tre telt på plassen. Amerikaneren Rudolf og jeg tok soveposene våre og gikk inn i det ytre teltet hvor vi foretrakk å ligge fremfor i det indre, i all skitten der med lus og andre uhumskheter.

Vi kokte kaffe og spiste kvelds og skulde gjøre oss det riktig bekvemt for en stille og god nattesøvn, men takk skal du ha. Rett som det var, kom det inn tre mann som var så beruset at de ikke var god for å stå på bena, og verst av dem alle var en av kjørerne våre. Han hadde fått med sig et par flasker sprit fra Kapp Berings spritbrenneri. De holdt et leven uten like hele natten. Til slutt var jeg så lei av dette spetakkelet at jeg ikke gad se på klokken engang. Ute var det forresten storm, og det kunde kanskje være likeså bra, for da blev det jo harmoni mellem hylingen inne og ulingen ute.

Om morgenen blev det lang dividering om enten vi skulde dra videre eller returnere til Kapp Bering, for det var blitt sånn storm at vi ikke kunde se fjellene engang. Men det bar da i vei fremover, og det stilnet og blev tålig bra vær, så ved ni-tiden var vi ved stranden. Her tok de atter en stans for å se været an. Efter godt og vel en times somling fant de forbannede tsjuktsjerne ut at det var for sterk vind inne mellem fjellene til at vi kunde fortsette. Vi måtte snu. Jeg kunde jo riktignok se litt vind i fjellene, men vi skulde nå ikke op mellem skyene heller. Jeg foreslo at vi skulde fortsette. Jeg hadde jo både telt og primus, kort sagt alt det vi behøvde, og vi kunde kjøre til det blev uvær og så slå leir. Men mine argumenter hjalp ingenting. Det var sørgelig å være bundet til dette forbannede pøbelpakk av mennesker. Klokken vel ti tok vi på tilbaketuren og nådde Kapp Bering ved syvtiden om kvelden. Da var det vindstille og klart og blankt måneskinn, som gjorde det lyst som midt på dagen.

Da næste dag oprant, var det deilig vær, men tsjuksjerne vilde ikke kjøre. Hundene måtte hvile, sa de. Jeg fryktet for at det ikke var hundene de tenkte på, men at det var mere brennevin igjen på Kapp Bering som først skulde drikkes op.

Karieff hadde i hast bestemt sig til å reise op til Nordkapp for å møte sin bror. Jeg fikk i farten skrevet noen ord til Amundsen, i tilfelle han skulde komme innom stedet. Jeg skulde også ha skrevet til Wisting, men Karieffs skyss stod for døren og kunde ikke vente på brev et øieblikk.

Jeg fikk skysskaren min i tale, og han lovet sikkert å komme dagen efter hvis det blev bra vær. Så var det ikke annet for mig å gjøre enn å slå mig til ro og håpe på at lykken vilde være bedre næste gang vi skulde avsted.

Søndagen den 7. mars blev det reise igjen. Været var strålende. Jeg var tidlig oppe, og klokken ni kom vi oss av gårde. Det var solskinn og helt vindstille, så det var en fornøielse å kjøre. Det gikk godt fremover. Ved femtiden om eftermiddagen var vi nådd til det stedet som vi vendte om fra sist, og der blev vi enige om å holde rast og koke te, mens vi tok de igjenlagte sakene og lesset på sleden. Ved opfyringen av primusen slo den sig vrang, så det tok oss to timer å få teen kokt, og da var det for mørkt til å fortsette.

Vi gjorde oss klar til å overnatte og avvente dagslyset, for tsjuktsjeren nektet bestemt å kjøre videre. Like i nærheten skulde det være et meget vanskelig sted å komme forbi, et sted som bare lot sig passere i dagens fulle lys. Det var nå ikke så godt å si noe mot dette for mig som ikke var kjent, men jeg syntes de hadde så mange vanskeligheter å fremheve hver gang de ikke vilde reise. Det gjaldt da å tilbringe natten på beste måte. Det lot sig ikke gjøre for mig å komme i soveposen, for teltet var så lite at en tredjedel av den vilde komme til å stikke utenfor teltveggen. Så satt vi der i hvert vårt hjørne, sammenkrøpne og med en skål tran og bluss mellem oss. Jeg overtok stillingen som fyrvokter og holdt blusset ved like hele natten. Tsjuktsjerne la sig imidlertid med bare hodet innenfor teltveggen, og så sov de hele natten tungt og godt som hvalrosser.

Klokken tre om morgenen fyrte jeg op på primusen, men den var fremdeles vrangvillig, og te blev det ikke før ved femtiden. Vi fikk oss frokost og kjørte avsted ved sekstiden i svak bris og overskyet vær. Efterat vi hadde kjørt en time, kom vi til det farlige stedet som de hadde snakket om. Jeg hadde ikke trodd noe på praten deres, men her fikk jeg syn for sagn. På det stedet var det absolutt en nødvendighet at det var vindstille når en skulde passere. For det første var der et bratt fjell med havet like inn til fjellveggen. Dessuten dannet snefonnene vi måtte kjøre over, en vinkel på 35—40 grader, og skulde en være så uheldig å tape fotfestet, vilde en rause direkte på sjøen. Dette hadde også hendt året forut, en mann med hunder og slede var gått på sjøen og blitt borte.

Tsjuktsjerne gikk frem et stykke for å rekognosere, og kom tilbake og sa at det var rådeligst å gjøre vendereise til Kapp Bering. Litt vind var det, men ikke meget. På fjelltoppene var det ikke spor av snefokk, bare nede ved sjøen blåste det litt, men det så riktignok ut til å bli snestorm. Jeg foreslo da i en meget bønnlig tone at vi skulde gjøre et forsøk på å komme forbi. Jo, til min store glede og forbauselse gav de efter, og forberedelsene til overgangen begynte. De spente på sig sine store isbrodder, minst fire ganger så store som dem vi bruker. De viste sig å være meget gode på den harde sneflaten, hvor det ellers ikke var tale om å kunne få fotfeste. Så hugget de trin i isen og tok frem av sledelasset noen lange liner. Jeg blev plasert oppe i bakken for å hale i en line som var fastgjort til sleden, og fremrykningen begynte. Den ene tsjuktsjeren gikk og ledet hundene, mens den andre passet sleden, og på denne måten gikk det da med flere forfaringer og med en slede ad gangen. Jeg var virkelig glad for hvert stykke vi kom frem. Efterat vi hadde arbeidet i halvannen times tid, var vi forbi dette beryktede stedet. Efterpå spurte jeg om vi skulde dra tilbake til Kapp Bering, men da fikk jeg et nei uten betenkning. Jeg visste jo at var vi forbi det stedet, var det ikke tale om å snu.

To dager senere kom vi til et sted hvor der bodde en hvit mann, en russisk handelsmann ved navn Trifon, og jeg bestemte mig for å hvile en dag. Jeg var lens for proviant, men fra dette stedet var det bare en dags kjøring til næste boplass, hvor der var to handelsmenn, og der hadde jeg håp om å få proviant. Vel, jeg stoppet en dag, men tsjuktsjerne vilde stoppe i to «forat hundene kunde få hvile», som de uttrykte det. Men jeg var klar over at det ikke på noen måte var for hundenes skyld at de vilde bli der, nei. Noen folk på stedet skulde nettop til å brenne brennevin, men da det først skulde skje dagen efter, måtte vi følgelig ta en stans på to dager her. Fine kanaljer! Jeg satte mig hardt imot denne ordningen. Trifon og en tsjuktsjer lovet mig så å følge med til den næste russiske traderen, Agon, og der vilde jeg stoppe en dag for å ordne med proviant og få litt av tøiet mitt i orden.

Dermed slo jeg mig til ro for den dagen. Trifon laget mat til mig av reinkjøtt og ris, og Rudolf og jeg skulde sove i vareskuret hans for å undgå tsjuktsjerteltet. Om eftermiddagen var kjørekarene riktig i sitt rette element, fulle og gale. De skrek og huiet og hylte verre en ville dyr. Jeg var glad da jeg kunde gå over til vareskuret og krabbe i soveposen med utsikt til en rolig natt, fri for synet av det fordømte pakket.

Jeg tørnet ut tidlig, for jeg hadde frosset hele natten i soveposen. Fottøiet mitt var vått, og det huset vi hadde holdt til i, var omtrent jevngodt med friluft, så utett var det; men heldigvis var det stille vær. Vi kom oss ikke av gårde før klokken var tre, men kjøringen gikk ellers strykende den dagen. Vi støtte på et friskt bjørnespor, men bjørnen så vi ikke. Utpå eftermiddagen møtte vi to hundespann, og det viste sig at Agon selv kjørte det ene av dem. Han skulde litt lenger østover for å hente hundemat. Da han hørte hvor jeg skulde hen og hvad ærende jeg hadde, sa han at jeg likeså godt kunde snu med en gang, da det ikke lot sig gjøre å få forbindelse med Amerika telegrafisk. Det var de amerikanske stasjonene som ikke vilde ha noe med folkene her å gjøre. Dette lyder jo bra, tenkte jeg, men friskt mot — gå bare på igjen!

Agon lot også falle ytringer om at det ikke vilde være heldig for mig å komme til Anadyr, da der ennå var revolusjonære tilstander der. Imidlertid var jeg nå kommet så nær at jeg var bestemt på å reise helt frem, likegyldig hvad som vilde møte. Jeg fikk visshet for at stasjonen var i virksomhet, og jeg tenkte mig da at det vel kunde være mere enn en vei å få et telegram gjennem på. Det var bare om å gjøre å komme frem. Men det gikk uhyre smått. Efter fem og en halv times kjøring var vi kommet til stedet hvor Agon bodde, det het Koruna og lå kloss ved Holy Cross Bay. Der blev jeg mottatt på det beste. Russerne gikk til og med straks i gang med å bake brød til proviant for mig på turen videre.

Det gikk to dager før vi kom oss fra Koruna. Været var bistert, til dels med tett frostrøik. Men søndag morgen den 14. mars kunde vi starte igjen. Det var riktig kaldt og bistert den dagen også. Snoen var så bitende at jeg flere ganger merket hvite flekker i ansiktet. Om eftermiddagen blev det litt snefokk. Klokken fire var vi ved teltet som vi skulde til, men mannen var ikke til stede. Han var ute på jakt efter en isbjørn som han hadde støtt på under selfangst. Noe senere på kvelden kom han hjem. Han hadde skutt bjørnen og bragte både skinnet og kjøttet med sig.

Dagen efter tok det til å blåse hard nordvest. Klokken seks tømet vi ut. Vinden øket stadig og ikke lenge efter var det full snestorm. Nå begynte husmoren å gjøre store forberedelser til et eller annet, — jeg kunde bare ikke begripe til hvad. Først tok hun litt reinfett, hakket det smått som kaffebønner og fylte det i to kunstferdig forarbeidede treskåler. En bunt lyng blev så lagt ved siden av skålene. Så tok hun en øks og hugget et hull i sneen utenfor døren. Derefter kom husfaren med i spillet. Han tok sleden med bjørneskinnet han hadde skaffet dagen forut, og stillet den rett foran den åpne døren med bjørnehodet vendt mot hullet og vendt mot nord. Derpå kom konen med lyngbunten, som hun kastet i hullet og satte fyr på. Ilden blev selvsagt straks slukket av stormen. Da det tok slutt på røiken fra lyngen, grep mann og kone hver sin skål med fett og kastet innholdet til hver sin kant og en del i hullet hvor lyngdotten lå. Mens de gjorde dette, mumlet de noen ord, men hvad disse gikk ut på, aner jeg ikke. To trestykker som var blitt brukt til å gni ild med, og som derfor var fulle av brandhull, lå ett på hver side av bjørneskolten, og på dem blev nå fettskålene satt. Derpå blev skinnet båret inn i teltet for å tines op. Hele handlingen syntes å foregå meget høitidelig. Hvorvidt snestormen var til hinder for festen, vet jeg ikke.

Efterat ceremonien med bjørnen var slutt, tok husfaren til med å koke brennevin. Da de hadde fått omtrent en halv flaske, begynte de å drikke, mens datteren overtok tilsynet med brenningen. Bare få øieblikk efter var de fire mannfolkene og kjerringa fulle som alker. De huiet og skrek om kapp. Ikke før var den siste spriten satt frem, før den blev drukket op med det samme.

De var venner og vel forlikte til utpå eftermiddagen. Da tok de til å bli mere krigersk stemt overfor hverandre. Alvoret tiltok i forhold til fylla. En stor kjel hang over tranlampen. Kjelen var fylt med vann som for øieblikket var på kokepunktet. Den blev revet ned, og vannet slukket blusset så der blev mørkt som i en grav. Vannet fløt utover skinngulvet, og det var et under at ingen brente sig fordervet, for de var næsten nakne alle sammen. Rudolf og jeg rømte ut og blev gående utenfor i le av teltet og spaserte i en times tid. Da blev det imidlertid så kaldt at vi måtte søke inn i det ytre teltet, hvor vi i det minste var fri for den bitende snestormen. Ett var sikkert: vi var helt og holdent forhindret fra å komme videre den dagen. Vi måtte bli på stedet enda så ille her så ut.

Imens var de i full sving inne i soverummet. De hadde da arbeidet så lenge at de begynte å bli trette, og så smått begynte de å bli søvnige også. Vi gikk da inn dit, for der var varmt og godt. Det hadde nok vært et basketak der inne mellem dem. Husfaren var hudløs over hele ryggen, la vi merke til. Det stilnet av litt efter litt utover kvelden da de blev mere og mere søvnige. Datteren måtte kle av disse døddrukne beistene det de ennå hadde på kroppen, og få dem lagt til ro. Somme tider våknet de og skulde ha sig en røik. Så måtte hun hente tobakkspipen, men som oftest fikk hun selv besørge røiken ekspedert også, for de hadde ikke kraft nok i kjeften til å holde snadda på plass. De lå bare og skrek. Det var som når en flokk hunder har slåss på det verste. Fy til helvede for et liv!

Tirsdag den 16. mars kom da endelig efter en lang og søvnløs natt. Men dessverre, vinden var like sterk den dagen som den hadde vært dagen før. Tidlig var Rudolf og jeg oppe, og vi gikk ut i det ytre teltet og fyrte op primusen. Vi kokte kaffe, og det en som hvem som helst kunde være bekjent av å drikke. Det var ganske stille inne i soverummet. De inntok sin morgente i all stillhet, hørtes det ut til. Da vi hadde spist og drukket, gikk vi og trampet att og fram mellem hundene for å holde varmen. Husmoren kikket ut til oss og gjorde tegn at vi måtte komme inn, men vi avslo tilbudet. I samme øieblikk begynte helvedeslarmen igjen, men sluttet efter kort tids forløp. Vi trodde det var en efterdønning efter gårsdagen, men det hadde en annen betydning. Nå skulde bjørnen avspekkes, og derfor måtte det musikk til først.

Klokken ett om eftermiddagen kom husfaren og sa at vi måtte gå inn, og for ikke å gjøre ham imot, gikk vi. Kjerringa drev på med å spekke av bjørneskinnet. Det så ut for mig som om det var for mange hjelpesvenner fra gårsdagen som holdt i skinnet, til at det kunde gå godt. Der blev mange hull i det, ikke bare snitt, men de skar ut store stykker. Det var en stor og pen bjørn, men skinnet blev helt spolert, ikke verd tyve kroner engang.

Utpå eftermiddagen løiet vinden, og vi fattet håp om å komme oss derfra den følgende dag. Kvelden gikk uten noe mere trøbbel, men jeg sa til mig selv at jeg skulde være glad når jeg en gang var ferdig med dette stedet.

Dagen efter var det svak bris fra nordost, usiktbart vær, men vi kunde da se de nærmeste fjelltoppene. Det var just ikke avgjort i en fart om vi skulde kjøre eller ikke. Klokken var næsten ni før vi kom avsted. Vi tok tvers over Holy Cross Bay. Det gikk bra å komme frem. Ved middagstid støtte vi på et bjørnespor, og en stund efter fikk vi se bjørnen, som var på vei ut mot det åpne vannet. Men den var langt borte og fjernet sig stadig i bra fart. Allikevel fant tsjuktsjerne på at de vilde gjøre jakt på den. Det bar avsted utover isen i farlig fart med oss. Til slutt blev isen så ujevn at det var svært vanskelig å komme videre, og det var klart det vilde ende med at vi kjørte sleden i stykker, hvis vi fortsatte på samme måten. Distansen mellem oss og bjørnen blev stadig større. Tsjuktsjeren foreslo jeg skulde gå for å gjøre sleden lettere, men da fant jeg for godt å oplyse ham om at jeg betalte ham for å kjøre mig til næste boplass og ikke forat han skulde drive bjørnejakt, og jeg nektet selvfølgelig bestemt å gå av sleden. Vi hadde nå i lang tid kjørt i samme retning som vi var kommet fra, men de gav da op bjørnejakten og kom sig inn på den riktige veien. Vi hadde ujevn is et langt stykke fremover, men endelig kom vi inn til stranden og fulgte denne sydover.

Ved femtiden om eftermiddagen kom vi til en boplass med to telt, og der stoppet vi for kvelden. Det første vi så da vi kom inn i teltet, var helvedesmaskinen som de koker brennevin med. Heldigvis var den ikke i virksomhet. Været var briljant, ikke en sky å se på himmelen. Antagelig vilde opholdet her ikke bli lenger enn beregnet, og intet skulde være mig kjærere enn det.

Torsdag, dagen efter, var det bra vær. Det var en del usiktbart, men til gjengjeld var det vindstille. Det gikk ikke fort fremover, for hundene var svært sløve. På lange strekninger hadde vi løs og dyp sne, og tungt var det å kjøre, men jeg var likevel glad for hver eneste dag vi kunde være på fart, for jeg syntes det var enda verre å ligge over i et tsjuktsjertelt enn å arbeide nokså tungt i dårlig føre.

Ved femtiden kom vi til en plass med fem telt. Da vi var omtrent tre hundre meter fra teltene, så vi brennevinsdjevelen på sprang fra telt til telt, og humøret lot til å være på toppen. Da vi kom litt nærmere, hørte vi hvordan de hylte og bar sig som besatte. Jo, det så hyggelig ut. Kvinnene var verst av alle. Da vi kom så langt at vi stoppet, stimet de frem og

omringet Tanrojo — han var en av kjørekarene våre og en forferdelig
fyllehund. Det viste sig at han hadde en bror her. Atter blev det en hyling
uten like, denne gang for den ankomne broren. Noen grät og andre skrek,
og alle hylte i munnen på hverandre.

Vi blev anvist et telt å bo i, og da jeg var kommet inn der, fikk jeg vite at
det var slutt med brennevinet, til stor glede for mig og til stor sorg for
tsjuktsjerne. Husmoren selv var falt i søvn, så hun kunde ikke vareta sine
vertinneplikter. Det blev gjort forsøk på å få henne op, men det lot sig
ikke gjøre. Hun var så altfor full til at hun kunde makte å komme sig på
bena. Hun lå bare og rautet — med respekt å melde — som ei ku. En
yngre kvinne blev tilkalt i stedet. Hun gjorde store anstrengelser for å få
tak i brennevin, og til slut fant hun omtrent en dram. Den tok hun i
munnen, slengte armen omkring den ankomne brors hals, og med tut mot
tut overførte hun brennevinet fra sin munn til hans, skjønt han var mere
enn full nok i forveien. Hvordan det kom til å bli eller ikke, så fikk vi det
vel ikke verre her enn vi hadde hatt det i den forrige brennevinsbulen, det
trøstet jeg mig med. Klokken åtte var det også blitt bra stille og rolig, og
de fleste sov godt. Jeg hadde — sant å si — ikke noen utpreget lyst til å få
dem våkne igjen heller.

Næste dag tok det lang tid før det blev bestemt at vi skulde av gårde.
Først i halv-elleve tiden var vi på farten. Den 20. mars traff vi på
Sodnikoff, en rik russer som jeg hadde et anbefalingsbrev med til. Han var
just da ute på inspeksjonsreise, men da han hadde lest brevet, sa han at
han vilde komme hjem samme kvelden, hvorefter vi fortsatte og kom
frem til huset hans ved femtiden om eftermiddagen. En time senere kom
Sodnikoff også. Fra dette stedet var det bare to dagers kjøring til Anadyr.

Jeg blev enig med Sodnikoff om skyss. Selv kunde han ikke slå følge
med oss mere enn en dag, da han var på tur for å kjøpe reveskinn hos en
rein-tsjuktsjer som bodde inne mellem fjellene. Men som sagt: én dag
kunde han avse, og da vilde han føre oss til en velstående tsjuktsjer som
bodde noen mil lenger frem. Denne mannen skulde han da få til å følge
oss videre. — Så var den dagen til ende, og jeg slo mig til ro.

Søndag den 21. tok Sodnikoff sitt dog-team på fjorten hunder og kjørte
mig og Rudolf til rein-tsjuktsjeren. Dit var det omtrent en tredjedel av
veien til Anadyr, og vi brukte fire og en halv time på strekningen. Det var
den beste dagen jeg hadde hatt på hele turen, men hensyn til gode hunder
og god fart. Sodnikoff vendte straks hjem igjen efter å ha ordnet med
skyss videre for oss den næste dag. Tsjuktsjeren så ut til å være en meget
formuende mann. Alle reinsdyrene hans, omtrent hundre stykker, gikk
rundt teltet. Da vi kom inn, så vi han hadde både grammofon og en katt,
— sistnevnte satt oppe på en hylle på veggen. Vi spiste frossent reinkjøtt

og drakk te til, og da husfaren åpenbart mente vi trengte litt taffelmusikk, begynte han å spille på grammofon for oss. Glad var jeg da han sluttet. Alle platene var mere eller mindre beskadiget, men skurringen lot til å klinge riktig bra i hans ører. Om kvelden tok han fatt på det samme gnålet, men da jeg gjorde tegn til at jeg var søvnig og vilde gå til ro, blev det slutt med musikken.

Jeg gikk hele eftermiddagen og gledet mig til herlig reinskyss dagen efter. Det vilde vel bli fart som i et fly. Distansen fra Sodnikoffs hus til Anadyr var blitt mig opgitt på tre måter. Hvis en hadde et almindelig dog-team, vilde en behøve en og en halv dag. Hadde en et hurtigløpende, kunde en klare distansen på en dag, når en startet tidlig på morgenen og kjørte til langt på kvelden. Men hadde en rein for sleden, tok reisen bare en kort dag. Nå skulde jo jeg ha reinskyss, og jeg kunde altså regne med å være fremme i god betids på dagen.

Men akk, — mandag den 22. mars var det storm av nordvest med snefokk. Det var ikke råd å komme avsted. Vi måtte holde oss inne og høre på det evige gnålet fra grammofonen. Tsjuktsjeren trodde han gjorde det hyggelig for oss, men vi opfattet det ikke på den måten. Langsomt sneglet dagen sig forbi; om kvelden løiet vinden litt. Jeg har i dagboken sluttet det vesle jeg skrev den dagen, med følgende ord: Dette er alt jeg orker å skrive i aften. Jeg er lei og kei; det er ikke annet enn hindringer like til siste dag og øieblikk.

Dagen efter våknet jeg klokken tre om morgenen av tråkk og leven utenfor. Det var ellers helt stille; i det minste kunde jeg ikke høre noen vind. Jeg kunde i farten ikke bli klar over hvor dette levenet kom fra, men endelig gikk det op for mig at det var reinflokken som travet rundt teltet. Klokken åtte formiddag var vi klar til start, med fire rein og tre sleder. Det første forspannet hadde to sleder, den ene hengt efter den andre. Jeg satt på den bakerste. Jeg visste ikke hvorfor vi skulde ha to sleder, når de andre kunde greie sig med en, men jeg brydde mig ikke om å spørre. Jo, så startet vi da endelig; men vi skulde visst ikke komme til å miste pusten på denne sledeturen. Efter en halv times kjøring var den ene reinen så dårlig i bena at den måtte spennes fra. Den ene kjøreren tok de tre friske reinene og kjørte til en plass hvor der bodde fire rein-tsjuktsjere. Den andre kom efter med den dårlige reinen. På boplassen fikk vi så lånt en frisk rein, og det bar avsted igjen, fremdeles i lusefart.

Om eftermiddagen blåste det plutselig op en frisk kuling og samtidig fikk vi snefokk. Tsjuktsjerne vilde snu, men jeg motsatte mig det og forlangte bestemt at vi skulde fortsette til Anadyr. Vi kunde se fjelltoppene og da skulde vi vel alltid greie å ta oss frem den riktige veien. Min kjørekar, som førte ordet, gav mig styrelinen til reinen og sa at jeg

kunde kjøre selv. Jeg lot ham forstå at hadde det vært hunder, kunde jeg
vel ha overtatt kjøringen, men reinkyss skjønte jeg mig ikke på.

— Så drar vi tilbake da, sa han. Men denne gangen hadde jeg makten.
Det var første gang på turen at jeg hadde noen som helst kommando over
skysskarene mine. Hittil hadde kjørekarene alltid fått betalingen på
forskudd, derfor hadde de også hatt rikelig anledning til å gjøre som de
selv fant for godt. Men denne karen skulde få sin betaling først ved
fremkomsten til Anadyr. Dette kom av at han ikke hadde villet ta imot
rubler, som han påstod han hadde mere enn nok av i forveien. Nei, han
vilde ha sukker og mel for å få noe å brenne brennevin av. Det var jo det
samme for mig, jeg visste at kom jeg først til Anadyr og traff min gode
venn Lampe, så vilde jeg nok bli i stand til å klarere skysskaren med hvad
det skulde være. Dette gav mig altså et tak på ham, som ikke var ueffent.
Da jeg hadde fått ham gjort begripelig at hvis han snudde nå, vilde han
ikke annamme et fnugg av hverken sukkeret eller melet, hadde han
følgelig å velge mellem en god fyllerus eller ingenting.

Da han skjønte at dette var mitt ultimatum, blev han spak. Han gikk
bort til den sleden som jeg satt på, og gjorde plassen så god og bekvem
som det lot sig gjøre, og sa at jeg måtte vær så god sitte ned. Det var ikke
lenger tale om å snu, han skulde kjøre til Anadyr uten ophold. All right,
tenkte jeg, agen er god, når den brukes med måte.

Det blev nå mørkt, og lendet var svært ujevnt. Så kjørte vi den ene
sleden i stykker. Den tredje sleden vi hadde med oss, var lasteslede eller
reserveslede, og den kom nå vel med. Vi kjørte helt til midnatt. Jeg spurte
ofte hvor langt det var igjen til Anadyr, og fikk stadig det samme svaret: Ja
å a, som betyr: det er langt dit.

Plutselig stoppet skysskaren og spente begge reinene fra sleden og tjoret
dem borte i sneen. Jeg spurte hvad dette skulde bety, men han svarte ikke
et ord; han begynte bare å gå fremover i den retningen vi skulde fortsette
i. Mørkt var det fremdeles, så jeg tapte ham snart av syne. — Å—hå,
tenkte jeg? na tror han at jeg skal forlate sleden og dermed skal han være
kvitt mig. Men det kan han være blå for at jeg ikke gjør! Jeg gav mig til å
trave rundt sleden for å holde varmen. Engang måtte han vel komme
tilbake. Jeg hadde nå levd så lenge blandt «svin» at jeg forstod mig på
«flesk». Brennevinstørsten var nok så sterk i ham at han vilde fortsette
innspurten til Anadyr og sikre sig råstoffene, det følte jeg mig overbevist
om.

Som jeg travet der rundt sleden i et evig kretsløp — forfrossen, sulten
og sinna som en godt optirret tyr, hørte jeg et skrik, men i øieblikket
kunde jeg ikke avgjøre hvilken kant det kom fra. Jeg fortsatte mitt
traverløp for ikke å stivne helt, og så hørte jeg atter skriket, denne gang

kraftigere. Jeg opfattet det ikke som noe S.O.S. fra tsjuktsjeren. Forresten hvisket en stemme i mitt halvforfrosne indre til mig: Gid det bare var så vel at du virkelig var i nød, din kjeltring. Atter hørte jeg et forferdelig hyl fra ham, og atter hvisket stemmen: Ja, bare skrik du, det har du godt av, din djevelunge du er. Jeg var fremdeles overbevist om at skrikene bare var for å narre mig bort fra sleden, men — tenkte jeg og frydet mig over hans mislykkede foretagende — du er for grønn til å lure en gammel rev.

Atter lød skrikene — mere og mere intense. Jeg fant at disse hylene var i høi grad vederstyggelige og skjemmende i disse herlige midnattstimer, mens sneen lå badet i det herligste og skjønneste nordlys. For derfor å gjøre en ende på situasjonen, eller i tilfelle: gjøre den verre, tok jeg mig til å hyle gjensvar til ham. Endelig kom han så nær at jeg fikk øie på ham og kunde spørre ham hvad dette levenet og forsvinningsnummeret skulde være godt for. Jo, fortalte han, han hadde vært ute for å lete efter en hytte, som skulde ligge like i nærheten. Jeg trodde selvfølgelig ikke et ord av hvad han fortalte, og fordømte mig på at nå måtte han ta og spenne reinene sine for sleden og dra videre ellers skulde fanden ta ham. Straks spente han for og avsted bar det, visstnok ikke fordi han var redd for fanden, som han neppe kjente til, men han lengtet nok efter stoff til å brenne brennevin av, når han nå likevel blev nødt til å dra på mig. Godt, tenkte jeg, nå går det i det minste forover igjen.

Klokken tre om morgenen traff vi på en russehytte. Det var arbeidere i kullgrubene som bodde der. Vi vilde gjerne ha te og litt å spise. Jeg banket sterkt på døren, som var stengt på innersiden. Ikke noe svar. Jeg tenkte mig muligheten av at der ikke var noen inne for øieblikket, og jeg gikk op på taket og undersøkte skorsteinspipa. Det kom røik fra den. Der måtte altså være folk til stede, så jeg gikk atter til døren og rusket i den. Den gav efter til slutt, og jeg kom inn i et mørkt rum. Jeg hilste på russisk, men fikk ikke noe svar. Jeg stanset og lyttet, og hørte da pusting fra sovende folk. Så sang jeg kraftig ut, skjønt jeg var så frossen at det var vanskelig for mig å få munnen op. Da fikk jeg svar, men på russisk — og der stod jeg. Jeg kunde ikke mere av det russiske sprog enn at jeg kunde hilse og be om brød og te, og de få glosene var lite å begynne en konversasjon med. Jeg spurte om noen der inne talte engelsk, og fikk til svar om jeg talte tsjuktsjisk. Jo, gudbevares, — jeg sprang straks ut og hentet kjørekaren. Da vi kom inn, var hytta oplyst av en parafinlampe, så jeg kunde se beboerne. De var to personer, mann og kone. Og så begynte — sprog-«forvanskningen» får jeg vel kalle det. Først måtte jeg tolke min mening på engelsk til tsjuktsjeren, fra ham gikk det så til kona som var tsjuktsjer, og fra henne til mannen som var russer — og så tilbake samme vei, fra russisk til tsjuktsjisk og videre til engelsk. Enhver kan tenke sig for et sammensurium dette måtte bli, det var det rene «heimebrent». Jeg blev da også kjed av samtalen og la i vei med mitt fattige russisk og bad om «kjei» og «kleba». Det hjalp med en gang. Vi fikk all den te og alt det brød som vi var i stand til å sette til livs. Klokken var da fire om morgenen, og det var begynt å gry av dag. Det var så lyst at jeg kunde se telegrafmastene i Anadyr på den andre siden av elven, bare omtrent ti kilometer borte. Min tanker var mange. Tenk at jeg var kommet så langt at jeg kunde øine målet som jeg hadde strevet mot. Det hadde ikke alltid sett like lyst ut, men endelig skulde jeg nå frem. Spør om jeg var glad og tilfreds! Hadde humøret hittil ofte vist lav barometer stand — ja, somme tider stått helt nede på jordskjelv — var det nå kommet til topps.

Russeren, som hadde bevertet oss med alt hvad huset formådde, innbød mig til å hvile der en stund, men nei takk. Vi tok fatt på innspurten til staden med en gang — den var mig ganske ukjent, skjønt jeg hadde jo hørt adskillige hårreisende historier om den allerede.

Klokken seks om morgenen var vi fremme. Det røk da av de fleste skorsteinene i byen. Det første som falt mig i øinene, var de røde flaggene som vaiet så mange steder.

Tilbake til Maud

Det første jeg gjorde, var å opsøke Lampe, en nordmann som jeg kjente fra Nome i 1906, og som nå var handelsmann i Anadyr. Hos ham undersøkte jeg når telegrafstasjonen var i virksomhet, og fikk beskjed om at den sendte mellem ni om kvelden og tre om morgenen. Jeg hadde altså hele dagen til rådighet for å bringe alt i orden. En time efter min ankomst til Lampe var huset fullt av fremmede, dels var det representanter for byens øvrighet — om jeg får bruke dette fordringsfulle ordet —, dels var det tilfeldige skuelystne. Da jeg hadde fått mig en vask og ordnet mig litt, gikk jeg i følge med Lampe op til telegrafstasjonen. Min venn lovet mig all den assistansen han kunde yde mig. Vi fikk sjefen i tale. Han sa det hadde ikke lykkes å få en amerikansk stasjon i tale, men han skulde gjøre alt som stod i hans makt for å opnå forbindelse. Der var ellers to veier å forsøke — over Russland og over Japan. Han vilde prøve begge, men først skulde vi forsøke St. Paul. Lampe foreslo ham at han skulde kalle på denne stasjonen med et S.O.S.-signal og melde fra at det var absolutt nødvendig for oss å komme frem med telegrammer den veien. Dette blev vedtatt. På stasjonen i Anadyr var der en som kunde tale engelsk, men han kunde ikke lese de håndskrevne telegrammene. Disse måtte derfor først skrives på maskin for ham, noe som Lampe straks gikk i gang med. Han var ferdig utpå eftermiddagen, og alt var da klart til å forsøke eksperimentet. Lampe og jeg måtte bare snakke engelsk i nærvær av russere som forstod engelsk. Om eftermiddagen konfererte vi med myndighetene, og de lovet å gjøre alt som stod i deres makt for å hjelpe oss. De blev gjort kjent med telegrammenes innhold og forvisset sig om at intet var til hinder for at de kunde passere.

Klokken ni om kvelden var jeg i følge med Lampe på stasjonen, som nettop da begynte sin virksomhet. Sjefen satt selv og lyttet og sa at han hørte St. Paul og skulde nå få forbindelse. Jeg fikk vente til dagen efter, så skulde jeg få høre utfallet.

Jeg var tidlig oppe dagen efter, den 25. mars, og gikk og ventet på melding fra stasjonen. Ved nitiden kom det bud fra sjefen at jeg skulde komme over til ham. I følge med Lampe gikk jeg avsted, og nå fikk jeg beskjed om at det avsendte telegram til New York var mottatt, men at det måtte ventes med de andre inntil St. Paul hadde underhandlet med Washington. De skulde la høre fra sig innen fire og tyve timer. Dette var altså utfallet av nattens arbeide. Klokken ti om aftenen var jeg atter på stasjonen. Sjefen sa at St. Paul var i sterk virksomhet med stasjoner utenom Anadyr. Der var ikke noe for mig å vente på. Jeg gikk til losjiet mitt og tok mig en lur.

Fredag den 26. var været godt, men svært kaldt. Ingen nyheter den dagen. Jeg var på stasjonen fra klokken ni til elleve om kvelden, men fikk ikke høre noe. Sjefen sa at St. Paul arbeidet hardt, men at det i nattens løp kanskje vilde komme noe derfra. Jeg skulde i tilfelle få øieblikkelig beskjed. Dagen efter blev jeg kalt til stasjonen ved nitiden om morgenen. Det blev da berettet at alle telegrammene kunde passere over Amerika. Alle undtatt de til pressen var avsendt og mottatt i St. Paul. Alt var i beste orden. Jeg hadde nå bare å vente på svar fra Leon Amundsen og få det siste telegrammet avsted, så var jeg ferdig til å dra hjemover igjen. Sjefen på stasjonen fortalte og lot oversette for mig at guvernøren hadde gitt beskjed om at alle telegrammene skulde bli sendt gratis, og at jeg altså ikke hadde noe å betale.

Næste dag, søndag, gikk med å vente, og mandagen kom. Jeg hadde så smått begynt å gjøre mig ferdig til hjemreisen. Lampe skulde slå følge med mig et stykke sammen med en amerikaner. Vi hadde fått fatt på to hunder og hadde også halvveis løfte på to til. Det var lite, men iallfall såpass at vi skulde slippe å trekke vårt habengut selv. Ved halvti-tiden fikk jeg nyheter fra stasjonen. Det var nettop kommet telegrammer fra to regjeringer til den derværende guvernør med anmodning om at han måtte være ekspedisjonen mest mulig behjelpelig på alle måter, samt yde mig all mulig assistanse. Dette var jo godt å høre og fikk mitt humør, som på det tidspunkt ikke stod altfor høit, til å stige adskillige grader. Som et eksempel på hvordan forholdene var på stedet dengang, nevner jeg at den som meldte mig innholdet av telegrammene, innstendig bad mig om ikke å røbe at det var han som hadde fortalt mig det.

Dagen efter fikk jeg bud om å komme til guvernørens kontor. Han fortalte mig om et par viktige meldinger som var kommet dagen før. Nå kjente jo jeg til alt sammen allerede, men jeg måtte late som om jeg ikke visste noe. — Imidlertid hadde jeg ikke fått noe svar på mine telegrammer, og ventetiden tok til å bli sørgelig triviell, det var ikke det ringeste å ta sig til. Det eneste som jeg hadde å gjøre, var å spise og sove, og det kan bli temmelig trettende i lengden, det også.

Jeg var nå nådd frem til april. — Det følgende er utdrag av dagboken et par måneder utover.

Torsdag, 1. april 1920. Været er fremdeles godt. Idag blåser det friskt fra nord med sterk kulde. — Fikk ikke noe idag heller. Jeg talte med telegrafsjefen. Han mente det var for tidlig å vente svar. Jeg er nå helt ferdig til å dra avsted så snart som jeg får telegrammene.

Fredag, 2. april. Dagen forløp i all stillhet — intet nytt. Det fortelles at det er brutt ut revolusjon i Frankrike, og at det skal ha blitt noeslags ugreie mellem Norge og Sverige. Jeg tror ikke på det, det er nok bare løse rykter.

Mandag, 5. april. Fremdeles ingen telegrammer. Jeg er tilbøielig til å tro det er en eller annen fantestrek med i spillet. Det er ikke godt å vite og enda farligere å si. Jeg talte med telegrafisten. Han fortalte mig at nå siste natt var der kommet telegram fra Vladivostokk fra den norske konsulen, som ber om nyheter fra ekspedisjonen. Det kan jeg ikke gi ham, men jeg lot sende et telegram i stasjonens navn til konsulatet. Omstendighetene er slike at jeg er nødt til å gjøre det på denne måten, tross det er mot min vilje. Jeg har bestemt mig til å vente til den 10. april, men ikke lenger.

Tirsdag, 6. april. Nå er også denne dagen gått uten at jeg har fått svar. Det kom telegram fra Vladivostokk om at det nå var trøbbel mellem Russland og Japan. Byen Nikolaievsk er bombardert og står i flammer. Det forekommer mig mere og mere mistenkelig at det nå efter så lang tid ennå ikke er kommet noen meddelelse hjemmefra. Det henger vel sammen med at det er utbrutt krig mellem Russland og Japan.

Torsdag, 8. april. Inntil idag intet nytt. Jeg gikk tidlig til køis, var lei hele greia. Litt over elleve om kvelden, nettop som jeg hadde slukket lampen, hørtes der banking på den ytre døren. Lampe, som deler rum med mig, sang ut høit og tydelig: — Der har vi bud fra stasjonen! Det tok oss ikke mange minuttene før vi var ute og fikk lukket op, men før vi kom så langt, ropte budet: Telegram fra Norway. Kom hurtigst mulig på stasjonen.

Jeg sparte ham å gjenta opfordringen, halvt påkledd fulgte jeg med ham. Telegrammet var mottatt og skrevet på engelsk, men meget utydelig. Telegrafisten sa at det kom så hurtig at han hadde hatt mere enn nok med å følge med. Lampe og jeg prøvde å tyde det, men enkelte ord var tvilsomme. Telegrafisten, som best kjenner sin egen håndskrift, lovet å skrive telegrammet av, så skal jeg få det imorgen. Jeg gikk hjem, beruset av glede.

Fredag, 9. april. Ved nitiden gikk jeg op på stasjonen, hvor jeg fikk telegrammet som nå var renskrevet. Det var enkelte ord i det som ikke var til å forstå. Jeg skrev et kort telegram til Leon Amundsen. Det som var bestemt til pressen, blev også sendt til ham. Begge telegrammene skulde sendes i natt. Og dermed er jeg så endelig ferdig og kan dra herfra hurtigst mulig, og jeg vet at jeg har utført min misjon efter beste evne.

Om kvelden var jeg i bad. Det var riktig en fornøielse. Alt folket her er optatt med forberedelsene til å feire påske, som begynner førstkommende søndag. Lampe har nå bestemt sig til å forlate stedet her og slå følge med mig, muligens helt frem til «Maud».

Lørdag, 10. april, var jeg hos guvernøren for å si farvel. Det har vært mig fortalt i lang tid at myndighetene her vil skaffe mig forspann et stykke på veien. Dette skulde de til og med gjøre gratis. Jeg har ikke festet noen

lit til det, og jeg har derfor vært bestemt på å klare mig ved egen hjelp.
Lampe har kjøpt ti hunder. Men jeg spurte da for sikkerhets skyld
guvernøren om det var ordnet med skyss for mig. Ja da, et godt dog-team
var allerede skaffet, men ikke en mann var å få til å kjøre før om etpar
dager. Da det nå er påskehøitid, nekter alle å kjøre, og guvernøren vil
heller ikke tvinge noen til det, hvilket jeg finner svært rimelig. Det blir
altså å vente i to dager til.

Lampe har nå bestemt at han ikke vil forlate stedet før første mai.
Svendsen, hans sjef, er nemlig bortreist, men kommer tilbake til den tid.
Hvis den som skal kjøre med mig, finner for godt å hale det ut enda
lenger, vil Lampe ta hundespannet sitt og bringe mig til Sodnikoff.

Alle de som har hunder her, forlanger 200 dollar for å bringe en person
herfra og tvers over Holy Cross Bay. Det er fire dagers kjøring med gode
hunder. En annen ting er at gode hunder finnes ikke i Anadyr for
øieblikket. Alle er så utsultet at det er så vidt at de klarer å gå. Kan jeg bare
komme en 25 mil herfra, så er jeg på steder hvor det er hunder å få. Det
kan nok komme til å bli kostbart, men det er ingen råd med det.

Søndag, 11. april. Idag oplevet jeg den største høitiden i Russland. Jeg så
mange skikker som jeg ikke har sett eller lagt merke til før. Når noen
møttes, var det ikke godt nok å hilse hånd i hånd, men de kysset
hverandre. Overalt så jeg berusede personer. I formiddag kom en ravende
inn til Lampe. Han foretok straks den høitidelige ceremonien med kysset.
En ung russer, som er tjener hos Lampe, fikk det første kysset og
håndtrykket. Det gikk runden videre og så kom turen til mig. Han laget
kyssetøiet i orden. Jeg glante på ham. Heldigvis var han ikke kanon full så
han skjønte så noenlunde hvad jeg tenkte og lot sig nøie med et
håndtrykk.

I eftermiddag kom det to fremmede kjørende til stedet. Hundene var
ikke før stoppet, før de to var omringet av en skare mennesker av begge
kjønn, og det blev en kyssing og omfavning uten like. Jeg spurte hvad
dette skulde bety. Jo, det var stor kyssedag over hele Russland. Lampe og
jeg tok en lang tur opover isen. Været var førsteklasses, varmt og godt,
riktig behagelig å ferdes ute.

Mandag, 12. april. Før avreisen var jeg hos guvernøren og lot ham se
gjennem papirene mine. Han stemplet dem og utstyrte mig med pass. Så
nå kan jeg passere uhindret og risikerer ikke å bli stoppet på veien av
mulige revolusjonære elementer.

I dag var der stor festmiddag hos sjefen på telegrafstasjonen,
guvernøren og stedets øvrige myndigheter var innbudt. Lampe og jeg fikk
også innbydelse til å delta i denne påskefesten.

Jeg var just ikke oplagt til festligheter. Men Lampe mente avgjort at vi ikke måtte avslå innbydelsen. Der kunde by sig en eller annen chance ved en slik anledning, det hele berodde nå på å vise litt diplomatisk kløkt. Han hadde jo bedre kjennskap til forholdene på stedet enn jeg hadde. Vi bestemte oss for å gå på festen og til å møte presis.

Det er næsten utrolig at en så livlig, munter og stilfull fest kunde finne sted i en slik avkrok av en isørken. — I spisesalen var der dekket til 24 personer, men da alle hadde inntatt sine plasser, blev der en plass til overs. Vi satt der og så på hverandre. Ingen mat blev servert. Konversasjonen foregikk på russisk, og det var jo som hebraisk for mig. Foruten Lampe og mig var der to mann, annentelegrafisten og bysekretæren, som talte engelsk.

Mens vi satt og ventet, fikk jeg smuglet et par norske ord til Lampe:

— Hvad skal dette bety?

— Å, bare vent, nå kommer det snart.

— Det må være en av gjestene som er for sent ute, tenkte jeg.

I samme øieblikk trådte der inn i salen en meget elegant kledd dame. Hun blev stående et øieblikk og tok et overblikk over gjestene. Så gikk hun bort til den gjesten som satt ved siden av den ledige, plassen, og gav ham et kyss, og derefter fortsatte hun fra gjest til gjest. Jeg måtte i all stillhet lure mig til å spørre Lampe på nytt hvad dette skulde være godt for. Med fingeren på munnen antydet han at nå fikk jeg holde kjeft. Det var påskekysset. Imens var damen kommet til min plass. Jeg hadde gjort mig i stand til å motta kysset i god tro. Jeg fikk det som tilkom mig, og med engang kom jeg til å minnes historien om en som fikk et kyss, og som gjerne vilde ha ett til. Han sa:

Kysset som du gav mig, det smakte mig så godt, det kan du ta tilbake, så har jeg intet fått.

Imidlertid var hun kommet til siste mann. Det var selve guvernøren, og han også fikk sin omgang. Så inntok hun sin plass ved siden av ham; det var guvernørens frue.

Da første rett, kysset — som var meget god og lett fordøielig — var servert, kom de andre rettene slag i slag. Annen rett bestod av avkokt laks. Der var mange retter, men de forsvant så fort at jeg synes det er overflødig å omtale dem nærmere. Da vi var ferdige med desserten, håpet jeg det skulde være et kyss til slutt også, men vi måtte nøie oss med det vi alt hadde fått.

Endelig var vi ferdige ved middagsbordet og dansen begynte. Den gikk med liv og lyst. Guvernøren og fruen, som likesom var sjelen i det hele, foreslo at dansen skulde henlegges til et større lokale, så alle som hadde lyst, kunde få sig en svingom. Det forslaget vant almindelig bifall, og det blev til stor fordel for mig, noe som snart skal bli nærmere omtalt. Valsen blev avblåst, og gjestene drog over til Public House, et mere rummelig lokale. Der samlet omtrent alle stedets beboere sig, lystige og glade til å begynne med.

Da det led utpå natten, kom jeg i samtale med en god borger av staden som fortalte at han hadde et godt hundeforspann. Jeg begynte straks å akkordere med ham om at han skulde kjøre mig et stykke på veien, og han var nokså villig da han hørte betalingsbetingelsene, 25 rubler om dagen. Jeg trodde nå ikke så meget på løftet hans, det var vel tryggest å ta med i betraktningen den feststemning vi alle var i for øieblikket. En hadde god grunn til å gjøre som den vantro Thomas, først se og så tro.

Imidlertid gikk festen og dansen sin gang mens hundeeieren og jeg mest var optatt med kjøring. Til slutt var vi kommet så langt at vi skulde avsted næste dag, men mer enn to dagers kjøring kunde han ikke love, for han hadde så lite hundefôr. Klokken fire om morgenen sluttet festen.

Ja, spør om jeg var glad over de gode utsiktene jeg nå hadde til endelig engang å komme på hjemveien. Men Lampe mente: — Gled dig ikke for tidlig.

Omtrent ved nitiden om morgenen — jeg lå i min beste søvn og drømte om fest og påskekyss — kom der beskjed om at nå var hundeforspannet klart til avgang, og jeg måtte komme straks.

Jeg lot mig ikke purre to ganger, var på et øieblikk ute av køia og i klærne. En time senere var vi på farten. Jeg trakk et lettelsens sukk da jeg vinket farvel til Anadyr, og tenkte ved mig selv: Hit kommer jeg aldri mere, hvis da ikke fuglene engang bærer mine ben hit.

Det bar avsted i fin fart med tolv raske, gode hunder foran sleden. Klokken fem om eftermiddagen var vi ved tsjuktsjer-leiren hvor vi skulde overnatte. Jo, nå begynte livet på nytt! De var så drukne og gale hele flokken at vi hørte skrikene og hylene lang lei. Vi gikk inn i et telt og fant oss en plass borte i en krok. Der satt vi som tause tilskuere til det lakket så langt at det var på tide å gå til ro.

Onsdag, 14. april. Utpå eftermiddagen idag kom vi til Sodnikoff. Her skulde skyssen snu og dra tilbake til Anadyr. Sodnikoff skulde kjøre mig videre, hvor langt det blev, visste jeg ikke. Sodnikoff var borte en tur, men han skulde komme tilbake samme kveld, og ved åttetiden hadde vi ham hjemme.

Torsdag, 15. april. Vindstille, tåket luft. Sodnikoff kunde ikke kjøre idag, da han måtte fôre og hvile hundene sine. De fikk all den mat de kunde få i sig. Det var en lyst å se på hver gang han fôret dem, den ene kjøttporsjonen efter den andre. Dessuten har han gjort i stand til turen, sett efter primus og kokekar, slede og seletøi.

Fredag, 16. april. Klokken åtte imorges kjørte vi av sted. Sodnikoff kommer antagelig til å kjøre mig til Holy Cross Bay. Det er ganske stille, men meget usiktbart og litt snefall. Landet vi har kjørt over, er flatt, og det har ikke vært stort å feste øiet på, ingenting som har kunnet gi oss et fingerpek om hvor vi befinner oss.

Utpå eftermiddagen kom vi til en hytte, den samme som jeg overnattet i den 19. mars på vei til Anadyr. Denne hytta også tilhører Sodnikoff. Han har en mann her som ligger og passer revesaksene. Her kokte vi først te og efterpå en god kjøttsuppe. Så begav vi oss i soveposen for å nyte hyggen der.

Lørdag, 17. april, bar det videre i tett tåke, men vi nådde frem til en tsjuktsjerleir — fire telt. Her skal jeg skifte skyss. Sodnikoff vendte tilbake herfra. Først skulde han imidlertid ordne med skyss videre for mig. Det blev pokker til jobb. To mann herfra var kjørt til Anadyr igår, en tredje stod på farten til å dra samme vei da vi kom. Sodnikoff gjorde alt han kunde for å få mannen fra dette forsettet; men ingenting hjalp. Mannen skulde til Anadyr for å få fatt i sukker og te. Jeg lovet å skaffe ham det ved fremkomsten til Smirnoff. Det vilde han ikke høre tale om. Men han skulde kjøre mig straks han kom tilbake fra Anadyr. Det kan i beste tilfelle ta fire-fem dager for ham med raske hunder å tilbakelegge strekningen frem og tilbake til Anadyr. Det er ingen hyggelige utsikter for mig dette, at jeg må bli her så lenge, men jeg har ikke noe valg. Vil jeg i det hele tatt komme herfra, må jeg pent vente til den rakkeren kommer igjen. Heldigvis har jeg denne gangen så meget proviant at jeg kan holde ut nokså lang tid.

Tirsdag, 20. april. Tidlig imorges var hele flokken her oppe. Jeg forstod at noe særskilt måtte være på ferde efter forskjellige forberedelser å dømme. Teltet var fullt av folk, og der blev servert te og kjøtt. Jeg lå i soveposen og lot som jeg sov. Jeg blev purret til å drikke te, men jeg avslo tilbudet, for skulde jeg ha holdt selskap med dem, var uten tvil hele sukkerbeholdningen min strøket med, så mange som der var til stede. Jeg valgte heller å være uten te til senere på dagen. Tørnet ut klokken syv, og hørte da at det var stor travelhet utenfor. Noen gutter kom drivende med hele reinflokken, og så begynte de efter alle kunstens regler å kaste fast de dyrene som skulde brukes til kjøring. Der blev i alt fanget inn fjorten rein. De blev spent to og to for hver slede og så drog hele karavanen av gårde.

De kjørte raskt. Men jeg hadde innbilt mig at det gikk fortere med reinskyss enn det virkelig gjør.

Da følget var dradd av gårde, satte husmoren sig utenfor teltet i solskinnet og gjorde sitt toalett. Hun kammet og flettet håret, og samtidig satte hun fast en mengde perler i det. Efterat hun var ferdig med dette, gjorde husfaren sig en tur op i hodet hennes for å se om der skulde være noen efterglemte innbyggere der oppe. Utfallet av ekspedisjonen kjenner jeg ikke noe til. Da alt var i orden, gikk hun inn i soverummet, og der satte hun sig til å skrike og brøle — samtidig som hun slo på en tromme. Ett er sikkert: om hun hadde hatt en smule idé om hvor stygt det hørtes, vilde hun ha sluttet straks og aldri mere tatt fatt på det igjen. Men hun gjorde så godt hun kunde, stakkars kjerringa. Hun skrek til hun ikke greide mere, og så måtte det kokes te til henne, forat hun kunde få mælet igjen. Dette var forresten til fordel for mig også, da jeg ved samme anledning fikk min morgente. Dagen var lang. Jeg var lei og kei mig og ønsket bare at det skulde bli en chance til å komme vekk fra all elendigheten. Om aftenen kom de tilbake, de som hadde kjørt ut om morgenen. De hadde vært og hentet en familie som skulde flytte hit. Dette var til ikke liten adspredelse for mig. Mannen som kom hit, talte nemlig litt engelsk. Han hadde i mange år fart med amerikanske hvalfangere. Det var ingen andre på stedet som jeg kunde tale med.

Onsdag, 21. april. Ved hjelp av denne mannen som snakket engelsk, tok jeg fatt på å underhandle med rein-tsjuktsjeren om å kjøre mig over Holy Cross Bay. Det er bare tre dagers kjøring til det stedet hvor Smirnoff bor. Men det lot sig ikke gjøre å få dette ordnet; som grunn anførte tsjuktsjeren at reinen ikke kunde være så lenge uten mat. Om formiddagen drog noen karer ut på selfangst. Samtidig begynte de som var tilbake i leiren, å brenne brennevin, og ved middagstider var fyllefesten i full gang. Som vanlig hylte og skrek de av alle krefter, og gråt og kysset hverandre.

Ett er jeg glad for — at jeg ikke har så lang tiden igjen å være sammen med disse folkene. Jeg har nå stridd mig gjennem fire dager, og mere enn to dager til kan det ikke vare før de som skal kjøre mig videre, er tilbake fra Anadyr. Om eftermiddagen kom selfangerne tilbake. Uten fangst var de, men like glade og fornøide som da de drog ut.

Fredag, 23. april. Ingen kom fra Anadyr i natt heller. På morgensiden blev der liv og røre i leiren. Folkene begynte å flytte. De skal lenger innover langs østsiden av Holy Cross Bay. Ungguttene blev sendt avsted for å drive reinflokken til beiteplassen, og imens gjorde de andre sig klar til starten. De lesset på sledene og surret. Efter hvert som sledene var fulllastet, blev de trukket bort på marken og stillet op i en spiss vinkel, den ene med forenden på den som stod foran. Jeg spurte hvad dette skulde være godt for, men fikk til svar at jeg skulde bare vente tålmodig så kom jeg nok til å skjønne meningen. De skulde nå skille hun-dyrene fra han-dyrene, og det foregikk på denne måten. Hele reinflokken, omtrent tre hundre dyr, blev sagte drevet bort imot innhengningen — den vinkelen sledene dannet — og så blev det gjort holdt. Reinflokkene stoppet som på kommando. Biksen eller basen blandt folkene i leiren, hans navn var Tenjitun, førte kommandoen med det hele. Han gikk ganske nær reinflokken, og så sa han noen ord. Ikke før var ordene uttalt, så fløi omtrent halvdelen av reinsdyrene ut av flokken og stanset et stykke fra den. Det blev forklart mig at det bare var kuene som fløi ut, oksene stod igjen. Så blev oksene drevet inn mellem sledene — med hele folkemassen på den åpne siden. En tre-fire mann gikk inn blandt dyrene og tok ut dem som skulde trekke lassene.

Hvis jeg nå fulgte med når leiren flyttet, vilde ikke han som skulde komme og hente mig, finne mig igjen. Jeg gjorde min vert opmerksom på dette, men det hadde tilsynelatende ingen virkning til min fordel. De hadde det altfor travelt med arbeide til å høre på mig og mine ønsker. Arbeidet foregikk i stor fart. Snart stod 74 sleder pakket. Det blev i alt fanget inn 87 reinsdyr, som blev forspent. Alt var ferdig til start. Til min glede så jeg at mitt tøi ikke blev tatt med, og en kom bort til mig og sa, at hvis jeg vilde gi ham 4 dollar, skulde han med rein kjøre mig til det stedet hvor skysskaren min bodde. Jeg bød ham 50 rubler, men han vilde ikke høre på det øret. Så hadde jeg ikke noe annet å gjøre enn å gå inn på hans forlangende. I en fart var de ute og fanget to rein til, og imens blev tøiet mitt pakket på en slede. Vi drog hver vår vei, og glad var jeg over å skifte opholdssted.

Om eftermiddagen var jeg fremme. Tsjuktsjeren lot reinene hvile i to timer, så drog han tilbake. Nettop som han forlot stedet, kom skysskaren min tilbake fra Anadyr. Han blev meget forbauset over å finne mig på stedet. Da jeg kom hit, traff jeg to russere. Den ene kjente jeg fra Anadyr, og den andre var Agon, som jeg hadde bodd to dager hos da jeg var på fremtur. Han har vært ute i fjellene hos tsjuktsjerne og kjøpt reveskinn. Nu var han på tur hjemover.

Han laget straks i stand mat og te til mig. Tsjuktsjerne hadde ikke sans for noen ting; de var fulle og gale alle sammen, menn og kvinner uten forskjell.

Søndag, 23. april. Vind og regn. Det flyter både inne i og utenfor teltet. Tsjuktsjeren nekter å starte.

Mandag, 26. april. Jeg våknet i tretiden i natt ved at det blåste en storm, og snedrevet trengte inn gjennem alle hullene i teltet. Godt, tenkte jeg, der har du en prøve på dagen. Det dryppet ned på soveposen, og jeg erfarte

snart at det rant overalt, så det var ikke noe gagn i å skifte køiplass. Jeg
fikk fatt på et skinn som jeg la over posen, og tok en lur igjen. Ved
sekstiden tørnet jeg ut; ikke et liv var oppe uten jeg. De to russerne hadde
latt hundene sine ligge forspent i selene. Da jeg stod op, hadde det ene
forspannet ett i sig både seler og drastjert, mens det som tennene deres
ikke hadde bitt på, såsom jern og horn, lå igjen i en pen liten dunge. Jeg
gikk inn og ut og gjorde såpass spetakkel og støi som jeg kunde prestere,
for å få noen til å stå op og koke te. Først ved åttetiden lyktes det mig å få
op kokka, en gammel kjerring, men det lot ikke til at hun hadde noen hast
med å få kjelen i sving.

Endelig engang blev det da te, og jeg kunde få frokost. Det var riktignok
ved middagstid, men det gikk for det samme. Straks efter tok jeg op
forhandlinger med russerne. Vi blev enige om å dra avsted ved firetiden
og kjøre over Holy Cross Bay om natten. Ved middagstid kantret vinden
til vest, og ved tretiden var den helt nordvest. Jeg blev da gjort
opmerksom på at vi ikke skulde dra, men vente til næste dag. Dette var
russernes påfunn, og de var så heldige å få skysskaren min til å gå med på
forslaget deres. Jeg spurte dem hvorfor vi ikke kunde dra når været og
føret var så godt. De brukte som motargument at det var så meget vann
på isen, men at det vilde forsvinne efter hvert.

Jeg fastholdt at jeg vilde avsted med det samme. De mente at vi burde
holde følge, og derfor måtte jeg vente til det behaget dem å starte. Jaggu
sa jeg smør. Jeg lot dem forstå at jeg drog akkurat når det passet mig, og at
ingen skulde forsøke å legge mig hindringer i veien. Forsinkelser hadde jeg
så menn hatt nok av i forveien. Så gjorde jeg op en plan. Jeg vilde legge
igjen tøiet mitt, som jo bare bestod av soveposen og privatposen, ta litt
mel med mig og så gå til fots tvers over Holy Cross Bay til et tsjuktsjertelt,
hvor jeg visste det var fullt op av gode hunder. Derfra kunde jeg så få
skyss til Kapp Bering. Dette var ikke farlig å overkomme i fint, mildt vaer.
Kompass hadde jeg, og jeg mente å være over bukten dagen efter. Da jeg
så hadde dette klart, gikk jeg inn og spurte skysskaren hvem det var han
skulde kjøre til Bering, mig eller russerne. Jo, det var da mig. Jeg sa til ham
at nå gjorde han som han vilde, enten fikk han starte med en gang, eller så
trengte han ikke starte med mig i det hele tatt. Jeg skulde klare mig selv i
tilfelle. Øieblikkelig begynte han å gjøre sig klar til å dra avsted. Han
undskyldte sig med at han ikke hadde forstått hvad russerne sa. Dette var
oplagt løgn, for jeg visste at han udmerket godt forstod det han vilde
forstå.

Da russerne så at vi begynte å pakke sleden, gjorde de atter forsøk på å
hindre oss i avgangen. Da sa jeg dem min mening fullt ut. De kunde
gjerne for mig ligge her så lenge det behaget dem. Nå skulde jeg avsted og
vilde ikke høre mere sludder fra deres side. Straks før jeg skulde starte,

kom russerne og bød mig drikke en kopp te med dem. Jeg mottok innbydelsen og fulgte med til deres telt. Russeren som det her er tale om, var han som var kommet fra Anadyr, en stor noksagt av en fyr. Det var ham som til stadighet søkte å legge mig hindringer i veien så jeg ikke skulde kunne komme frem. Av hvilken grunn han gjorde dette, hadde jeg tilfeldigvis fått vite før jeg forlot Anadyr. Jeg var derfor på en måte forberedt på at noe slikt kunde inntreffe.

Også den andre russeren, Agon, fortjener omtale — om enn på en annen måte. Ham blev jeg kjent med på turen til Anadyr, som før nevnt. Jeg overnattet hos ham, og han gjorde den gang alt som stod i hans makt for å skaffe mig skyss videre, og så efter at jeg ikke manglet noe. Om ham kan det sies at han var en hedersmann i enhver henseende.

Hos Agon var det nå denne russeren fra Anadyr bodde. Jeg tok mot innbydelsen, ikke av vennskap og høiaktelse, men for ikke å være mere uhøflig enn nødvendig. Da vi kom inn i teltet, gikk han bort til køia og grov frem en flaske. Heia, tenkte jeg, når ikke noe annet middel hjelper, så brukes det verste. Jeg trodde sant å si at jeg skulde få en dosis gift til avskjed. Han fylte et stort glass vel halvfullt og bød mig. — Nei takk, sa jeg, verten drikker først. Så rakte han glasset til Agon, som tømte det på ekte vikingvis. Så kom porsjon nummer to, som han rakte til mig, men jeg hevdet at verten først skulde drikke, siden kom gjestens tur. Jo, han efterkom opfordringen, og imens nyttet jeg høvet til å betrakte den første som hadde smakt på drikken, om han pustet ennå, eller om han kanskje allerede skulde ha glemt det. Han var i beste velgående, så antagelig hadde supen bekommet ham vel.

Så kom turen til mig. Jeg smakte på stoffet. Det var sibirsk hjemmebrygg og ikke gift, som jeg hadde innbilt mig. Men det heter jo at en kan gjøre en skjelm urett en gang iblandt. Jeg sa takk for mig og forsvant, glad over utsikten til å komme av gårde.

Klokken fem drog vi fra stedet med seksten hunder forspent. Jeg trodde det skulde blitt en rask skyss, men det viste sig allerede før starten at denne gangen tok jeg feil.

Vi hadde ikke såpass som femti kilo på sleden foruten oss to, men en av oss måtte likevel gå når den andre satt på. Somme tider hendte det også at vi var nødt til å gå begge to, og enda hjelpe til når sleden satt fast efter en stans, og stanse gjorde vi ofte. Hadde vi hatt seksten hunder til, måtte vi sikkert ha trukket sleden selv da også.

Tirsdag, 27. april. Klokken halv to imorges stoppet vi og gav hundene en liten hvil. Selv tok vi oss en liten bit mat. Det var nokså mørkt i natt på grunn av den mørke luften. Denne kjørekaren skulde kjøre mig frem til Kapp Bering, og for det har jeg lovet ham en rifle. Da det led utpå morgenen, begynte det å klarne. Klokken seks om morgenen var vi ved landet på østsiden av bukta, og hadde da brukt akkurat ti timer over isen. En halv time efter var vi ved teltet, hvor vi skulde hvile litt og vente til utpå eftermiddagen når solen dalte og det blev litt bedre føre. Da hundene skulde fôres, hadde vi ikke noe mer mat å gi dem. Mannen i teltet hadde fullt op av hvalrosskjøtt, men han vilde ha betaling for det. Skysskaren forlangte at jeg skulde betale for kjøttet; det var mine hunder, og mat måtte de ha.

Vel, sa jeg, er det mine hunder, så kan du gå hjem straks. Jeg skal kjøre hundene mine selv. Dermed var jeg kvitt det gnålet. Ved middagstid tok jeg soveposen og gikk ned til stranden, hvor der var bare tørre sanden. Der tok jeg mig en lur til klokken var henimot tre. Tørnet så ut og fikk te og mat. Sneen var da så smått begynt å stivne til, og ved femtiden kjørte vi avsted. Tsjuktsjeren fant det for godt å kjøre over land istedenfor på isen. Han fryktet for saltvann og dårlig føre. Men følgen av denne landkjøringen var at vi støtte på mange rein-tsjuktsjertelt, og hvor han kom, purret han folkene for å få te. Det første traff vi på ved nitiden. Der spiste vi kokt reinkjøtt. Det næste traff vi på ved tolvtiden, og der tørnet de ut og kokte te. Vi sølte bort næsten tre timer på denne måten.

Da vi omsider nådde frem til Agon, fikk vi en dårlig nyhet. Over halvdelen av hundene mine som jeg hadde efterlatt på Østkapp, var døde. Det var det verste av alt som kunde hendt. Jeg fikk mig to timers søvn, og våknet av skrål og leven fra tsjuktsjerne som huset var fullt av. Det var vindstille og tett tåke, og sneen var så bløt som skum. Selv utpå kvelden kunde jeg såvidt merke en skorpe på den. Jeg gjorde mig ferdig til å dra avsted så fort som mulig, men før det var blitt litt hardere føre, var det umulig å starte. Tsjuktsjeren hadde fått lånt en slede og hadde delt hundene i to spann, åtte for hver slede. Jeg skulde kjøre det ene. Til å begynne med vilde ikke hundene vite noe av min kommando. De tørnet bare rundt og glante på mig med et spørrende blikk: hvad har du med oss å bestille? Efter å ha talt noen ord til dem, visstnok ikke pene ord, men meget velvalgte for anledningen, og dertil gitt dem en solid drakt pryl både for og bak efter godt norsk mønster, tok de til fornuft og gikk den veien jeg vilde ha dem til å gå. Vi blev i følge med en mann fra Kapp Bering, som var på hjemveien.

Det gikk meget kvikkere på denne måten med to sleder enn det før hadde gjort da vi kjørte bare med én. Når 16 hunder skal dra en slede, er det i virkeligheten bare halvparten av dem som er i arbeide, de andre

«Maud».

«Maud» får besøk i Tromsø 1918.

En bra rusk!

Ishavsskuta «Polarbjørn» som Oxfordekspedisjonen brukte.

henger bare på. Ved midnattstid satte de to tsjuktsjerne sig til å sove og overlot hundene til skjebnen og til å passe sig selv. Selvfølgelig saktnet farten, og hundene mine holdt sig kloss innpå sledene til de andre. Jeg ropte til dem at de måtte drive på hundene, men det var som å rope til steinen. Jeg tok så og kjørte mine foran. Hvor mange ganger ønsket jeg ikke at sledene skulde ha veltet over, så de to kunde ha fått søvnen ut av øinene; men veien var så jevn og fin at det dessverre ikke var noen chance til at det skulde hende. Begge forspannene kom side om side travende efter og holdt så noenlunde følge med mig. Jeg syntes dette var altfor godt for de to latsvolkene som på dette tidspunktet hadde lagt sig riktig godt til rette. Jeg hadde en gammel fille av et reinskinn, som jeg satt på, og av dette skar jeg et stykke som jeg igjen skar i små biter og kastet ut til sidene. Jo, heldigvis gikk det som jeg hadde tenkt og ønsket. Begge forspannene skar ut i rasende fart og kappedes om å få tak i skinnfillene. Til slutt var hele bikkjerøisa i en eneste vase og sloss på liv og død. Jo, jeg skal love for at de to kom sig av sledene og det i en fart, og et helt arbeide hadde de med å greie brasene. Som jeg lo og frydet mig der jeg satt! Ja, jeg lo godt lenge efterpå også, hver gang jeg tenkte på det puss jeg hadde spilt dem.

Ved totiden om formiddagen kom vi til en leir, hvor Trifon, Karieffs mann, stasjonerte. Her fant de to forbannede sluskene på at de skulde stoppe, de vilde ikke kjøre lenger. Beringmannen hadde greie på at det nylig var brent brennevin der, og denne drikken skulde nå de to være med på å fortære. I det første teltet hvor de purret, var folk så fulle at de ikke fikk annet svar enn en rallende lyd. Men de holdt på så lenge til én våknet. Det var en smågutt som formodentlig ikke hadde fått noe av det gylne brennevinet.

Derpå gikk de til et annet telt. Der kom det liv i leiren i en fart, for der hadde de ikke begynt å drikke ennå. Jeg bad skysskarene pent om å kjøre til næste boplass. Hvis de gjorde det, greide de å kjøre til Kapp Bering på tre netter. Stoppet vi der, vilde vi trenge fire. Men det stod ikke i min makt å få dem overtalt til å forlate stedet. Hadde jeg tidligere på morgenen hatt en god latter, kunde jeg nå gjerne ha grått av sinne.

Klokken er bare åtte på formiddagen. Inne i soverummet ligger de to fulle beistene. De andre er nå i teltet ved siden av, hvor de hyler og huier som besatte. Jeg sitter i det ytre teltet og skriver i dagboken. Hundene går omkring mig og tjenestegjør som censorer. Jeg er i et sånt perlehumør at jeg ikke kan sove til tross for at jeg ikke har sovet mere enn fem timer på et par netter.

Ved middagstid blåste det op en storm fra ost med snefokk, så det ikke var vær for en hund å være ute i. Men en slik bagatell som dette med været kunde ikke hindre folket her i å brenne enda mere brennevin. Det blev til og med laget en porsjon i eftermiddag også, — kjerringa gjorde i stand et brygg. Ferdig med det trakk hun te, og kom til mig og vilde ha sukker til den. Jo, jeg gav dem anvisning på mannen som skulde gi dem sukker! Jeg sa til dem at de kunde spare litt på sukkeret til brennevinet, så hadde de sukker til te også.

Fredag, 30. april. Det blev snestorm og svinevær hele dagen efterpå, og jeg er ikke kommet lenger på veien enn jeg var igår. Ligger i det samme grisehullet. Husets folk har holdt rusen på toppen ved hjelp av gårsdagens brenning. Den gamle gorillaen, husmoren selv, har titt og ofte løftet på lokket til bryggepannen. Hun holder stadig utkik med den mellem hver gang hun tar sig en tår av flasken. I eftermiddag skulde de fylle brennevin over fra den ene flasken til den andre. Gorillaen selv var visst den som var stødigst på hånden, og hun var den som skulde foreta eksperimentet. Men det skal være sikkert og visst: der gikk noen dråper til spille. Heldigvis falt de ikke dypere enn ned på det polerte gulvet, som mest lignet en søppelkasse ved et hospital. Da hun så var ferdig med flasken, la hun sig ned på alle fire og slikket op de dråpene som var spilt. Tro mig, hun var fin i fjeset efterpå!

På denne måten seilte den siste april ut her på stedet.

Lørdag, 1. mai. Snetykke og usiktbart. Tidlig imorges tørnet jeg ut, vel fornøiet av å ligge. Klokken var knapt syv — så begynte gorillaen å brenne brennevin igjen. Nå hadde de ikke mere petroleum, så primusen kunde ikke brukes lenger. Men de hadde laget sig en liten ovn av en blikkboks og fyrte med lyng og fine riskvister. Jeg tror forsyne mig at folk her ikke gjør annet enn å brygge. Bare været nå blev såpass at jeg kunde komme mig fra dette revehiet til et annet. Det kan ikke bli verre i det minste.

Søndag, 2. mai. Imorges begynte det så smått å tegne til opbrudd. Kjørekaren spurte mig om jeg vilde kjøre, og jeg kunde ikke svare bedre enn med et annet spørsmål: om han var i stand til å kjøre. Øiensynlig var han litt flau efter de siste dagers begivenheter, men til hans ros må jeg innrømme at han efter beste evne forsøkte å gjøre godt det han hadde forbrutt. Han sa til mig at han nå skulde kjøre så langt som jeg vilde — jeg skulde få den fornøielsen å si fra når vi skulde stoppe for å hvile. Det var ikke noe dårlig tilbud. Vi hadde hver vårt hundespann, og jeg skulde kjøre foran. Jeg lovet i mitt stille sinn: skal jeg få råde for distansen, så skal du bli lang i fjeset før jeg sier stopp. Det var nå bare for mig om å gjøre å komme bort fra denne forbannede brennevinsbulen.

Klokken halv elleve formiddag drog vi avsted, og jeg var så glad over engang å komme av gårde, at jeg ikke torde se mig tilbake — av frykt for at det skulde gå med mig som med Lots hustru.

Efter hvert som det led ut over dagen, tok vinden av, og vi fikk det herligste vær som vi kunde ønske oss. Klokken tre om eftermiddagen kom vi til en leir med tre telt. Der drakk vi te og spiste. Her så det ut til å være et langt bedre sted enn det vi kom fra. Folkene var rene og det ytre teltet var ryddig og feiet. Det var rent festlig å være der, og jeg så ikke noe til brennevinsbrenning.

Mandag, 3. mai. Vi kom til den bratte pynten som hadde skaffet oss så meget bryderi på fremturen. Idag var sneen hard og glatt, men heldigvis lå isen helt til lands, så vi kunde gå på den. Derved slapp vi fri for en masse arbeide og bryderi, og sparte en hel del tid. Utpå eftermiddagen kom vi til en tsjuktsjerleir, hvor vi stoppet for å få oss te. Da hadde vi omtrent tre timers kjøring igjen til Kapp Bering, og dit kom vi klokken halv syv. Vi har nå kjørt i ett trekk i 32 timer, men derfra går omtrent ni timer til raster. Den samme distansen brukte jeg over tre dager på underveis til Anadyr.

Jeg forhørte mig straks om skyss til Østkapp, men fikk vite at alle brukbare hunder var ute på tur. Noen av dem var ventende hjem imorgen aften.

Kapp Bering er en bebyggelse med kanskje 150 mennesker og en del hus. Karieff er den største handelsmannen her, han fører kolonial, manufaktur og slikt — akkurat som Carpendales butikk på Østkapp.

Jeg betalte skyssgutten med en rifle, som tilsvarer noe slikt som tredve dollars.

Tirsdag, 4. mai. Ved Karieffs hjelp undersøkte jeg blandt alle innbyggerne på stedet om noen vilde bringe mig til Østkapp. Til slutt fant jeg en tsjuktsjer fra Kapp Becen som var villig til å påta sig turen, men han var svært kostbar. Han forlangte varer — tobakk, te, sukker, patroner og en del bomullstøi; ialt beløp verdien sig til ca. 25 dollars. Hvad kunde jeg annet gjøre enn å slå til? Vilde jeg avsted, måtte jeg gå med på hans forlangende. Det blev bestemt at vi skulde starte snarest mulig. Jeg gjorde mig ferdig i en fart, og av gårde fór vi. Da vi hadde kjørt et par kilometer, møtte vi et forspann som kom fra Kapp Becen. Kjørekaren der fortalte at far til skyssgutten min var alvorlig syk og trodde han var døden nær. Gutten sa han måtte hjem og at han ikke kunde kjøre mig lenger. Han skysset mig og sakene mine tilbake til Karieff. Dermed var den ekspedisjonen til ende! Det var nok ingen lett sak å komme sig bort fra Kapp Bering. Slik var det også på turen til Anadyr.

Onsdag, 5. mai. SO-storm og halvt overskyet. Karieff overlot mig sin mann Trifon, forat han kunde kjøre mig til Kapp Becen. Vi tok avsted om formiddagen. Det gikk godt så lenge vi befant oss på lavt land, men da vi ved middagstid kom op mellem fjellene, fikk vi tett sneføike. Vi hadde kjørt et godt stykke uten å se det gamle sledesporet og var kommet inn i et trangt dalstrøk. Trifon begynte å tvile på om vi var på rett vei. Å se på kompasset kunde ikke nytte, da veien gikk i siksak og i alle retninger. Vi fortsatte på lykke og fromme, men blev snart stoppet. Dalføret var slutt, og vi befant oss ved sjøen. Vi snudde og prøvde å komme ut av denne blindgaten, men å finne den riktige veien var ingen lett sak. Så måtte vi ta en rask beslutning og begynne på tilbaketuren til Kapp Bering. Da vi hadde kjørt i to timer og funnet det gamle sledesporet, traff vi en tsjuktsjer som var på vei til Kapp Becen. Han sa at dette blev ikke varig styggvær; med den slags vind var det fint igjen imorgen. Vi slo følge med ham. Siden gikk det godt. Vi kom til Kapp Becen ved halvåtte-tiden om kvelden og tok inn hos en tsjuktsjer ved navn Tanrogje. Hos ham hadde jeg bodd to dager sist jeg var her.

Torsdag, 6. mai. SO-storm og snedrev, riktig et dårlig vær. Trifon gikk tidlig ut til tsjuktsjerne for å underhandle med dem, om det var noen som var villig til å kjøre mig herfra. Ingen vilde gå over fjellene, som var den korteste veien, uten at de var to mann. De sa at det var så meget vann på elvene. En skyldte på at han ingen tekjel hadde. Jeg foreslo da at vi heller skulde drikke vann, som det var så meget av. Der var mange slags argumenter å høre.

Fredag, 7. mai. Der kom en mann og bød sig til å kjøre mig til Lorne. Jeg sitter og venter hvert øieblikk at han skal komme med beskjed om at han har ombestemt sig. Det er jo den almindelige skikken blandt folk her. Senere på dagen: endelig klokken åtte kjørte vi fra Kapp Becen. Det var helt stille, og tåken lå mere enn halvt nede i fjellene. Føret var dårlig. Somme steder vasset vi i sne til over kneet. Ved midnattstid måtte vi stoppe for å la hundene hvile litt, imens kokte vi oss te.

Lørdag, 8. mai. Klokken to imorges kjørte vi avsted igjen. I syvtiden på morgenen kom vi til en boplass med to telt. Vi blev der hele dagen, og natten med.

Onsdag, 12. mai. Været har vært elendig de seneste dagene, og skysskaren min har gang på gang truet med å ville vende tilbake til Kapp Becen. Igår kveld klokken ni kom jeg til samme stedet hvor jeg kjøpte en slede for 10 rubler på fremveien til Anadyr. 10 rubler var skambillig, og jeg hadde ikke hatt så lite samvittighetsnag for den der handelen. Nå stod jeg plutselig ansikt til ansikt igjen med selgeren fra den gangen. Han husket mig, og — hvad mere var — han var øiensynlig glad over å se mig igjen. Da han denne gangen overlot mig noe nytt fottøi, betalte jeg ham rikelig med tobakk — for å sone gammel brøde.

Torsdag, 13. mai. Klokken seks imorges kom vi til Lorne, hvor jeg efter bestemmelsen skulde skifte skyss. Her stod det riktig godt til: ingen brukbare hunder tilbake, størsteparten av hundeflokken død og de gjenlevende ute på langfart. Jeg blev så enig med ham som hadde kjørt med mig hit, at han skulde ta mig videre til Jangdanger. Dit kom vi klokken åtte om kvelden. Jeg satte mig straks i bevegelse for å få tak i hundespann til Østkapp. Det var da én gang at jeg skulde være heldig. En mann erklærte sig villig til å gå med mig om det så skulde være på øieblikket. Jeg betalte den skyssen jeg hadde hatt, med 40 rubler. Så fikk jeg mig litt mat, og dermed var jeg ferdig til avgang og drog avsted. Været var så godt at jeg kunde sitte på sleden uten å fryse.

Fredag, 14. mai. Endelig tilbake til Østkapp! Klokken tre var vi så nær at skysskaren min sa han kunde se folk utenfor Carpendales hus. Ganske riktig, der kom Wisting løpende mot oss.

Efterat jeg hadde fått mat, gikk jeg bort for å se på de hundene som var igjen. Men der var jeg ikke velkommen. Hadde de ikke vært bundet, så hadde de sikkert revet mig i filler. «Maja» var den første som kjente mig og aller nådigst lot sig klappe. Dernæst «Bamse». Men «Riks» var uforbederlig. Han anstrengte sig til det ytterste for å få satt tennene i mig. De var nå i god stand, de lignet mere isbjørner enn hunder.

Wisting har alt ferdig til at vi kan dra herfra. Han har fått fatt på to hunder til foruten de fire av våre gamle, så vi har et forspann på seks. Dessuten har Wisting fått tak i en lett slede. Da jeg kom hit idag, blev det overrakt mig en foræring fra Mr. and Mrs. Carpendale, nye selskinnsklær og et par kamikker med strømper til. Dette kom sannelig vel med. Jeg hadde nå travet av mig klærne både oventil og nedentil.

Mandag, 17. mai. Idag er det fest og liv hjemme i gamle Norge. Idag vaier flaggene over hele landet fra syd til nord. 17. mai er den dagen i hele året da alle nordmenn best vet at vi har et godt fedreland.

Tirsdag, 18. mai. Idag var det godt og herlig vær, og vi bestemte oss til å dra avsted. Høvdingen for stammen gav oss tre hunder, så nå hadde vi ni ialt. Helt fra vi startet, gikk det i rasende fart, men det var bare de fire gamle hundene som arbeidet. De andre kunde knapt følge med. Efter to timers kjøring var vi over i Weling. Der var vi inne hos sekretæren og spiste og drakk, og vi var også inne hos guvernøren. Utpå kvelden nådde vi skonnerten «Bolinder». Vi overnattet ombord og hadde det ytterst komfortabelt.

Onsdag, 19. mai. Vi stanset en stund ved Saubon, og Wisting tok en magnetisk observasjon. Om eftermiddagen drog vi av gårde igjen, og da vi var kommet et stykke lenger østpå, opdaget vi et stykke borte en mann som gikk og trakk en liten slede efter sig. Han var omtrent fem hundre meter utenfor sledesporet. Hvorfor han hadde valgt å gå i løs sne istedenfor å følge hardt tråkket spor, var uforståelig. Han måtte være redd for å treffe folk. Forresten kunde det være det samme for mig hvad han var og hvem han var. Da vi kom frem til boplassen Sesang, hvor vi skulde overnatte, fikk vi høre at det hadde vært Tønnesen, som var gått østover idag. Han skulde til Østkapp.

Torsdag, 20. mai. Vi kom idag til Walls hus igjen, men han selv er bortreist for tiden.

Onsdag, 26. mai. Vi møtte idag i nærheten av Vankarem en tsjuktsjer som kunde tale engelsk. Han fortalte oss at han hadde vært ombord i «Maud» engang i vinter.

Torsdag, 27. mai. Klokken fire i eftermidag møtte vi Karieff, han hadde 4 sleder, alle lastet med skinn. Han var på vei til Østkapp.

Lørdag, 5. juni. Fremdeles underveis. Idag kom vi til den hytta hvor vi var julaften ifjor. Det bodde nå en svenske og en danske der. — Noen av hundene våre er svært sårbente, tsjuktsjerhundene klarer knapt å gå.

Søndag, 6. juni. Vi måtte idag sette kursen rett til havs 20 kilometer for å komme utenom en elvemunning. Det var en stygg marsj, vannet gikk ofte til knes på oss. Flere ganger la bikkjene sig over ende og vilde ikke mer, men jeg fikk dem da i fart igjen.

Tirsdag, 8. juni. Føret var godt på isen tett ved landbrekken. Litt tåke utover natten. Det gikk ikke nettop så svært hurtig fremover, og det var jo ikke å vente heller. Hundene er nå så sårbente at de med nød og neppe orker å kreke sig i vei. Sporet er fylt med blod efter dem. To av bikkjene mine hadde sko på tre av bena, resten på to eller ett ben. Det er sørgelig at vi ikke har mere materiale å sy hundesko av.

Torsdag, 10. juni. Klokken halv ett inatt kjørte vi avsted. Tåken hadde da lettet litt, men straks vi var kommet oss på farten, var det så godt som mørkt. Vi kunde ikke se noen ting. Heldigvis varte dette egyptiske mørket bare en times tid, så blev det klart igjen, og det kom godt med, for vi skulde forbi et vrient sted. Og slapp da også heldig fra det.

Til alt hell for oss traff vi ikke så lenge efter på en tsjuktsjerleir. Da var begge sledene våre mere eller mindre i stykker på alle måter. Wistings slede var det ikke engang råd å lappe på. På sleden min var en del surringer gått i stykker, og dem fikk jeg reparert på stedet. Vi avtalte med en tsjuktsjer at han skulde følge oss til skuta. Den eneste sleden som vi nå hadde igjen, var nemlig så liten at vi ikke kunde laste alt på den uten å risikere å komme frem bare med bitene av den.

Lørdag, 12. juni. Efter mange kroker og omveier kom vi til en av sjøene som ligger i Tsjaunbukta. Det første vi måtte gjøre ved fremkomsten, var å tørke alt skinntøiet. Soveposer og alt annet som var av skinn, var utbløtt. Vi har kjørt lassene flere ganger gjennem vanndammene så vannet stod midt op på oppakningen. Fra plassen hvor vi slo leir, kunde vi se til Ajon. Tsjuktsjeren som fulgte oss, sa vi ikke kunde gå benveien, da der var altfor meget vann på isen.

Søndag, 13. juni. Det blåste op storm fra nord og vi trodde at teltet skulde strøket med. Føret var næsten umulig med meget vann overalt, så vi var nødt til å ta store omveier for å komme frem. Ved middagstider var vi ved land på Ajon. Vi stoppet og kokte te og lot hundene hvile i to timer. Vi var klar over at vi ikke kunde rekke «Maud» idag.

Mandag, 14. juni. Imorges fikk vi øie på «Maud». Der var svært meget vann på isen, så var vi kommet et par dager senere, hadde vi måttet ro ut til fartøiet.

Ombord opdaget de oss på lang avstand. De stod nede på isen for å ta imot oss: Amundsen, Sundbeck, Rønne, Sverdrup og Olonkin — smilende ansikter hvor vi vendte oss.

Avmønstring

Det første jeg gjorde efter tilbakekomsten var å overlevere Amundsen de telegrammene jeg hadde mottatt, samt kvitteringene fra guvernøren og telegrafisten i Anadyr for at de telegrammer var sendt som Amundsen hadde gitt mig med.

Både Wisting og jeg var i godt hold og i bra vigør efter turen. Jeg var heldig den gangen jeg valgte Wisting til reise-kamerat. Han hadde vært en iherdig tur-kamerat, en pågående hundekjører og en forstandig mann, som stelte sig godt med alle mennesker. Vi to kom godt overens under hele turen.

Det var godt å sove i køie igjen, og å få kaffe og ferskt brød så meget vi greide å sette til livs til avveksling fra den evindelige pemmikanen og teen. Vi strakte oss i våre køier i en behagelig følelse av at vi hadde da utført den jobben vi var blitt satt til å greie. Vi hadde riktignok startet med kurs for Nome i Alaska, hvor den norske konsulen vilde ha hjulpet oss med telegram og penger. Men da det åpne Beringstredet stanset oss, måtte turen gå til telegrafstasjonen i Anadyr. Takket være Walls og Carpendales tiltro til oss, hadde vi flere penger da vi kom hjem til «Maud», enn vi hadde hatt da vi startet. Det skulde jo forresten ikke så mange ørene til for at dette kunde sies, for vi hadde startet uten en øre i lommen og med proviant bare for halve turen. Vi hadde ikke fått noen skade på noen måte, og det som var rarere enda: vi var ikke gått ned i vekt.

Jeg har tatt med en del av dagboksoptegnelsene fra denne sledereisen til Anadyr, ikke bare fordi de gir en del geografiske oplysninger om noen av de minst kjente steder på kloden og om de vanskeligheter som en vinterreise der byr på, men også fordi reisen foregikk på et tidspunkt da det nettop skjedde store forandringer med befolkningens levevis. Russland og dermed Sibir blir vel aldri det samme som det var før, sannsynligvis blir det bedre.

Enda så langt som det led på sommeren, vi var midt i juni, var det ikke råd å komme frem med fartøiet. Vi skulde og måtte østover til Nome i Alaska, for der skulde vi ta ombord en del utstyr som vi manglet for turen over Polhavet. Isen var i sterk opløsningstilstand, men det gikk sent og smått. Den måtte først gå fra land, så vi kunde benytte landråken østover, men det så ut til at det vilde vare lenge før så skjedde.

Endelig langt om lenge kom vi oss inn i landråken og begynte å arbeide oss mot øst, men vi møtte hindringer til stadighet, som gjorde at vi rett som det var, måtte ta fast i isen og vente til den atter gikk fra land. De lengst utspringende pynter av landet blev isen lenge hengende ved. Dessuten var det på mange steder så grunt vann at vi måtte vente på bredere landråk, før vi kunde fortsette. «Maud» var jo nokså dyptgående, den lå fjorten og en halv fot i vannet, og skulde det gå så uheldig at skuta kjørte på grunn, vilde det ikke bli lett å få henne av igjen.

Det tok oss en måned å nå Østkapp, og underveis hadde Amundsen fattet en ny beslutning. «Maud» skulde jo først til Nome, men derfra vestover igjen og forsøke å trenge inn i polarisen for å drive over Nordpolen. Dette betraktet nå Amundsen som en ny tur, da det blev en fire-fem års ferd på nytt. Han stillet mannskapet fritt valg — de som vilde fortsette, kunde det, og de som ikke hadde lyst på ny tur, kunde få gå fra ved ankomsten til Nome. Ifølge kontrakten hadde han juridisk rett til å beholde alle ombord, men han vilde ikke øve påtrykk for å få oss med på en lengre reise enn den vi fra først av hadde regnet med. Vi stod jo nå atter ved begynnelsen av ekspedisjonen til tross for at det var to år siden vi hadde begynt på den. Maskinist Sundbeck og jeg benyttet straks høvet og sa at vi valgte å slutte og reise hjem. Seilmaker Rønne var allerede tidligere bestemt på å reise hjem fra Nome. Sverdrup, Wisting og Olonkin skulde gå med på nytt.

Da vi kom til Nome, lå D/S «Viktoria», som går mellem Seattle og Nome en gang hver måned, klar til avgang. Vi rakk ikke å bli med denne gangen og måtte derfor bli i Nome en måneds tid, til den kom tilbake.

«Maud» blev liggende i Nome omtrent en uke for å gjøre sig klar til ny tur. Blandt annet skulde der forhyres en del mannskap. Dette lyktes da til en viss grad, om ikke fullt ut. Det kom ombord en kvinne som var blitt forhyret. Hun presenterte sig som miss Mary og sa at hun skulde tjenestegjøre som kokk. Det lå tykt utenpå henne at hun var eskimo, og fjeset hennes kunde jeg banne på at jeg hadde sett før, — jeg lurte på om det ikke var i tidsrummet 1903—1906.

Den første visitten hun avla, var ganske kort. Næste gang hun kom, skulde hun gjøre i stand aftensmat til oss, og da hadde jeg bedre anledning til å betrakte henne. Og hvem andre var det enn Tuttsi fra Herschel øia! Da jeg nevnte henne med døpenavnet, vilde hun vite hvor jeg kjente det fra, om jeg hadde vært så langt mot nord før. Ja, det blev nå min sak, fikk hun til svar. Det forekom mig at hun fant det best ikke å dyrke bekjentskapet i noen større utstrekning, men hun tilkjennegav da at det skulde bli godt å komme nordpå igjen. Ja, lykke til. Tuttsi var den eneste som blev forhyret der på stedet.

Det var på en søndags morgen — datoen husker jeg ikke — i strålende solskinn og blankstille vær at vi i motorbåt satte ut til «Maud» for å ta avskjed med dem som nå atter skulde ut på langfart. Vi tre som skulde hjemover, så den dagen «Maud» for siste gang.

Det første vi hadde å gjøre efter denne avskjedsvisitten, var å finne et sted å bo i land. Der var ikke så mange stedene å velge mellem, men der var nok til oss.

Det tok ikke mange dagene før vi var fullt klar over at det vilde bli svært kjedelig å gå en hel måned i Nome og vente på at «Viktoria» skulde komme tilbake fra Statene. Jeg reiste opover til gullminene og var så heldig å få jobb der.

Jeg vilde gjerne skaffe mig innblikk i dette slags arbeide og se livet blandt gullgraverne på nært hold. Jeg hadde tidligere ikke hatt anledning til å opleve den slags, bare lest en del gullgraverhistorier som var like hårreisende både når det gjaldt det livet gullgraverne førte, og de gullklumpene de fant. Det skulde derfor bli interessant å opleve dette livet på nært hold.

Som sagt, jeg drog opover til grubene en eftermiddag, fikk straks løfte om arbeide og tiltrådte næste dag. Jeg blev satt til — sammen med en hestekar — å drive et dobbelt hestespann, et ganske morsomt arbeide, men på samme tid nokså usmakelig, syntes jeg. Selv på blanke solskinnsdager — og solskinnsdager var det ikke så få av den tiden jeg var der — måtte en gå i full oljehyre hele dagen.

Jeg hadde jo forestilt mig at en stod der med en hakke og grov ut den ene gullklumpen efter den andre — omtrent som en hjemme graver op poteter. Men det foregikk nok på en helt annen måte. Der blev brukt vannslanger med tre-og fire-toms strålerør, og de gav en stråle så kraftig at den kunde flytte stein som veide flere tonn. Men bruken av disse slangene førte med sig at en gikk i en flom av vann.

Arbeidsstokken var av alle verdens nasjonaliteter og raser, fra eskimo til neger. I arbeidstiden slet hver mann på sin kant, så da var det ikke anledning til større sammenkomster av noe slag. Men alt den første dagen begynte jeg å lure på hvordan dette allsidig sammensatte arbeidsmannskapet mon tilbragte fritiden, fra arbeidets slutt til de gikk og la sig. Om der var kjegl, uenighet og slagsmål mellem dem, eller om noen optrådte med vetomyndighet og hindret at noe slags djevelskap kom til utbrudd. Jeg lengtet derfor efter den første kvelden for å se hvordan det var fatt slik. Vi bodde i en stor barakke, der spiste vi, og der sov vi. Efter hvert som karene var ferdige med måltidet, gikk de til soverummene sine. Der satte de sig tre, fire og fem sammen og pratet stille og fredelig. Det ene selskapet forstyrret ikke det andre, det hele gikk så pent og familiært for sig at det rent ut sagt var en fornøielse å være vidne til det. Den kommunistiske opvigler-ånd syntes ikke å ha noen grobunn blandt disse omtrent hundre mennesker fra alle verdens hjørner. Næste morgen, da min arbeidskamerat og jeg møttes til arbeide, spurte han mig hvordan jeg likte mig blandt dem. Det var bare ett å svare: at jeg syntes hele flokken var som én familie.

— Jeg kan forsikre, sa han, der forekommer ikke ofte et ukvemsord mellem oss. Alle omgåes i største vennskapelighet. Det er næsten ikke til å tro blandt så mange, blandt individer sammenhopet fra alle verdens folkeslag.

Dag kom og dag gikk med det samme ensformige arbeidet. Vi kjørte stein fra tidlig om morgenen til sent på kvelden, og det falt litt trivielt i lengden.

Mine to kamerater Sundbeck og Rønne holdt sig nede i byen. De vilde ikke vært noe særlig begeistret for mitt arbeide, især når de blev nødt til å gå gjennemvåte hele dagen.

I Nome var der ikke mange kjente en kunde fordrive tiden sammen med, ventetiden blev derfor lang. De få landsmenn som bodde der dengang, var på arbeide i grubene omtrent alle sammen.

Men jeg traff da Seppala fra Skjærvøy og Lysholm fra Trondheim. Disse to var formenn og hadde tilsynet med og ansvaret for at vanndemningen til enhver tid var i orden. Hvis der blev noe ugreie med den, så gikk arbeidet i stå. Det var derfor ikke et lite ansvar de to hadde, og de måtte da også være på ferde både dag og natt.

Demningen lå oppe mellem fjellene, flere mil fra grubene. På grunn av den lange veien dit op var det meget sjelden jeg møtte disse to karene. Av nordmenn som arbeidet i grubene, husker jeg særlig Kåsen fra Kvænangen: en hyggelig landsmann og god arbeidskamerat. Headbasen for arbeidet var en svenske, Erickson. Hvad en enn spurte ham om, var han ved enhver anledning parat til å gi hyggelig svar og godt råd, derfor var han også meget avholdt av hele arbeidsstyrken.

Nede i byen var det en nordmann som jeg aldri skal glemme for den verdifulle assistansen han ydet mine kamerater og mig. Det var kapt. Petter Olsen, representant for firmaet C. W. Møller, Drammen.

Jeg minner om at vi som nå hadde avsluttet nordpolsturen, gikk i land uten så meget som en eneste cent i lommen. Hele hyren blev utbetalt hjemme til vår familie.

Å komme fra Alaska helt over til Norge uten penger — det stod jo klart for oss at dette vilde ikke bli så liketil, og vi blev nødt til å tenke både frem og tilbake over tingene. Vi blev enige om at når D/S «Viktoria» engang kom tilbake, skulde vi forsøke å få arbeide for reisen fra Nome til Seattle. Vi følte oss forvisset om at kapteinen vilde tillate dette, når han fikk vite hvordan det hele hang sammen. Det var først og fremst om å gjøre for oss å komme nedover til Statene, for derfra blev det nok alltid en råd til å komme videre. Det verste av alt var å måtte gå uke efter uke i Nome. Men en av de aller første dagene av vårt ophold i land kom en mann op på værelset mitt og spurte efter mig. Jeg så straks han trådte inn, at dette var en nordmann og sikkert en sjømann også. Jeg tok ikke feil. Mannen var Petter Olsen, og det varte ikke lenge før vi var som gamle kjente, enda det var første gangen vi så hverandre. Vi fikk oss en lang, hyggelig passiar om både nytt og gammelt — om før og nå. Jeg hadde stor lyst til å høre hvorledes det stod til i den civiliserte del av verden — han derimot hadde interesse av å høre nytt fra isørkenen. Heldigvis for oss begge var ikke tiden knapt tilmålt, og vi fikk begge to vår vitebegjærlighet tilfredsstillet. Til sist kom samtalen inn på reisen videre nedover til Statene. Dette var jo et brennende spørsmål, og sannheten var ikke lett å skjule. Jeg måtte snart ut med hjertespråket, og Olsen var snart klar over at jeg ikke var et hår bedre stillet enn den fattige Lasarus. Jeg fortalte ham at mens jeg ventet på D/S «Viktoria», skulde jeg op i grubene for å grave gull i haugevis, så det blev vel en råd til slutt. Olsen kom med mange og gode forslag. Han sa sig til og med villig til, hvis det knep, personlig å bestride reisen for oss alle tre nedover til Statene. Enn videre vilde han underrette firmaet sitt i Drammen om den situasjonen vi befant oss i. Jeg bad ham pent om ikke å gjøre dette, i det minste ikke sånn uten nærmere varsel. Jeg vilde gjerne overveie tingen.

Til sist blev vi enige om at mens jeg var på arbeide i grubene, skulde han holde sig underrettet om mulighetene for å komme sig sydover fra Nome. Det kunde jo tenkes at en eller annen skute kom og skulde den veien. I så fall skulde han straks underrette oss.

Imidlertid hadde jeg begynt mitt arbeide og det gikk udmerket. Jeg tjente 3½ dollars om dagen og hadde fri kost, og jeg regnet ut at jeg vilde få to og tyve arbeidsdager til båten kom. Jeg syntes dette var gode greier og glemte alt som var leit og tungt.

En morgen med strålende solskinn kom kaptein Olsen bilende opover til grubene. Hans hjertelige «good morning» hørtes på lang avstand. Ivrig kom han bortover til mig.

Vet du hvad de holder på med i byen nå? sa han. — Nei, det har jeg ingen idé om, måtte jeg svare. — Jo, nå skal der arrangeres en fest der nede for å få samlet inn så mange penger at det blir til reisen for dere til Seattle. — Det er jo en meget elskverdig tanke, men hils og si at for mitt vedkommende behøves det ikke. Jeg akter å hjelpe mig selv mest mulig. Du kjenner min beslutning, og den holder jeg fast ved. — Det var det jeg visste, svarte Olsen, og derfor vilde jeg ogsa la dig vite på forhånd hvad som foregikk. Derefter kjørte han nedover til byen igjen, og jeg fortsatte

Hjem fra jakten på Spitsbergen.
Helmer Hanssen til høire.

Slikt terreng ferdedes vi i.
Leiren på Waggon-breen på Spitsbergen. 1925.

Roald Amundsen.

med å kjøre stein efter å ha fått dette å tenke på. Dagen efter fikk jeg vite at festen var avblåst.

Der kom daglig folk opover til grubene. Mange av dem gikk og ventet på første båt sydover. De hadde ikke noe annet å gjøre enn å prøve på å få dagen til å gå. Og da var en tur op til arbeidsfeltet en god adspredelse.

Imidlertid gikk tiden uten større viderverdigheter. Det forekom mig som det gikk to dager ad gangen — en av arbeidstiden og en av ventetiden — og av de to kan jeg love for at den førstnevnte gikk fortest.

En dag kom Jafet Lindberg op til grubene. Han spurte hvordan jeg likte arbeidet. — Jo, bare bra, svarte jeg. Jeg har jo ikke arbeidet her lang tiden, men jeg er svært tilfreds med jobben som den er.

Lindberg kom så med det meget elskverdige tilbudet at jeg kunde bli der hele vinteren, han skulde sikre mig arbeide. Men jeg vilde hjem og svarte nei takk til tilbudet.

— Men De har jo ingen penger til reisen, bemerket han.

— Det er ingen nyhet for mig, men jeg skal selv sørge for å bringe den saken i orden.

— Ja, kan De det. Og på hvilken måte da?

— Jeg vil tale med kapteinen om å få arbeide for reisen fra Nome til Seattle. Er jeg først kommet dit, så opsøker jeg den norske konsul; ganske sikkert er han mann for å finne utvei videre. Men den dag den sorg.

— Det er lettere sagt enn gjort, mente Lindberg, og fastholdt sitt tilbud.

— Ja, mange takk, svarte jeg, men hjem skal jeg, om jeg så skal vandre på mine ben fra vest til øst. Plutselig hørtes en kraftig stemme som sa: — Gudskjelov, ennå er ikke alle nordmenn døde! Jeg blev høilig forbauset over å høre noen her snakke så udmerket norsk. Mannen var i følge med Lindberg og presenterte sig som presten Forså — oprinnelig fra Stavanger. Han hadde virket som prest i Alaska i flere år og skulde nå ned til Statene på ferietur.

— Det gleder mig å høre, sa jeg, for da blir vi ifølge nedover. Jeg skal nemlig også reise med første båt. Dessverre fikk jeg ikke anledning til å snakke mere med ham, da han måtte nedover til byen igjen.

Imidlertid gikk tiden, og arbeidet gikk også — med liv og lyst. Jeg måtte mangen gang smile ved mig selv, når jeg tenkte på at jeg et par måneder i forveien hadde gått og strevet med et halvdødt hundekobbel oppe i Sibir, og at jeg nå var blitt «gullkjører» med to svære gamper i forspannet.

Fra grubene til Nome gikk det rutebil en gang i uken, for arbeidere som vilde ha sig en friaften i byen.

En dag i middagstiden blev jeg ringt op og fikk beskjed om å komme til byen med bussen som gikk samme aften. Hvad det gjaldt, var mig en gåte — og en gåte som ikke kunde løses pr. telefon.

Jeg var imidlertid klar over at det ikke var noe ubehagelig på ferde eftersom det var Petter Olsen som hadde telefonert. Han møtte på holdeplassen, og vi gikk sammen til hans bolig, hvor vi drøftet situasjonen i øieblikket. Vel og lenge talte vi frem og tilbake. Vi blev til slutt enige om å sende et telegram til den norske regjering og be dem hjelpe mannskapene fra «Maud» hjem. Petter Olsen besørget telegramet sendt med en gang. Det forekom mig som om vi hadde gjort noe galt, men likevel håpet jeg på et heldig utfall.

Ved ellevetiden bragte bilen mig tilbake til grubene; jeg måtte jo møte på arbeidsplassen til bestemt tid neste morgen. Jeg hadde bestemt mig for å arbeide til dagen før «Viktoria» gikk fra Nome. Å gå der nede i Nome vilde falle mig altfor kjedelig.

Efter to dagers forløp fikk jeg beskjed fra stedets bank at der var innløpet telegrafisk meddelelse om at vi kunde heve de pengene vi trengte til reisen til Statene. Når vi kom dit, skulde vi henvende oss til et konsulat.

Nå var tyngste taket tatt, og jeg følte det som om jeg allerede var hjemme; spør om jeg var glad!

Petter Olsen hadde lovet å varsle mig en dag før avgangen, derfor følte jeg mig trygg og ubekymret.

Endelig en dag, nyss før arbeidstiden var slutt, kom Olsen bilende opover til grubene. Jeg skjønte straks hvad det gjaldt.

Da jeg hadde spist og sagt mine arbeidskamerater far vel, gikk jeg til grubens bestyrer, Ericson, for å si takk for mig samt heve min lønn, som utgjorde 77 dollars.

Så var jeg altså ferdig med gullgravingen, og hadde likevel ikke mere erfaring i gullgraverkunsten nå jeg sluttet enn jeg hadde hatt da jeg begynte.

Nå var endelig ventetiden forbi, det var den siste dagen vi skulde tilbringe i Nome. Ved middagstid kom «Viktoria», og vi begav oss straks ombord. Vi hadde ingen grunn til å gå og trave på land til tredje og siste avgangssignal lød. Ved midnattstid bar det av sted fra Nome og nedover Beringstredet i stummende mørke.

Å, hvor fornøide og glade vi var alle tre over å ha tatt fatt på hjemreisen! Riktignok var veien lang, men det er så rart med det: når en først er begynt å kutte av stykke for stykke, så tar den engang slutt.

Efter en tre-fire dagers forløp dampet «Viktoria» inn på Seattles havn under full musikk og i strålende sol og varme.

Opholdet i Seattle varte i to dager. Der traff vi mange nordmenn, men bare en jeg kjente personlig. Det var Egil Mack fra Tromsø. Jeg avla en visitt i hans koselige og hyggelige hjem — en fornøielig middagsstund.

Det som da stod igjen, var å henvende sig til konsulatet, og det forekom mig å skulle bli den kjedeligste jobben av alle sammen. Men den måtte gjøres, og den blev gjort. På konsulatet blev vi mottatt med den største elskverdighet.

Fra Seattle gikk reisen videre over land til New York. Det var bare å sove og rulle sig frem dag efter dag, til vi nådde målet. I New York var det samme historien opigjen — vi måtte henvende oss på konsulatet. Men vi slapp godt fra det. Allerede på stasjonen møtte vi en mann fra konsulatet, som hjalp oss med å finne et godt sted å bo den tiden vi skulde opholde oss i storbyen. Den første båten til Norge kom ikke til å gå før om en uke, så vi hadde rikelig tid til å se oss rundt.

Efter åtte dagers forløp gikk vi ombord i D/S «Hellig Olav» for å begynne på det siste stykket av veien hjem til mor Norge.

Over havet hadde vi bare sol og sommer, enskjønt det var langt ute i oktober måned.

Nye ferder

Enda jeg har fart så mange år på Ishavet, har jeg likevel en stadig lengsel efter å komme dit igjen. Kipling sier at «den som hører Østen kalle, aldri mer tilfreds han blir». Men Ishavet og isen kaller også. Og da det bød sig en anledning til ny tur, var jeg glad over å bli tilbudt plass.

Nordostlandet av Spitsbergen-gruppen var lenge meget lite kjent og utforsket. I begynnelsen av syttiårene var Nordenskiöld blitt berømt for sin vandring over innlandsisen fra nordsiden av Nordostlandet til vestsiden. I årenes løp var Nordostlandets kyster blitt besøkt av en mengde sel-og hvalrossfangere og av overvintrende fangstfolk, men selve innlandsisen var ikke blitt utforsket.

Oxford Universitet i England planla en grundig utforskning, og jeg blev gjennem konsul Carl Sæther i Tromsø bragt sammen med lederen for Oxford Universitetets ekspedisjoner, en ung student ved navn George Binney.

Jeg likte mr. Binney overordentlig godt. Hans interesse for polarforskning var så ekte, og han hadde skilt sig så godt fra de første ekspedisjonene han ledet til Svalbard, at jeg slo til straks da han tilbød mig plass med ekspedisjonen for å gå tvers over Nordostlandet fra øst til vest. Jeg søkte så permisjon fra tollboden og fikk den.

Sommeren 1924 reiste vi avsted med den norske fangstskuta «Polarbjørn», skipper Nikolai Ås. Ekspedisjonen var stort anlagt. Således deltok det i alt en og tyve engelske studenter foruten det norske mannskapet og fire nordmenn for arbeidet på innlandsisen. I alt skulde tre ekspedisjoner undersøke Nordostlandet, en fra Wahlenberg Bay nordvestover, en fra Wahlenberg Bay sydøstover, og så den jeg skulde delta i: tvers over landet fra øst til vest. Alle disse landekspedisjonene hadde hunder, og jeg skulde kjøre hundene på mitt parti.

Livet ombord på en slik ishavsskute arter sig likt enten en er med sin egen nasjon eller med andre nasjoner. Alle har sitt arbeide å passe, med å forberede turer, efterse sleder, ski og hundeseler, pakke og veie proviant. Her ombord var det den forskjellen at deltagerne var unge mennesker uten større ishavserfaring, men til gjengjeld var de så overordentlig interesserte i det som forestod, så takknemlige for all rettledning og så lærenemme, at ukyndigheten opveides av intensiteten. Der var blandt deltagerne meget rike mennesker, og der var dem som ingen penger hadde, men noen standsforskjell var der absolutt ikke å merke, enten de hadde titler eller ei. At der blandt så mange unge mennesker blir et overveldende godt humør, sier sig selv, så jeg trivdes meget godt der ombord.

Ekspedisjonen var udmerket utrustet. Der var også en hurtiggående motorbåt og et fly, og foruten «Polarbjørn» en annen norsk motorkutter, «Øiland», på omtrent 30—40 tonn dødvekt. Når en tar med hundene, var der altså alle slags befordringsmidler på denne ekspedisjonen.

Jeg forbigår ekspedisjonens foretagender annetsteds og skal bare kortelig skissere den turen jeg var med på. «Polarbjørn» gikk gjennem Hinlopen-stredet fra nord til syd, passerte østover og rundet Kapp Mohn. Vi la så til lands på østsiden av Nordostlandet nordenfor Kapp Mohn på et sted som siden er blitt kalt «Isis Point» — efter elven Isis ved Oxford.

Breen fra innlandsisen skrår her ganske jevnt nedover mot stranden, så det er ikke vanskelig å komme op på dette stedet. Vi blev satt på land her, fire mann og seks hunder, tidlig en morgen i de første dagene av august. Vi var to nordmenn: lærer ved sjømannsskolen i Tromsø, styrmann Eilertsen, og jeg, foruten de to englenderne, mr. Binney og mr. Colquehoun. «Polarbjørn» gikk tilbake til sine gjøremål.

Ombord hadde vi pakket alt vi hadde i kasser, og vi var forberedt på å måtte bære disse kassene på ryggen opover breen, men det viste sig at vi heldigvis slapp dette. Det var gode hunder vi hadde fått tak i på telegrafstasjonen i Green Harbour; de trakk den 300 kilo tunge sleden ganske lett opover breen.

Vanskeligheten med å kjøre gjennem Nordostlandet er de store sprekkene som finnes overalt på innlandsisen. Dessuten var det nå i august måned en masse vann på isen, så det gikk tungt å komme frem. Den første dagen avanserte vi bare ca. 10 kilometer. Vi hadde med oss et stort, prektig firemannstelt, kanskje litt for tungvint å slå op i sammenligning med de teltene jeg var vant til fra sydpolsturen.

Neste dag startet vi ved åttetiden om morgenen. Det var den samme sørpa og de samme sprekkene. Til tross for at vi gjorde vårt beste, klarte vi ikke mere enn 20 kilometer den dagen.

Den tredje dagen det samme omigjen. Sørpa var slik at ikke bare falt hundene og sleden gjennem, men vi mennesker giirlr også ofte i sørpe til op på livet. På de ekspedisjonene jeg har deltatt i, har nok slikt hendt sig, at en måtte marsjere søkkvåt, men jeg hadde aldri oplevd før at deltagerne tok en slik marsj for en morsom historie. Her fikk jeg imidlertid opleve at mr. Binney og mr. Colquehoun storskrattet av moro over å måtte vrenge av sig tøiet for å vri ut av det en del av det overflødige vannet.

Da vi endelig hadde kommet oss op på selve høideplatået, fikk vi snestorm med så usiktbart vær at det var ugjørlig å komme videre. Vi måtte ligge over en dag.

Innlandsisen er som sagt full av revner, noe også Nordenskiöld nevner, og vi måtte kjøre milevis for å komme omkring sprekkene. Og når vi så endelig var kommet rundt, hendte det ofte at vi traff på en parallell revne, så vi måtte en lignende distanse tilbake for å komme videre frem.

Det tok oss ti dager å komme over Nordostlandet. Efter Nordenskiölds optegnelser hadde det budt ham en hard nøtt å knekke, og med den tids dårlige utrustning og manglende erfaring i sledereiser er det også meget rimelig. Hadde Andrée's ekspedisjon møtt frem med den utrustningen og den erfaringen som nå er tilrettelagt for ishavsekspedisjoner, så skulde de kjekke svenskene nok ha kommet sig over isen fra Kvitøya. Det er ingen tvil om at fysisk var gamlekarene like godt og bedre skikket til å utstå strabaser enn vi er nåtildags, men det sanner sig, det gamle ordet at «den som går først, han faller, de andre bærer seieren hjem».

Kanhende at Nordostlandet på en annen årstid ikke vilde ha vært så vanskelig å trafikere, men i august måned byr det ikke på lystturer. Foruten av sprekker og sørpe var vi plaget med tåke og usiktbart vær.

I 1929 blev landet atter grundig utforsket av italienere under ledelse av Albertini.

Da vi kom ombord igjen i «Polarbjørn», var englenderne svært begeistret for turens heldige utfall, og ved en fest i den anledning fikk jeg et sølv-sigarettetui med Oxford-universitetets våpen på. Det var noen vennlige, hyggelige mennesker å være sammen med. De hadde fått gode filmer fra turen, og jeg har siden hørt at de levende billeder vakte stor interesse i England. — Det var mr. Binneys store stolthet at han ikke hadde fått underskudd på turen.

Ut i september måned kom vi tilbake til Tromsø igjen, og Nordostlandet viser nå ikke så mange hvite flekker som det gjorde før reisen, undtatt for så vidt at Nordostlandet vel aldri blir noe annet enn en eneste hvit flekk.

I 1926 blev det anledning til å komme med på en ny ishavstur. Det store tyske filmselskap «Ufa» hadde planlagt en større innspilling av film i ishavstraktene, og gjennem kaptein Ingvald Svendsen i Tromsø blev jeg tilbudt å bli med.

Lederen for denne ekspedisjonen var dr. Villinger, en kjent og erfaren ishavsmann, som blandt annet hadde deltatt i undsetningsekspedisjonen efter den forulykkede Schöeder-Stranz-ekspedisjonen omkring 1912. Dr. Villinger var nå sist med på Wilkins fremstøt med undervannsbåten «Nautilus» i polarisen nord for Spitsbergen.

Selskapet leide motorkutteren «Våland» av Tromsøsund, skipper Peder Skogvik, og foruten det norske mannskapet ombord deltok to nordmenn og seks tyskere for innspillingen. Filmen handlet om en nordpolstragedie, en bortkommet forsker som til slutt blev funnet ihjelfrosset av en løs hund som fulgte med en undsetningsekspedisjon. Den blev innspilt hovedsakelig i Magdalene Bay på Spitsbergen. Siden fortsatte innspillingen på Øst-Grønland.

Jeg hadde aldri seilt med tyskere før, og jeg kan ikke si annet enn at jeg blev vennlig stemt mot nasjonen for all den velvilje jeg møtte ombord på «Våland». Det synes som om slike Ishavs-ekspedisjoner fører det med sig at alle deltagerne blir som medlemmer av en familie, selv om det er meget uensartede elementer. Slik var det med Amundsens ekspedisjoner og med de engelske ekspedisjoner jeg har seilt med, og så også nå med tyskerne.

Det hendte sig på denne turen at dr. Villinger sendte mig med «Våland» til Kings Bay for å få av gårde noen telegrammer. Da jeg kom dit, lå Amundsen—Ellsworth—Nobile-ekspedisjonen der med luftskipet «Norge» for å dra til polen, og jeg hadde da den glede atter å hilse på Roald Amundsen.

På havnen lå også kommandør Richard Byrds skib «Chantier», Byrd vilde prøve å nå polen med fly — hvilket lyktes ham et par dager før Amundsen startet med «Norge». Det traff sig ganske pussig at jeg fikk hilse på Byrd. — En times tid efterat «Norge» var reist, var jeg i land hos min gamle venn fra «Fram»-turen, seilmaker Rønne. Han hadde fulgt Amundsen hit op som alt-mulig-mann, og noen bedre kunde sikkert ikke finnes. Han skulde reise hjem så snart «Norge» hadde lettet fra Kings Bay. På tilbaketuren til «Våland» kom jeg ned til stranden for å ro ombord igjen. Men da fant jeg at båten min var tatt av fremmed-folk. Der var to mann i den, mens en tredje stod og holdt i fanglina. Denne sistnevnte forklarte at de nettop stod i begrep med å ro ombord i «Chantier», og det var meningen straks å sende båten tilbake til stranden igjen. Men da han nå skjønte at det var min båt, vilde han be mig ro dem alle ombord i «Chantier». Jeg hadde nettop lovet ingeniør Smith-Meyer i Kings Bay Kulkompani at jeg skulde dra på undsetningsekspedisjon efter en bortkommet ung fangstmann, Gisvold, og jeg hadde derfor liten tid. Men jeg var selvsagt villig til å ro disse mennene ut til «Chantier», og det gjorde jeg. Da vi var kommet til skibssiden, vilde de at jeg skulde gå ombord, men jeg avslo bestemt. To av karene gikk da op leideren, men den tredje stod igjen og vilde ikke gå op. Der blev ropt ned til ham for å høre hvem jeg var, og da jeg fortalte hvad jeg het, blev der kastet en line fra dekk til ham som stod i båten, og han begynte kaldblodig å gjøre fast min fangline til lina fra dekket.

Jeg protesterte på det bestemteste mot dette, og da mannen ikke slapp likevel, spurte jeg om kommandør Byrd var ombord. Han svarte bekreftende og bemerket at det var kommandør Byrd og hans flyver Bennett som jeg hadde rodd ombord. Den tredje var ekspedisjonens fotograf, han som ennå opholdt sig i båten.

Så blev der praiet ovenfra dekk at jeg måtte komme ombord, og da jeg så op, så jeg at det var commander Byrd selv som ropte ned. Ja, når en slik mann viser så stor elskverdighet mot en helt fremmed, var det meget vanskelig for mig å avslå innbydelsen. Jeg gikk da ombord og møtte en hel del av ekspedisjonens deltagere på dekket. Jeg blev presentert for hver enkelt.

Så blev salongen åpnet, et meget elegant rum, og mange samlet sig der. Jeg fikk anledning til å ønske min elskverdige vert velkommen fra Nordpolen.

Derefter bad Byrd mig komme inn i hans private lugar. Han hadde noe han gjerne vilde prate med mig om på tomannshånd. Vi forlot så det øvrige selskapet.

Da vi var kommet inn i lugaren, tok han frem et kart over Antarktika og fortalte at det var hans hensikt å forsøke å nå Sydpolen neste år. Det var straks et meget interessant samtale-emne, og Byrd spurte mig om jeg var villig til å delta på turen. Dette kom jo som lyn fra klar himmel, og var ikke godt å svare på sånn i farten. Lysten manglet ikke, ei heller interessen for en slik tur, men der var andre omstendigheter som stod hindrende i veien. Jeg måtte jo søke om permisjon fra den stillingen jeg hadde i toll-etaten. Nå hadde jeg hatt permisjon så mange ganger både til korte og lange turer, at det var tvilsomt om jeg kunde opnå å bli permittert oftere. Vi blev enige om at spørsmålet skulde stå åpent for senere behandling.

Imidlertid var middagen servert, og det lot sig ikke gjøre å komme derfra uten å ha spist middag. Jeg beklaget at jeg hadde så knapp tid på grunn av at jeg skulde en tur til Cross Bay og søke efter den bortkomne fangstmann. Til det svarte Byrd at han med sitt fly skulde foreta en undersøkelsestur i samme anledning på kryss og tvers i Forlandssundet — et bevis på hans vilje til å yde assistanse så langt det stod i hans makt.

Alle mann ombord var oprømte og glade over det heldige utfallet av polflyvningen et par dager i forveien.

Nå var tiden så langt fremskreden at jeg måtte bryte op og forlate selskapet, skjønt jeg hadde hatt god lyst til å forlenge samværet. Men plikten går foran alt.

Til avskjed overrakte commander Byrd mig et lite silkeflagg som han hadde hatt med på Nordpolen. På dette hadde han og Floyd Bennett skrevet navnene sine.

Jeg sa far vel og takk for mig og gikk ombord i «Våland». Med den gikk jeg så til Cross Bay, hvor jeg var så heldig å finne den mannen vi var ute og søkte efter, og vi tok ham med til Green Harbour. Et par dager senere, da jeg på tur til Magdalena Bay passerte Kings Bay, var Byrd seilt derfra til Amerika.

Efterat vi var blitt ferdige på Spitsbergen, gikk ekspedisjonen på «Våland» til Øst-Grønland for å fortsette innspillingen av filmen i Angmagsalikk, hvor der finnes en koloni på vel hundre eskimoer. De innfødte var velvillige og deltok i filmen med å vise sine kunster i kajakk. Den danske guvernør var også høist elskverdig. Vi blev flere ganger bedt op til ham for å spise, og vi blev bevertet på det beste. Både han og fruen blev til gjengjeld bedt ombord.

«Våland» gikk tilbake til Tromsø, hvor vi mønstret av i slutten av september. For min del var jeg særdeles vel tilfreds med turen.

Da Byrd var på tur til Amerika, fikk jeg telegram fra «Leviathan» fra ham, hvori han spurte mig om jeg hadde bestemt mig til å bli med ham til Syd-Ishavet. Det blev imidlertid ikke til at jeg reiste.

Kort tid efter søkte jeg avskjed fra tolltjenesten og blev ansatt som sjøkyndig besiktigelsesmann i Skibskontrollen, en stilling jeg fant passet mig bedre.

Siden har jeg ikke vært i arktiske egne, og det er meget tvilsomt om jeg kommer dit igjen, skjønt lysten til å ferdes i de traktene er like stor som den alltid har vært.

Roald Amundsen

Når jeg ser tilbake på tiden fra 1903 til 1920, den tiden jeg stod i kontakt med Roald Amundsen og var i hans tjeneste, da er det som et teppe rulles op, så hele scenen er synlig.

Et tidsrum fylt av lyse og gode minner — bare morsomme oplevelser fra først til sist.

Om det hendte iblandt at en fikk en gjennemvåt trøie, en frossen nesetipp og av og til en søvnløs natt, så var en like glad siden som før og gikk på med friskt mot. Det lå jo i alles interesse å gjøre alt hvad gjøres kunde for å opnå det beste resultatet og en heldig løsning på foretagendet.

Det var heller ikke så vanskelig å gjøre arbeidet med liv og sjel, fordi sjefen selv alltid gikk foran med et godt eksempel.

Av de gode kameratene er nå mange falt fra, deriblandt sjefen selv.

Hans død var i stil med hans liv.

Da luftskibet «Italia» styrtet ned nord for Spitsbergen, var Amundsen straks på korteste varsel rede til med flybåten «Latham» å ile de nødlidende til hjelp. Han vendte ikke tilbake fra den turen.

Det var likt Amundsen ikke å tenke på sig selv, men først søke å hjelpe andre. Det må være en skjønn død å dø under forsøket på å redde andres liv. Av hans død lyser det manende bud til menneskene:

Øv barmhjertighet!

Han er borte, men vi kan aldri miste ham.

<blockquote>

Tapet all din vinning skapte,

evig eies kun det tapte.

</blockquote>